"将乐窑"暨中国南方地区宋元青白瓷学术研讨会论文集

中国古陶瓷学会 ⊙ 将乐县博物馆 编

海峡出版发行集团
THE STRAITS PUBLISHING & DISTRIBUTING GROUP

海峡文艺出版社
Haixia Literature & Art Publishing House

序

王兴平

    2017 年 9 月 22 日至 25 日，中国古陶瓷学会与福建博物院、将乐县人民政府，在福建省将乐县联合召开了"将乐窑暨中国南方地区宋元青白瓷学术研讨会"。这个学术会议，对于将乐窑的研讨和中国南方地区青白瓷的研讨，都具有里程碑式的历史性意义。关于将乐窑的专题学术研讨，这是开创性的第一次，对未来将乐窑研究起到重要的推动作用。

    将乐窑是古代福建地区以烧制青白瓷为主的重要窑场。其创烧于唐代，主要烧制青瓷；宋元时期，在福建沿海地区"海上丝绸之路"贸易蓬勃发展的大背景下，努力开拓境内和海外市场，进入了兴盛时期，烧制的青白瓷有着独特的面目，取得了巨大的成就。近些年来，福建省文物考古部门在将乐县人民政府及其文化文物部门的配合下，已经对将乐县境内的万全碗碟墩窑群等古窑址，进行了科学发掘与整理，为将乐窑学术研讨提供了极为重要的考古学基础。将乐县的县、镇两级人民政府和文化文物部门对于将乐窑窑址，做了卓有成效的遗址保护和社群宣传，为将乐窑文化遗产研究传承事业的可持续发展营造了非常重要的社会基础。

    这次会议，吸引了境内外一大批重要的专家学者前来，考察代表性的万全碗碟墩窑址群遗址，观摩福建博物院文物考古研究所、将乐县博物馆的窑址发掘标本，将将乐窑的历史进程、生产联系、烧造技术、产品特色、市场流通和境外发现等要素，置于福建省乃至中国南方瓷器生产与营销的大视域中,予以交流研讨,取得了可喜的学术成果。诚如栗建安先生所总结:"对将乐窑的窑业技术、主要陶瓷产品以及陶瓷文化的基本状况有了较全面的了解,对将乐窑青白瓷在中国南方地区青白瓷中的历史地位和学术价值及其与周边窑业青白瓷的关系等都有了新的认识,因此将推进将乐窑青白瓷研究的深入。"

对于中国南方地区青白瓷的专题学术研讨,从学术列题看,具有一定的开创性;从研讨实质看,是对有青白瓷研讨的重要拓展,是对中国南方地区青白瓷的第一次全域化专题学术研讨会。中国古陶瓷学会曾经在2015年与芜湖市人民政府以及繁昌县人民政府,在繁昌县联合召开过"繁昌窑青白瓷学术研讨会",触角所及也有各地区窑场青白瓷。但对于中国古代青白瓷的全局性、谱系性研究而言,尚是初步进展。

在这次与会境内外专家学者的学术报告中,有福建地区青白瓷概况,福建三明中村窑、仙游游洋窑、尤溪半山窑、南平茶洋窑、闽清义窑等窑址考古调查、发掘情况的报告,以及福建全省重点窑址青白瓷的基本资料;有江西赣南与吉州窑、粤东潮州窑的青白瓷概况和湖南、广西地区青白瓷初步研究成果;有宁波、金门、香港等地城市遗址出土青白瓷概况;有西沙群岛沉船遗址、南海一号沉船出水的青白瓷相关报告;有日本博多遗址出土闽清义窑青白瓷的初步研究,青白瓷梅瓶在日本的传承、使用情况,以及菲律宾发现的宋元福建青白瓷概况……显然,涉猎更广,研究更深。其中,江西、广西、湖南学者的报告,应用考古学文化理论,分别对当地的宋元青白瓷进行分区、分期研究,取得了初步成果;宁波罗城望京门遗址、日本博多遗址出土青白瓷研究的报告,应用城市遗址考古资料,根据考古地层、遗物出现顺序与组合等信息,分析、探讨出土陶瓷器的年代、流通与使用等相关问题,体现了古陶瓷研究的重要方法和思路;水下考古、沉船遗址出水陶瓷的资料,可以清楚看到外销青白瓷的品种与组合、贸易港口和流通路线、市场与消费地的分布等,是"海上丝绸之路"研究的重要考古实物资料。

犹记元人蒋祈在《陶记》中说到"江、湖、川、广,器尚青白"。这在当日,眼界已是很宽;放在当下,缺失很大。当代境内外的窑址遗存、水下遗存、码头与城市遗存等的出土(出水)实物资料以及文史记录,在更为广阔的历史时空里,传递出许多重大信息。"海上丝绸之路"的探究,拓宽了我们的研究视野,让我们对中国南方青白瓷的传播流布及其与生产地、流通地的经济与社会,有了比较全新的思考与认知。无疑,福建地区就是宋元时期外销青白瓷的最主要产区之一,包括将乐窑在内的福建地区青白瓷生产在中国南方青白瓷体系中,占有十分重要的历史地位。

这次研讨会议又一重要学术成果,是第一次就中国南方青白瓷的发生、发展的路线,取得了初步的共识。即,以宋代景德镇窑为中心的青白瓷生产工艺、技术,向中国南方地区的扩散、传播,其方向和路线可能分别为:向南,包括浙江南部、闽江流域;向西南,经过赣南以至粤东、广州;向西往湖南、广西,形成了一个庞大的华南青白瓷生产区;且各地窑口依据其地理位置的优势,大规模生产并销往海外。同时,这一青白瓷生产区在形成过程中的发展和变化、各地窑口的生产工艺与各自的产品特征和相互差异,均呈现出复杂的面貌和关系,是值得继续深入研究的重要课题。

当然,对于将乐窑和中国南方青白瓷,还有很多研究课题有待深入探讨。诸如中国南方青白瓷的起始时间是否在五代抑或更早的唐代? 安徽繁昌窑、江西南丰窑的青白瓷是否对闽西北青白瓷生产也曾有过影响等等,这些都需要更新、更多的考古学资料来发现和揭示。

这次"将乐窑暨中国南方地区宋元青白瓷学术研讨会"论文集的结集出版,是对这次研讨会议与研讨者的学术成果存载,也将是对今后将乐窑和中国南方青白瓷研讨者的激励鞭策。

(作者系中国古陶瓷学会秘书长)

目　录

将乐碗碟墩窑发掘收获

羊泽林

前 言

碗碟墩窑址位于将乐县万全乡竹舟村八担自然村西南面，在金溪北侧。当地人称"碗碟墩"山包为中心的四个低矮山坡上，分布着四处窑址，分别编号碗碟墩一至四号窑址。其中碗碟墩一号窑址所在山坡仅种植少量茶树，地表长满杂草、灌木，二至四号窑所在山坡均种植竹林、杉树等。山坡间分布着一层层梯田。

由于碗碟墩一号窑址濒临金溪，为改善交通状况以及兴修农业水利设施，当地村民兴修道路，挖掘水沟坑渠，再加上汛期金溪河水暴涨，山洪对窑址进行冲刷，经常造成塌方，大量废品堆积被冲入金溪，部分窑炉遗迹也遭到毁坏。一号窑址堆积较厚，产品种类较丰富，且相对独立，便于后期保护。因此，经国家文物局批准，2016 年 12 月中旬至 2017 年 3 月下旬，福建博物院文物考古研究所、将乐县博物馆组织队伍对碗碟墩一号窑址进行考古发掘，在将乐县、万全乡、竹舟村等各级组织、领导的大力支持下，圆满完成发掘任务，发掘面积约 500 平方米，共揭露 3 处窑炉遗迹以及 1 处作坊遗迹，分别编号 ⅠY1～ⅠY3、ⅠF1，并出土大批标本。（图 1）

▲图1 碗碟墩一号窑址

一、遗迹

（一）ⅠY1

ⅠY1 位于一号窑发掘区最东部，窑顶已坍塌，窑室后段建于青白瓷废器堆积之上，窑尾无存，前段被一座清嘉庆年间的墓葬破坏，仅保存窑炉中间一段。ⅠY1 已揭露部分为长条形斜坡式龙窑，方向 200°，斜长 5.8 米，水平长 5.3 米，窑室内宽 2 米、外宽 2.48 米。窑底坡度 13°，高差 0.8 米。西壁外侧有一道护窑墙遗迹，用残砖、匣钵砌筑，平面呈圆弧形，残长 2.5 米，最宽处距西壁 0.55 米，未清理到底。（图 2）

（二）ⅠY2

ⅠY2 位于一号窑发掘区中部，东距ⅠY1 约 6.5 米。为斜坡式龙窑，窑顶已坍塌，前段被开垦耕地破坏。尾部被盗掘破坏严重，窑炉西壁有 7 期叠压打破关系，分别编号ⅠY2-1 ~ 7，为保存最晚期窑壁ⅠY2-1，早期窑壁均未清理出来。在窑炉前段，发现2期窑墙。现将揭露完整的ⅠY2-1(图3)介绍如下：

——ⅠY2-1，方向210°。斜长23.6米、水平长22.5米。整个窑室平面前面较窄，越往后越宽。窑室前段靠近火膛处内宽1.1米、中部内宽1.8米、后段内宽2.4米。窑底坡度前段略陡，达17°，中后段略平缓，坡度为13°，高差6.2米。(图4)

(1)窑头

火膛：位于窑室前端，顶部已残，平面呈半圆形，两侧壁自后向前逐渐弧收，中间有火门。火膛后壁内宽0.58、进深0.55米。火膛两侧窑壁残高0.6米。火膛后壁高0.54米、厚0.25米。火膛底部与火门底部平，内壁、底部有一层坚硬的黑褐色烧结层。(图5)

火门：位于火膛前端中间，平面略呈梯形，外宽内窄，内宽0.38米、外宽0.4米、厚0.2米。

窑前工作面：底部平整，东西两侧依地势筑有护窑墙。墙体用碎砖垒砌，部分

▲图2 ⅠY1

▲图3 ⅠY2叠压打破关系

▲图4 ⅠY2-1

▲图5 ⅠY2-1火膛

利用早期窑壁。其中东侧的一道长 2.7 米、残高 0.72 米，西侧的一道长 3.4 米、残高 0.5 米。

（2）窑室

窑壁：已揭露部分西壁斜长 23.6 米，水平长 22.5 米、宽 0.08～0.14 米，残存最高 0.85 米；东壁斜长 23.6 米，水平长 22.5 米、宽 0.07～0.15 米，残存最高 0.95 米。窑壁大部分是用楔形砖错缝平铺砌成，局部竖砌，以泥填缝。楔形砖一般长 14 厘米、宽 13～14 厘米、厚 4 厘米。内壁表面多见青灰色烧结面，即"窑汗"。部分窑砖背面亦有"窑汗"，说明存在窑砖再利用的情况。

窑底：窑底铺一层厚约 0.1 米的红褐色砂土，包含极少量匣钵片、碎瓷片，质地疏松。窑室中段窑底残存有 3 排规则分布的匣钵及匣钵窝痕迹，匣钵尺寸相近，口径 0.18～0.2 米，复原该段窑室每排应为 9 个匣钵。

窑门：仅发现窑门 1 个，位于窑室中段东侧，距火膛后壁斜长 8.9 米、门宽 0.5 米。窑门外两侧用砖及匣钵砌筑护门道墙，北侧墙较直，长 1.2 米、高 0.26 米。南侧墙向东南外弧伸，平面呈"丿丨"形，长 1.4 米、高 0.4 米。（图 6）

（3）出烟室

建于ⅠY2-3 窑底砂层之上，仅存后壁，用砖平铺，中间夹杂部分匣钵残片。前壁及东侧被破坏，进深不详，宽度与窑室同。墙后面用废弃匣钵、砖块等堆积成斜坡状，起保护出烟室后壁之用。

（4）护窑墙

东壁后段外侧有一道护窑墙遗迹，平面呈弧形，用残砖、匣钵砌筑，东北部被一扰坑破坏。南北长 2.7 米、东西宽 1.7 米、高 1.2 米。

（5）工作平台

在ⅠY2 东侧，ⅠY1 与ⅠY2 之间，东距ⅠY1 护窑墙约 0.5 米。均为青白瓷及匣钵残片平整而成。南低北高成阶梯状。东侧台基用砖叠砌，砌法不规则；北段用砖斜砌；南段用砖平铺，残高 0.1～0.35 米。平台之间的台基用匣钵残片垒成。（图 7）

（三）ⅠY3

ⅠY3 位于一号窑发掘区西部，东距ⅠY2-1 约 1.7 米，窑尾叠压打破Ⅰ

▲图6 ⅠY2-1窑门

▲图7 ⅠY2-1工作平台

▲图8 ⅠY3

▲图9 ⅠY3-1火膛

▲图10 ⅠY3-1第1间窑室

▲图11 ⅠY3-2窑头

Y2-6、7。窑顶已坍塌,前段被开垦耕地破坏,尾部被盗掘破坏严重,后段窑炉西壁以及窑头可见有二期叠压打破关系,分别编号ⅠY3-1、2。(图8)

1. ⅠY3-1,位于ⅠY3-2内侧,为分室龙窑,窑头方向23.5°,东北高西南低呈斜坡状,斜长22.8米、水平长21.1米。窑底坡度中、前段略陡,达23°,后段略平缓,坡度为19°,高差7.3米。总体来说,前面窑室较窄,后面较宽,并略向西弧。整个窑炉通过8道隔墙分成9间独立窑室,前后窑室之间通过隔墙底部的通火孔相连。

(1)窑头

火膛:位于窑室前端,建于ⅠY3-2窑内堆积之上。顶部已残,平面呈半圆形,两侧壁自后向前逐渐弧收,中间有一火门。火膛后壁内宽0.58米、前后进深1.15米。火膛两侧壁残高0.3米,后壁破坏严重,仅残存1块砖,砖与窑壁之间预留0.1米的空隙作通火孔。火膛前部用长方形砖侧立成窑箅,共7列,呈扇形排列,每列砖之间的间隙0.03~0.05米。(图9)

火门:位于火膛前端中间,宽0.4米、厚0.21米。火门还残留平铺封门砖。

窑前工作面:直接将ⅠY3-2窑室内的堆积平整而成,两侧利用ⅠY3-2的窑墙作为挡土墙,中间通过2道护窑墙呈"八"字形相连。

(2)窑室

可分9间,自前往后依次编号为第1~9室,前面窑室略窄,进深略短,一般宽1.5~1.8米、进深1.95~2.25米;后段变宽、进深变大,一般宽2~2.3米、进深1.95~2.65米。窑壁绝大部分自底向上用砖错缝顺向平铺砌成,以砂浆填缝,局部还用匣钵或砖块残片砌筑,也以砂浆填缝。窑砖为楔形砖或长方形砖,长方形砖长24厘米、宽14厘米、厚4.5厘米。内壁平整,表面多见窑汗。(图10)

出烟室:破坏较严重。东、西壁也破坏殆尽。进深0.43米、残宽2.2米。前壁仅存西侧最底下2层砖,1个通火孔,残高0.12米、孔宽0.1米。

2.ⅠY3-2,被ⅠY3-1打破,后段西侧窑壁与前段窑壁均位于ⅠY3-1窑壁之外,火膛被ⅠY3-1窑前工作面叠压。窑头方向与ⅠY3-1相同,为23.5°,斜长23.7米、水平长21.2米、高差7.9米。为保存ⅠY3-1,未全部揭露,窑底坡度不详。从已揭露部分来看,仍为斜坡式龙窑。

火膛:位于窑室前端,叠压于ⅠY3-1窑前工作面之下。顶部已塌,平面呈半圆形,两侧壁自后向前逐渐弧收,中间有一火门。火膛后壁保存完整,用砖块平铺,内宽1.17米、高0.5米,前后进深0.43米。火膛两侧壁残高0.55米。靠近火门处有2摞垫柱,分别由3个垫柱相叠,中间夹1块侧立的窑砖。火膛前部用长方形砖侧砌

成窑箅,共 7 列,呈扇形排列,每列砖之间的间隙 0.03～0.05 米。(图 11)

　　火门:位于火膛前端中间,宽 0.4 米、厚 0.21 米。火门还残留平铺封门砖。Ⅰ
Y3-1 火门向南 3.5 米即为ⅠY3-2 的火门。

▲图 12 作坊遗迹

▲图 13 淘洗池 3(C3)

▲图 14 作坊工作平台(FPT1)

窑前工作面:直接将ⅠY3-2窑室内的堆积平整而成,两侧利用ⅠY3-2的窑墙作为挡土墙,火门外侧还有2道护墙呈"八"字形相连。

此外,在ⅠY3西侧,有4个工作平台叠压在早期作坊遗迹之上。

(四)作坊遗迹,作坊遗迹位于发掘区的西部,ⅠY3的西侧。为保护晚期工作平台,未进行全面发掘,已揭露的遗迹主要有淘洗池、沉淀池、工作平台等。

1.淘洗池和沉淀池。淘洗池共揭露2个,分别编号C1、C2,沉淀池1个,编号C3。(图12)

C1,位于作坊区的最东北面,仅揭露出东南部分,其余未作清理。平面形状不详。已揭露部分坑壁较直,底部较平。东西宽1.7米、南北长1.4米、深0.52米。池内有一层厚约0.2~0.4米的灰黄色瓷土,土质细腻。池西侧有一宽约0.3米、深约0.1米的凹口通向C2。

C2,位于C1的西侧下方,平面呈圆角长方形。坑壁较直,底部中间低,东西两端稍高。西侧有一宽0.4米的凹口与C3相连。长1.9米、宽0.65~0.78米、深0.35~0.7米。池内填土包含大量的垫饼、匣钵残片以及青白瓷片。

C3,位于C2的西侧下方。由于西侧被开垦耕地破坏,北部为保存ⅠY3PT2与ⅠY3PT3,未全部揭露,平面形状不详。已揭露部分南北长3.8米、东西宽2.4米、深0.2米。池底有一层厚约0.06米的灰白色瓷土,比C1的土质更白、更细腻。池内填土中夹杂较多的匣钵残片、青白瓷片。(图13)

2.工作平台。在C1的东南面有一平台,编号FPT1,平面呈不规划形,地面平坦,南部铺有1层垫饼,并有一些匣钵和青白瓷片。南北长2.4米、东西宽2.1米。(图14)

二、出土遗物

(一)青白瓷

(1)碗

碗T3③:54,a残,可复原。敞口,厚唇。斜弧腹,内底宽平,圈足,挖足较浅,足墙外直内斜。灰白胎,青白釉泛灰,内施满釉,外壁施釉至腹下部,局部流至圈足。

口径16.2厘米、足径5.7厘米、高6.4厘米。(图15)

碗 T3①:22,残,微变形。敞口,斜弧腹,内底宽平,圈足,足墙外直内斜,足端窄。白胎,青白釉泛灰。内施满釉,外施釉至腹下部。口沿外侧饰一道弦纹,腹部刻划直线纹。圈足内见有垫烧痕,口部粘有窑碴,内壁有烟炱痕。口径14.6厘米、足径6.5厘米、高6.5厘米。(图16)

碗 T4②:09,残,可复原。撇口,斜弧腹,内底心平,圈足。灰胎,青白釉泛灰。内施满釉,外施釉至腹底部。釉面布满冰裂纹。口沿内侧刻划一道凹弦纹,下面刻划草叶、篦划纹。口径14.5厘米、足径5.2厘米、高6.4厘米。(图17)

碗 T3③:84,残,可复原。敞口微敛,五瓣花口,弧腹,腹部压印直条纹,与花口相对应,内底宽平,圈足,足墙外直内斜,足端窄。白胎,青白釉泛灰。内施满釉,外壁施釉至足外墙。外壁釉面有大块窑斑。口径14.8厘米、足径7.3厘米、高7.9厘米。(图18)

(2)盘

碗 T1②:17,残,可复原。敞口,斜弧腹,内底弧,圈足,足墙外直内斜,足端斜。灰白胎,青白釉泛灰。内施满釉,外壁施釉至腹下部,局部流至足墙。口沿内外釉面冰裂纹。口径12厘米、足径4.8厘米、高4.2厘米。(图19)

碗 T3②:70,残,可复原。五瓣花口,斜弧腹,腹部压印五道直条纹与花口相对应,内底宽平,圈足,足端平。灰白胎,青白釉泛灰黄。内施满釉,外壁施釉至腹底部,部分流至足外墙。釉面布满冰裂纹。口径12.5厘米、足径4.9厘米、高3.9厘米。(图20)

碗 T3③:150,残,可复原。撇口,斜弧腹,内底宽平,圈足,足墙外直内斜,足端斜。白胎,青白釉泛灰。内施满釉,外施釉至腹下部,部分流至足外墙。口径12.3厘米、足径5.4厘米、高3.3厘米。(图21)

(3)碟

碗 T3③:86,残,可复原。敞口,浅斜弧腹,内底弧,圈足,足端尖。灰白胎泛黄,青白釉泛灰黄。内施满釉,外施釉至腹下部。釉面布满冰裂纹。外壁粘连一匣钵片。口径9.5厘米、足径3.6厘米、高3.1厘米。(图22)

▲图 15 青白瓷碗 碗 T3 ③:54a

▲图 16 青白瓷碗 碗 T3 ①:22

▲图 17 青白瓷碗 碗 T4 ②:09

▲图 18 青白瓷碗 碗 T3 ③:84

▲图 19 青白瓷盘 碗 T1 ②:17

▲图 20 青白瓷盘 碗 T3 ②:70

▲图 21 青白瓷盘 碗 T3③:150

▲图 22 青白瓷碟 碗 T3 ③:86

▲图 23 青白瓷碟 碗 T3③:66

▲图 24 青白瓷杯 碗 T3 ③:146

▲图 25 青白瓷杯 碗 T2 ②:03

▲图 26 青白瓷杯 碗 T2 ①:06

▲图 27 青白瓷杯 碗 T3 ③:123

▲图 28 青白瓷盏 碗 T3 ③:63

碗 T3③:66,残,可复原。敞口,浅斜弧腹,内底弧,圈足,挖足浅,足端平。灰白胎,青白釉泛灰。内施满釉,外施釉至腹下部。外壁釉面有大片窑斑。口径 10.5 厘米、足径 4.4 厘米、高 3 厘米。(图23)

(4)杯

碗 T3③:146,残,可复原。敞口,弧腹,圈足,足墙外直内斜。灰白胎,青白釉泛灰黄。内施满釉,外施釉至足外墙。釉面布满冰裂纹。口径 9 厘米、足径 4.1 厘米、高 4.7 厘米。(图24)

碗 T2②:03,残,可复原。五瓣花口,弧腹,腹部压印五道直条纹与花口相对。圈足,足端平。灰胎,青白釉泛灰。内施满釉,外施釉至腹底部,局部流至足外墙。口径 8.4 厘米、足径 3.8 厘米、高 3.9 厘米。(图25)

碗 T2①:06,残,可复原。直口,弧腹,高圈足外撇。灰白胎,青白釉泛灰。内施满釉,外施釉至腹底部,局部流至足外墙。外壁粘有窑碴。口径 7 厘米、足径 3.2 厘米、高 5.5 厘米。(图26)

碗 T3③:123, 残,可复原,外壁与匣钵粘连。五瓣花口,微敞,弧腹,腹部压印五道直条纹,内底心有一乳状凸起,圈足外撇。白胎,青白釉略泛灰。内施满釉,外施釉至腹底部,局部流至足外墙。口径 7.6 厘米、足径 3.2 厘米、高 4.6 厘米。(图 27)

(5)盏

碗 T3③:63,残,可复原。敞口,厚唇,斜弧腹,内底弧,圈足,足端平,外缘斜削。灰白胎,青白釉泛灰。内施满釉,外施釉至腹下部。外壁釉面有大片窑斑。口径 9.9 厘米、足径 4 厘米、高 3.4 厘米。(图28)

碗 T3③:01,残,可复原。撇口,斜弧腹,内底弧,内底心有一小乳突,圈足,足端平。灰白胎,青白釉泛灰。内施满釉,外施釉至腹下部。釉面布满冰裂纹,外壁有大片红褐色窑斑。口径 11.0 厘米、足径 4.2 厘米、高 4.4 厘米。(图29)

碗 T3③:96,残,可复原。敞口,斜弧腹,腹部压印五道直条纹与花口相对应,内底心平,圈足,足墙外直内斜,足内粘一垫饼。白胎,青白釉泛灰。内施满釉,外施釉至腹底部。釉面布满冰裂纹。口径 12.6 厘米、足径 4 厘米、高 3.9 厘米、通高 4.4 厘米。(图 30)

（6）台盏

碗 T2②：09，托台残缺，仅存托盘，变形。托盘平沿，直腹微弧，内平底，圈足，足墙外直内斜，足端平。灰白胎，青白釉泛灰。内施满釉，外施釉至圈足外墙。口径 13.6 厘米、足径 5.8 厘米、残高 3.3 厘米。（图 31）

（7）盏托

碗 T7①：01，托盘口沿残缺，托杯变形严重。托杯敛口，弧腹。托盘斜弧腹，高圈足，足墙微外斜。托杯内粘有窑碴。白胎，青白釉泛灰，呈色不均匀，聚釉处呈灰绿色。口径 4.6 厘米、足径 4.4 厘米、高 7 厘米。（图 32）

（8）盒

碗 T2②：18，残，可复原。子口，上腹直，下腹弧收，圈足，微外撇。灰白胎，青白釉略泛灰。内无釉，外施釉至足外墙。口径 7.6 厘米、足径 3.2 厘米、高 4.6 厘米。（图 33）

（9）器盖

碗 T2①：09，残，可复原。平沿，斜弧盖面，顶微凹，瓜蒂形钮。白胎，青白釉泛灰，盖面施釉，盖内无釉。子口外侧粘少量口沿残片。口径 10.2 厘米、高 3 厘米。（图 34）

碗 T3②：99，残，可复原。略生烧。平沿微翘，盖面均匀分布五道弦纹，盖顶隆起。灰白胎泛黄，青白釉泛黄，釉面布满冰裂纹。口径 6 厘米、高 5.8 厘米。（图 35）

碗 T3③：131，盖顶残缺，变形严重。盖面弧，堆贴两叶脉纹茎蔓。白胎，盖面施釉，盖内无釉。口径 5.8 厘米、残高 1.8 厘米。（图 36）

（10）炉

碗 T3②：12，残，可复原。直口，弧腹，喇叭形圈足，腹足交接处有一道凸棱。灰白胎，青白釉泛灰。内施釉至口沿附近，外施釉至足外壁中部。口径 11.2 厘米、足径 6.2 厘米、高 10.2 厘米。（图 37）

碗 T3③：87，残存下腹及圈足。弧腹，内底弧，矮圈足。胎色灰白泛黄，青白釉泛灰，内底无釉，外施釉近圈足。釉面布满冰裂纹。内底螺旋状旋坯痕明显。足径 5 厘米、残高 4.8 厘米。（图 38）

▲图 29 青白瓷盏 碗 T3③:01

▲图 30 青白瓷盏 碗 T3③:96

▲图 31 青白瓷台盏 碗 T2②:09

▲图 32 青白瓷盏托 T7①:01

▲图 33 青白瓷盒 碗 T2②:18

▲图 34 青白瓷器盖 碗 T2①:09

▲图 35 青白瓷器盖 碗 T3②:99

▲图 36 青白瓷器盖 碗 T3③:131

▲图 37 青白瓷炉 碗 T3②:12

▲图 38 青白瓷炉 碗 T3③:87

▲图 39 青白瓷炉 碗 T3③:14

▲图 40 青白瓷灯 T5②:01

▲图 41 青白瓷执壶 碗 T3③:110

▲图 42 青白瓷执壶 碗 T3③:09

碗 T3③:14,残存圈足。足上部有一道凸棱。灰白胎,青白釉泛灰绿,聚釉处呈湖绿色。足内无釉,外施釉至圈足下部。釉面冰裂纹。足径 7.8 厘米、残高 6.1 厘米。(图 39)

(11)灯

碗 T5②:01,残存管形灯柱及灯盘。灯盘斜弧腹,内底与腹壁交接处有一道弦纹,内底宽平,圈足,足墙外直内斜,足肩与腹底交接处有二层台。灯盘内底设三个管形灯柱,仅残存底部,灯柱中空,底部侧壁有一小孔。白胎,胎体较厚重。青白釉泛绿,釉面布满冰裂纹。内施满釉,外施釉近圈足。足径 6.3 厘米、残高 4 厘米。(图 40)

(12)执壶

碗 T3③:110,残存口沿及颈部。撇口,长束颈。灰白胎,青白釉泛灰。内外施釉,釉面布满冰裂纹。口沿内侧粘有部分匣钵片。口径 10.8 厘米、残高 6.7 厘米。(图 41)

碗 T3③:09,腹部以下残。盘口,束颈,口颈交接处的扁条形柄已残,圆肩,颈肩处残存两个对称的扁条形系。灰白胎,青白釉泛灰,聚釉处呈灰绿色。内外均施釉。口径 5.8 厘米、残高 8.2 厘米。(图 42)

(14)瓶

碗 T3②:96,残存口沿、颈部。撇口,沿外折。颈内束。颈、肩交接处有一道凸棱,内壁可见明显接胎痕。灰白胎,青白釉泛灰。内外施釉。口径 6.6 厘米、残高 5.2 厘米。(图 43)

(15)小罐

碗 T2①:60,残,可复原。直口微敞,短颈,圆肩,六瓣瓜棱形鼓腹,圈足,挖足较浅。白胎,青白釉略泛灰。内施满釉,外施釉至足外墙。口径 6.4 厘米、足径 5 厘米、高 6.7 厘米。(图 44)

碗 T3②:72,腹部以下残。敞口,束颈,溜肩,五瓣瓜棱腹。白胎,青白釉泛灰,聚釉处呈灰绿色,釉面较光亮。内外均施釉。肩部刻划一道弦纹。口径 12.6 厘米、残高 5 厘米。(图 45)

▲图 43 青白瓷瓶 碗 T3
②:96

▲图 44 青白瓷小罐 碗
T2①:60

▲图 45 青白瓷小罐 碗
T3②:72

▲图 46 青白瓷谷仓罐盖
碗 T1②:03

▲图 47 青白瓷谷仓罐盖
碗 T1②:20

▲图 48 青白瓷谷仓罐 碗
T1②:30

▲图 49 青白瓷谷仓罐 碗
T1②:10

▲图 50 青白瓷塑犬 碗
T1②:22

▲图 51 青瓷碗 碗 T4②:
20

▲图 52 青瓷碗 碗 Y2:15

▲图 54 青瓷碗 碗 T2①:
55

▲图 53 青瓷碗 碗 T2②:19

▲图 55 青瓷碗 碗 T2
②:06

（16）谷仓罐

均带盖，但可复原者极少。

碗 T1②:03，重檐攒尖顶式。子口浅，盖沿上翻，盖面高隆，中部一道凸棱将盖面分成上、下两部分，上面堆贴屋脊状泥条，使盖呈重檐攒尖顶，盖钮缺失。白胎，胎体较厚重，青白釉泛灰，聚釉处呈灰绿色。内施釉至盖下部，外壁施满釉，釉面较光亮。口径9.6厘米、残高8.8厘米。（图46）

碗 T1②:20，仅存盖顶部。盖呈二面坡式屋顶状，盖顶堆贴屋脊状泥条，脊端翘起。盖面下残留罐口沿。白胎，胎体较厚重。青白釉泛灰，聚釉处呈灰绿色，釉面含较多杂质。盖底部布纹明显。口径14.5厘米、宽10厘米、高3厘米。（图47）

碗 T1②:30，腹中部以上残。弧腹，圈足，挖足较浅，足端平切，圈足内可见旋坯痕。灰白胎，青白釉泛灰。内壁无釉，旋坯痕明显，外施釉至足外墙。外壁下部刻划一道凹弦纹，其上残存三竖条纹。足径9.2厘米、残高8.3厘米。（图48）

碗 T1②:10，腹上部以上残。筒形腹，圈足内粘连一个支烧泥点。腹外壁以泥条堆贴竖直凸棱，其中两条凸棱之间开一长方形仓门，四周堆贴波浪形门框。灰白胎，青白釉泛灰。内壁局部流釉，外壁施釉近圈足，局部流釉至足外墙上部。足径9.2厘米、残高16.6厘米。（图49）

（19）瓷塑

碗 T1②:22，犬形，耳、后腿、尾残缺。四脚站立，昂首前视，嘴微张，圆形耳下垂，眼戳印而成，臀部亦戳印一小孔。灰白胎，青白釉略泛黄，釉面布满冰裂纹。高3.3厘米、残长4.7厘米。（图50）

（二）青瓷

（1）碗

碗 T4②:20，残，可复原。敞口，厚唇，斜弧腹，内底弧，圈足。灰胎，青釉泛灰。内施满釉，口沿有流釉，外施釉至腹底部，局部流釉至足外壁。内底一道凹弦纹。口径15.4厘米、足径6.1厘米、高6.2厘米。（图51）

碗 Ⅰ Y2:15，残，可复原。撇口，斜弧腹，内底凹平，圈足。灰胎，青绿釉，内施满釉，外施釉至腹下部。釉面光亮，局部有冰裂纹。口沿内侧刻划一道细弦纹，下

面饰篦划纹。口径 16.2 厘米、足径 5.3 厘米、高 6 厘米。（图 52）

碗 T2②:19，残，可复原。敞口微敛，斜弧腹，内底心凹平，圈足内粘连垫饼。灰白胎，青绿釉。内施满釉，外施釉腹底部，局部流釉至足外墙。釉面光亮，布满冰裂纹。外壁刻划篦划纹，腹上部刻划一道细弦纹，下面饰篦划纹。口径 17.2 厘米、足径 5.6 厘米、碗高 5.5 厘米、通高 6.4 厘米。（图 53）

碗 T2①:55，残，可复原。敞口，斜弧腹，内底弧，宽圈足。灰胎，质地较粗，青绿釉，缩釉严重。内施釉，内底心有一道涩圈，外施釉至腹下部，釉线齐。内底心釉面涩圈附近粘有部分谷壳灰痕。口径 17.2 厘米、足径 6.5 厘米、高 6.3 厘米。（图 54）

碗 T2②:06，残，可复原。敛口，厚唇，深弧腹，内底弧，圈足。灰胎，青绿釉微泛黄。内施满釉，外施釉至腹下部。釉面布满冰裂纹。圈足内刻划"小"字形符号，字迹潦草。口径 15.6 厘米、足径 7.1 厘米、高 9.3 厘米。（图 55）

碗 T2①:36，残，可复原。敞口微撇，深弧腹，宽圈足。红褐色胎，青灰釉泛褐色，釉面晦涩无光。内施釉至腹下部，内底无釉，外施釉至腹下部，口沿刮釉，足端残留谷壳灰痕。内底心粘连一件青釉盏底残件。盏为深灰色胎，内底聚釉呈酱黑色，内腹釉薄处呈酱青色。盏，足径 5 厘米、残高 2.7 厘米；碗，口径 13.4 厘米、足径 7 厘米、高 5.5 厘米。（图 56）

（2）盘

碗 T2②:08，残，可复原。撇口，斜弧腹，圈足内粘一垫饼。灰胎，青绿釉泛黄。内施满釉，外施釉至腹底部，局部流至足外墙。釉面冰裂纹。口沿内侧刻划一道细弦纹，内壁、底刻划篦划纹。腹部旋坯痕明显。口径 12.4 厘米、足径 4.1 厘米、高 3.6 厘米、通高 4 厘米。（图 57）

碗 T1①:37，残，可复原。敞口，斜弧腹，内底与腹壁交接处有一道凹弦纹，内底弧，圈足，挖足较浅，足墙外直内斜，足端平切。灰白胎，青釉泛灰绿。内施满釉，外施釉至腹下部。腹部旋坯痕明显。口径 12.8 厘米、足径 5.7 厘米、高 3.4 厘米。（图 58）

碗 T1①:30，残，可复原。花口，斜弧腹，内底微弧，圈足，挖足较浅。白胎，青黄釉，釉厚处呈酱褐色。内施满釉，外施釉至腹下部，釉面光亮，有细毫纹，内

▲图 56 青瓷碗与黑釉碗叠烧 碗 T2①:36

▲图 58 青瓷盘 碗 T1①:37

▲图 57 青瓷盘 碗 T2②:08

▲图 59 青瓷盘 碗 T1①:30

▲图 60 青瓷盘 碗 T3①:43

▲图 61 青瓷盘 碗 T2①:46

▲图 62 青瓷碟 碗 T1①:38

▲图 63 青瓷杯 碗 T1②:06

▲图 64 青瓷杯 碗 T1②:31

外口沿可见稀疏冰裂纹。内底有一圈弦纹。口径 13.9 厘米、足径 5.2 厘米、高 4.5 厘米。（图 59）

碗 T3①:43，残，可复原。葵口，斜弧腹，内底微弧，圈足，挖足极浅，腹部压印五道竖条纹与葵口相对应。灰白胎，青绿釉泛黄，釉厚处呈酱褐色，釉面较光亮，布满冰裂纹，可见细毫纹，内施满釉，外施釉至腹下部，局部流至足外墙。内底有一圈弦纹。口径 13.4 厘米、足径 6.1 厘米、高 3.5 厘米。（图 60）

碗 T2①:46，残，可复原。敞口，斜直腹，腹较深，宽圈足，足端外缘斜削，足肩与腹底部交接处修成一窄台。灰褐胎，青绿釉，缩釉严重。内外施釉，内底心刮釉一周，形成一道涩圈，外施釉至腹中部。口径 13.5 厘米、足径 5.4 厘米、高 3 厘米。（图 61）

（3）碟

碗 T1①:38，残，可复原。五瓣花口，敞口，斜弧腹，内底微弧，圈足，挖足较浅。白胎，胎质细腻，青绿釉泛灰，内施满釉，外施釉至腹下部。釉面冰裂纹。口径 10.6 厘米、足径 3.9 厘米、高 3.4 厘米。（图 62）

（4）杯

碗 T1②:06，残，可复原。敞口，斜弧腹，圈足，挖足较浅。灰胎，青灰釉。内施满釉，外壁施釉至腹下部。口沿附近釉面布满冰裂纹。外壁有窑粘。口径 8.1 厘米、足径 3.5 厘米、高 4 厘米。（图 63）

碗 T1②:31，残，可复原。直口，弧腹，高圈足外撇。灰胎，青灰釉微泛黄。内施满釉，外施釉至圈足外墙。腹上部有流釉现象。口径 6.6 厘米、足径 3.2 厘米、高 5.6 厘米。（图 64）

碗 T1②:32，内、外壁均与漏斗形匣钵粘连。五瓣花口微撇，外壁口沿下压印五道竖条纹，弧腹，高圈足外撇。灰白胎，青灰釉。内满釉，外施釉至足外墙。釉面局部冰裂纹。杯，口径 7.5 厘米、足径 2.9 厘米、高 4.8 厘米；匣钵，口径 12 厘米、高 8.1 厘米、通高 12.5 厘米。（图 65）

（5）盏

碗 T4②:05，残，可复原。敞口，斜弧腹，圈足制作规整，足端平切。灰胎，青灰釉。内施满釉,外施釉至腹下部,局部流至足外墙。内壁中部刻划一道细弦纹,下面饰篦划纹。口径 9.8 厘米、足径 3.8 厘米、高 3.9 厘米。(图 66)

(6)台盏

碗 T2①:37,仅存托盘、托台底部。略生烧。托盘中央残存有托台底部。托盘圈足较高,微外撇。灰黄胎,青褐釉,釉面有冰裂纹。足径 8.3 厘米、残高 3.4 厘米。(图 67)

(7)盏托

碗 T3③:12,托盘残。托杯直口微敛,微弧腹,内圜底。托盘残缺,仅存圈足,足墙外直内斜。灰胎,青灰釉,釉面局部有冰裂纹。口径 6.6 厘米、足径 4.7 厘米、高 5.7 厘米。(图 68)

(8)钵

碗 T2①:42,残,可复原。敞口微敛,深弧腹,平底。灰褐胎,质地较粗,胎体厚重,青褐釉,脱落严重。内施釉至口沿附近,外施釉至腹下部,口沿刮釉。内壁、底粘大量细砂。外底有同心圆纹。口径 22.5 厘米、底径 7.9 厘米、高 11 厘米。(图 69)

(9)器盖

碗 T3③:10,变形。子口直,盖沿外展,盖面斜弧,顶部下凹,盖钮残。灰白胎,青灰釉。盖内无釉,盖面施满釉。口径 7 厘米、顶径 3.1 厘米、残高 3.4 厘米。(图 70)

碗 T3①:78,残,可复原。略生烧。直口,直壁,盖面弧隆,盖顶微凹,瓜蒂钮。灰黄胎,青褐釉。口沿及盖内无釉,盖面施釉,釉面龟裂。口径 11.1 厘米、高 4 厘米。(图 71)

(10)炉

碗 T2①:32,略变形。直口,沿外折,直腹,下腹折收,饼足,足外缘斜削。深灰色胎,青褐釉。内施釉至口沿附近,外施釉至腹下部。内底心有明显螺旋状旋坯痕。足底有同心圆纹。口径 9.4 厘米、足径 6.2 厘米、高 6.3 厘米。(图 72)

碗 T5①:08,腹中部以上残缺。直腹微弧,近底处内折收,内底微凹,圈足微外撇。内底残留叠烧圈足痕。灰胎,胎体厚重,青绿釉。内壁、底无釉,外施釉至折腹处。釉面布满冰裂纹。外壁折腹处有一道宽凸棱,上面刻划缠枝花卉纹。足径

▲图 65 青瓷杯与匣钵装
烧 碗 T1②:32

▲图 66 青瓷盏 碗 T4②:05

▲图 67 青瓷台盏 碗 T2
①:37

▲图 68 青瓷盏托 碗 T3
③:12

▲图 70 青瓷器盖 碗 T3
③:10

▲图 69 青瓷钵 碗 T2①:42

▲图 71 青瓷器盖 碗 T3
①:78

▲图 72 青瓷炉 碗 T2①:
32

▲图 73 青瓷炉 碗 T5①:
08

▲图 74 青瓷炉 碗 T5①:
02

▲图 75 青瓷枕圈足 碗
T6②:03

▲图 76 青瓷瓶 碗 T2
②:01

▲图 77 青瓷水注 碗 T6
②:06

10.5厘米、残高10.1厘米。（图73）

碗T5①:02，残存炉底部分。折腹，下腹急收，底内凹，中心有一圆孔，腹底残留一兽足。灰胎，质地较粗，胎体厚重。内壁、底无釉，外施釉至器底四周。折腹处饰两道凹弦纹。外壁及底部旋坯痕明显。底径12.8厘米、残高6.9厘米。（图74）

（11）枕

碗T6②:03，残存圈足。高圈足外撇。灰胎，青绿釉，足内壁上部施釉，外施釉至足下部。釉面开片。外壁粘有少量窑碴。腹部旋坯痕明显。足径12.8厘米、残高6.8厘米。（图75）

（12）瓶

碗T2②:01，仅存颈、肩部。略生烧。敞口，长颈，溜肩，肩部以下残。灰白胎，青黄釉。内施釉至颈下部，部分流釉至肩部，颈部缩釉严重，外壁施釉，釉面布满冰裂纹。口径8.6厘米、残高9.6厘米。（图76）

（13）水注

碗T6②:06，流残。略生烧。盘口，卷唇，束颈，溜肩，深弧腹，腹部略变形，圈足，足端平切，足底心有一小乳突。颈、肩部附扁条形曲柄。灰白胎，青灰釉。内施釉至颈部，外施釉至腹底部。口径3.7厘米、足径3.5厘米、高9厘米。（图77）

(三)酱黑釉瓷

（1）碗

碗T2②:21，残，可复原。微生烧。敞口，斜弧腹，内底弧，圈足。灰白胎，酱黑釉，釉薄处泛灰，釉厚处呈黑色。内施满釉，外施釉至腹底部，部分流釉至足外墙。内底有一圈弦纹。外壁可见明显旋坯痕。口径16.2厘米、足径5.9厘米、高6.5厘米。（图78）

碗T6①:02，残，可复原。直口微敞，弧腹，内底宽平，宽圈足，挖足较浅，足内可见扇形割坯痕。白胎，酱褐釉泛黄。内壁施釉，内底无釉，外施釉至腹下部，口沿刮釉。口沿内侧依稀可见三道凹弦纹。口径12.2厘米、足径7.2厘米、高5.6厘米。（图79）

碗T3③:26，腹中部以上残缺。花口微撇，花瓣形弧腹，内底宽平，圈足较

▲图 78 黑釉碗 碗 T2②：
21

▲图 79 酱釉碗 碗 T6①：
02

▲图 80 酱釉碗 碗 T3③:26

▲图 81 酱釉盘 碗 T2②：
04

▲图 82 酱釉盘 碗 T3①:53

▲图 84 酱釉盏 碗 T2①：
25

▲图 83 酱釉盘 碗 T3③:147

▲图 85 酱釉盏 碗 T3①：
05

▲图 86 酱釉盏 碗 T3③:68

高，微外撇。灰白胎，酱褐釉泛红，聚釉处呈黑色，釉面较光亮，有细毫纹。内施满釉，外施釉至足外墙，有垂釉现象，圈足外墙和内底心聚釉明显。足径7.8厘米、残高6厘米。（图80）

（2）盘

碗 T2②：04，残，可复原。五瓣花口，斜折腹，内底微弧，圈足，挖足较浅。腹部压印五道竖条纹与花口相对应。灰胎，酱红釉略泛黄。内施满釉，外施釉至腹底部，局部流釉至足外墙。口径13.6厘米、足径5.6厘米、高4.1厘米。（图81）

碗 T3①：53，残，可复原。平底。五瓣葵口，斜弧腹，腹部压印五道竖条纹与葵口相对应。灰胎，酱黑釉，口沿、腹部釉薄处呈青灰色。内施满釉，外施釉至腹底部。釉面可见毫纹。口径14.2厘米、底径6.3厘米、高3.3厘米。（图82）

碗 T3③：147，残，可复原。十瓣花口，斜弧腹。矮饼足，足面微内凹。灰白胎，质地细腻，胎体轻薄。酱褐釉，内施满釉，外施釉至腹底部。口沿釉薄处呈青褐色。釉面有不规则毫纹。内底有一道弦纹。口径12.8厘米、足径4.6厘米、高2.8厘米。（图83）

（4）盏

碗 T2①：25，残，可复原。敞口微敛，斜弧腹，内底弧，饼足，足外缘斜削。灰胎，酱黄釉。内施满釉，外施釉至腹下部。腹部旋坯痕明显。口径11.2厘米、足径5厘米、高4.6厘米。（图84）

碗 T3①：05，残，可复原。敞口，斜直腹微弧，内底心有乳突状凸起，圈足，挖足较浅。灰白胎，酱褐釉泛黄。内施满釉，外施釉至腹底部，局部流釉至足外墙。腹部旋坯痕明显。口沿内侧刻划一道细弦纹，下面饰篦划纹。口径11.5厘米、足径4厘米、高4.9厘米。（图85）

碗 T3③：68，残，可复原。敞口，斜直腹微弧，内底平，小圈足，挖足较浅。灰白胎，酱褐釉泛青黄。内施满釉，外施釉至腹下部。腹部旋坯痕明显。口径12厘米、足径3厘米、高3.8厘米。（图86）

碗 T1①：41，残，可复原。撇口，斜弧腹，内底心有乳突状凸起，圈足，挖足较浅，足墙外直内斜，足端平切。灰白胎，酱黑釉泛黄，聚釉处呈黑色，釉面较光亮，

有细毫纹。内施满釉,外施釉至腹底部,局部流釉至足外墙。口径 11 厘米、足径 4.4 厘米、高 4 厘米。(图 87)

(5)台盏

碗 T3②:67,变形严重。由托盘和托台组成。托盘折沿,浅腹,内底宽平,高圈足微外撇。圈足内粘连垫饼。托台中空,顶部四周高,中间平凹。白胎,酱褐釉泛青黄。内施满釉,外施釉至足外墙底部。台顶径 4 厘米、盘口径 12 厘米、足径5.4 厘米、高 4.8 厘米。(图 88)

碗 T3②:97,仅存部分托盘及托台。托台束腰,顶部四周高,中间平凹,底部有一半圆形孔。灰黄胎,酱黑釉。台顶径 4.6 厘米、残高 5 厘米。(图 89)

(6)器盖

碗 T3③:127,仅存口、盖面残片。直口,盖面隆起,盖顶残。灰黄胎,酱青色釉,盖面施釉,局部脱落,盖内无釉。盖面刻划仰覆莲瓣纹。口径 12.6 厘米、残高 4.6 厘米。(图 90)

碗 T3③:31,盖顶残。直口,盖面微弧。白胎,酱褐釉泛黄,釉厚处呈黑色。盖面施釉,盖内无釉。应为盒盖。口径 13 厘米、残高 2.4 厘米。(图 91)

碗 T5②:02,盖钮缺失。子口,盖沿平出,斜直盖面,平顶,钮残。灰白胎,酱褐釉泛黄,聚釉处呈黑色。盖面施釉,盖内无釉。口径 5.6 厘米、残高 3 厘米。(图 92)

(7)盒

碗 T3③:21,盒盖缺。子口微内敛,直腹,下腹内收,内底宽平,圈足。灰白胎,酱黑釉泛黄,聚釉处呈黑色。内壁、底以及子口外侧无釉,外施釉至腹底部,部分流釉至足外墙。口径 7.6 厘米、足径 6.4 厘米、高 7.3 厘米。(图 93)

(8)枕

碗 T5、T6 采:05,仅存圈足。高圈足外撇。灰白胎,胎体较厚重。酱褐釉,足内无釉,足外墙施釉。足径 14.2 厘米、残高 8.2 厘米。(图 94)

(五)制瓷工具

挡箍

碗 T2①:08,残,可复原。圆环形,纵截面呈倒 L 形。白胎,青白釉略泛灰。口

▲图 87 酱釉盏 碗 T1①:41　　　　　　　　▲图 88 酱釉台盏 碗 T3

②:67

▲图 89 酱釉台盏 碗 T3　　　▲图 90 酱釉器盖 碗 T3　　　▲图 91 酱釉器盖 碗:31b
②:97　　　　　　　　　　　　③:127

▲图 92 酱釉盒 碗 T3③:　　　▲图 93 酱釉器盖 碗 T5　　　▲图 94 酱釉瓷枕 T5、T6
21　　　　　　　　　　　　　②:02　　　　　　　　　　地表采集:05

▲图 95 挡箍 碗 T2①:08　　　▲图 96 火照 碗 T3①:15　　　▲图 97 火照 碗 T4①:09

▲图 98 漏斗形匣钵 碗　　　▲图 99 筒形匣钵 碗 T3　　　▲图 100 垫柱 碗 T2①:
T3②:78　　　　　　　　　①:81　　　　　　　　　　41

沿及内壁上部施釉,外壁无釉。直径 13.4 厘米、高 3.4 厘米。(图 95)

(六)窑具

(1)火照

碗 T3①:15,青白釉盏底部残片制成。形状不规则,圈足内穿一圆孔。白胎,青白釉,釉面开片。器表粘附有窑碴。足径 3.8 厘米、残高 1.4 厘米。(图 96)

碗 T4①:09,青白釉碗口沿残片制成。略呈梯形,中心穿孔。灰白胎,青灰釉,釉面布满冰裂纹。一面粘附较多窑碴,另一面较干净。长 4.2 厘米、宽 3.6 厘米、厚 0.5 厘米。(图 97)

(2)匣钵

均用粘土制成,有漏斗形和筒形 2 种。

碗 T3②:78,漏斗形,匣钵内粘连一件青白瓷杯,杯与匣钵均变形。杯单件仰烧,圈足内置垫饼,与匣钵隔开。方唇,直口,上腹直,下腹内收,底微弧。灰褐色胎,夹粗砂。杯,口径 8.2 厘米、足径 3.2 厘米、高 3.7 厘米;匣钵,口径 11.6 厘米、底径 4.3 厘米、高 9.1 厘米。(图 98)

碗 T3①:81,完整。筒形,方唇,直口,直腹,平底。灰褐色胎,夹粗砂。底外缘凸出一道凸棱,外壁腹中部有一道凹弦纹。口径 10.8 厘米、底径 11.4 厘米、高 8.1 厘米。(图 99)

(4)垫柱

碗 T2①:41,微残,可复原,顶部粘连一件涩圈青釉碗底。实心,顶部平,略小,底部略大。灰胎,夹粗砂。外壁下部呈灰黄色,上部有一层青褐色釉。碗,足径 8 厘米、残高 3 厘米;柱,顶径 8.4 厘米、底径 10.1 厘米、高 10.2 厘米、通高 13.4 厘米。(图 100)

三、结 语

碗碟墩窑址规模大,四处窑址分布范围达 3.5 万平方米。而且烧造时间长,堆积层厚,如碗碟墩一号、二号窑废品堆积厚达 2 ~ 3 米。经过发掘的碗碟墩一号窑,窑炉叠压打破关系复杂。ⅠY2 窑炉遗迹最多达七期。ⅠY3 出现两种龙窑形

态,早期使用斜坡式龙窑,晚期使用分室龙窑,为探讨福建省分室龙窑的起源提供了直接证据。

碗碟墩窑址烧造产品在北宋中晚期以青白瓷为主,到南宋时期以青瓷为主,两者地层叠压关系清楚。无论是青白瓷,还是青瓷、酱釉瓷,胎质较为洁白细腻,釉色莹润,质量较高。一些酱黑釉瓷,口沿施一圈青釉或青白釉,釉面光亮,玻璃质感强,釉色丰富,有酱褐色、酱黑色、酱红色等。器型种类也非常丰富,除了碗、碟、盘、杯、执壶、炉等日常用品,还有大量谷仓罐等随葬器物,为三明地区宋墓出土的大量谷仓罐确定了生产地点。

碗碟墩窑位于金溪边上,水运交通便利,其产品除满足本地及周边需求外,部分产品完全可能通过金溪,进入闽江上游支流富屯溪,顺闽江而下至福州港,再销售至国内外市场。因此,碗碟墩窑址对研究我国古代海上丝绸之路的陶瓷贸易有着重要意义。

(作者系福建博物院文物考古研究所文博研究馆员)

将乐窑青白瓷造型及相关问题探讨

彭维斌

　　将乐县位于福建省西北部,地处武夷山脉东南面、闽江支流金溪中下游。三国吴永安三年(260)将乐置县,是福建省最早建县的 7 个古县之一。将乐自然条件优越,蕴藏着丰富的瓷土、燃料资源。闽西北地区水运主要航道金溪流经此地(金溪——沙溪——闽江),为陶瓷运输提供便捷的水运交通。因此,从新石器时代开始将乐就生产和使用陶器,隋唐时期窑业逐渐发达,宋元时期进入陶瓷生产的黄金时期,明清时期受景德镇、德化窑崛起的影响,将乐窑开始走向衰落,但直至近现代,将乐仍有窑场烧造产品。

　　迄今考古调查发现两宋时期的将乐窑址有 10 多处,主要分布在古镛、水南、万全、南口、安仁等地。[1]有的窑场规模宏大,绵延数万平方米;有的烧造时间长,延续两宋至元代;有的窑址遗存丰富,窑炉、作坊、淘洗池等保存较好,堆积层厚达 2~3 米。将乐窑主要烧造的是青瓷、青白瓷、黑釉瓷等。尤其青白瓷器,品类繁多、造型多样、质地优良,是宋代将乐窑的精品瓷种。在历年来的将乐县宋墓考古调查发掘中也发现了不少将乐各窑口生产的青白瓷器。这些青白瓷主要是日常饮食用品,如食具:碗、盘、碟、钵,温酒用瓷:温碗、温壶、凤首壶,饮茶用瓷:执壶、茶盏、茶托、斗笠碗、罐等,以及随葬明器:龙虎瓶、多角坛、谷仓罐、塔式罐等。这些瓷器造型具有鲜明的时代特征和地域特色,体现了宋代闽北地区的用瓷文化,也反映了当地的民俗风情。本文拟结合窑址考古发掘、墓葬出土、墓葬壁画等资料，对将乐窑青白瓷器的造型、功能，与周边地区青白瓷的文化交流，以及地域特征做初步的探讨。

一、将乐窑青白瓷的造型与功能

近年来调查发掘的将乐地区宋代窑址和墓葬都出土了不少青白瓷器。从功能来看，主要是日常饮食器具和随葬明器。饮食器中的酒具，如温酒用的温碗温壶套装、执壶、凤首瓶，点茶用具，如盏托、执壶、瓶，均具有明显的时代特征。随葬品中的龙虎瓶、多角罐、谷仓罐则是唐宋以来南方地区丧葬习俗中常见的随葬用器。墓葬中也见饮食器具中的碗盘、酒具、茶具作为喜好品，在使用者身亡后被当作随葬品随葬。总体来看，将乐窑青白瓷的造型规整、功能齐备，具有典型的时代特征。

(一)饮食器

饮食器是人们日常生活的必需品。将乐窑生产的青白瓷饮食器根据其用途，可以分为食具、酒具和茶具三大类。

1.食具

食具主要有碗、盘、碟、钵等。将乐窑碗的产量较大，样式较多，口沿以敞口为主，也有不少为侈口；唇部基本是圆唇或尖圆唇；碗壁为宋时流行的斜弧腹或斜直腹；足部则基本为圈足。素面无纹碗较多，也有不少在碗内壁刻划莲瓣纹，缠枝花卉纹等(图1-1、2、3)。南口窑还出土模印芒口碗。此碗为敞口，弧腹，矮圈足，胎细白，釉色青亮，器内壁模印婴戏莲纹(图1-5)。[2]此碗也见于将乐县水南镇积善村宋元墓葬，如 M1:4 青白釉印花芒口碗，敞口，斜直壁，矮圈足，芒口，足底露胎，内壁模印六开光折枝花卉纹，碗心印3朵折枝花。[3]除了常见的敞口或撇口碗之外，还有花口碗、斗笠碗(或称笠式碗)。花口碗有2种类型。一是如水南镇积善村宋元墓葬所出的 M15:21 青白釉花口碗，尖圆唇，花口，斜壁，圈足，内壁有6条出筋，外壁有6道压印痕，足部无釉，釉面有细小开片[4](图1-4)；另一类则是温酒用的温碗，与温壶配套使用。斗笠碗一般为茶具。

1 2 3

4 5

6 7

8 9

▲图 1 将乐窑青白瓷食具

1.2.7.碗碟墩窑出土敞口碗、刻划花碗、花口盘
3.9.将乐县博物馆藏刻划花碗、几何纹钵
4.水南镇积善村宋元墓葬出土花口碗
5.南口窑出土芒口碗
6.大布山宋墓出土花口盘
8.水南镇积善村宋元墓葬出土花口盘

盘的造型一般为敞口,浅腹,平底,卧足或圈足。除了常见的圆形外,盘口常做成花口。碗碟墩窑出土一件青白釉碟和将乐县水南镇积善村宋墓出土的两件青白瓷盘都是在腹部压印花瓣凸痕,口沿对应位置修出缺口,形成花口盘(图1-7、8)。大布山宋墓盘的内壁则组成六道出筋,一致延续到口沿处(图1-6)。[5]

钵是一种盛装食物的用具,唐、五代时期常见的器型为厚唇、圆肩、腹部扁圆、平底的青瓷或釉陶钵至宋代,这种造型的钵逐渐定型,并成为很多民间窑场的主流产品。将乐窑也见此种造型的钵。如将乐县博物馆馆藏一件青白釉几何纹钵,圆唇,直口,肩部内凹,弧腹,腹部刻划几何形条纹,平底(图1-9),与繁昌窑一件直口,弧腹,平底,腹部装饰叠"U"形柳条纹的青白釉钵造型相仿。[6]

2.酒具

将乐窑生产的青白瓷酒具主要有温碗温壶、盘口壶、梨式壶、凤首瓶等。温壶、温碗,也称注子、注碗。此外,注子也习称执壶。温酒用的温碗为注碗。使用时,将盛酒的温壶放进温碗中,在温碗中倒入沸水,即可起到温酒的作用。温壶的造型一般是直口长颈,圈足,长细曲流,扁宽鋬手。温壶的器身一般有两种形制,一种是折肩斜腹,素面无纹,如将乐县博物馆藏品(图2-1);一种是圆鼓腹,外壁或刻划菊瓣纹,或刻划覆仰莲纹(图2-2、3)。温壶都带盖,盖合紧密,盖钮或平顶,或呈瓜蒂状、圆珠状,盖上大多有二层台。温碗一般都为葵口、深腹、圈足,有的碗外壁光素无纹,有的则刻划菊瓣纹与仰莲纹,或覆莲纹与仰莲纹。盘口壶也是酒具的一种,其基本造型为口部为盘状,口沿外撇,颈部细长,有三至五道凸起的竹节纹,肩部刻划弦纹,圆鼓腹,也有长圆鼓状腹。盘口壶腹部多见刻划莲瓣纹(图2-4),也见腹部中央刻划一道弦纹,将腹部分为上、下两层,然后刻划竖条纹(图2-5)。[7]此外,盘口壶也是陈设用品,可用做插器。如辽代宣化张世卿墓葬壁画《备酒图》中,两位男侍者身后墙壁上绘制的就是一个插着鲜花的盘口瓶,器型与桌上的盘口瓶酒具造型一致(图6-1)。

梨式壶,也称梨形壶。考古发现,陶瓷梨形壶早在五代时就已出现,宋、金时期北方和南方窑口均有烧制。将乐窑梨式壶通高16.5厘米,壶身呈鸭梨状下垂

1   2   3

4   5   6

7   8

▲图 2 将乐窑青白瓷酒具   1.2.3.5.6.7.将乐县博物馆藏温碗温壶、盘口壶、梨式壶、
凤首瓶
4.8.三明市博物馆藏盘口壶、凤首瓶

形,大圈足,长管弯流,鋬由两根扁宽泥条捏成弓形,上腹部刻划网格纹,下腹部刻划凸条纹,通体施青白釉,釉面光润,造型秀雅(图 2-6)。据研究,梨式壶主要是做酒壶。因五代、宋、金时期的梨式壶的高度普遍在 11~15 厘米左右,少数较高者在 18~20 厘米,大小与形制适合装酒,倾倒酒液也极为方便,因此主要是作为酒具使用的。当然,有些体形小巧的梨式壶则作为文房用具水注。[8]

凤首壶源自西亚,6 世纪前后沿丝绸之路传入内地,在唐以来的金银、陶瓷等工艺品中多有体现。其基本造型为花式杯口,像凤冠,杯口下为结节式长颈,在长颈上端塑凤鸟的喙、眼、眉、耳。后来出现无把无流的凤首瓶造型。将乐窑凤首壶造型具有明显的地域特色。如将乐县博物馆藏一件青白釉莲纹凤首瓶高 29.5 厘米,四出花口、竹节颈、长圆鼓腹、圈足,口颈之间塑一凤首,凤冠、凤眼用褐彩点缀,颈部五道凸纹,呈竹节状,上下腹部分别刻划覆莲和仰莲复瓣纹,通体施青白釉,釉色温润,整个器型端庄雅致(图 2-7)。另一件三明市博物馆藏凤首瓶,瓶口的凤首已被完整的鸟形代替,口沿不是花口,而是在鸟背上开一圆形小孔代替壶口(图 2-8),也被称为"天鸡瓶",可能是凤首瓶的创新造型。宋辽时期的壁画显示,凤首壶是民间上层家庭或者贵族使用的酒具,也常见被用作殷富家庭丧事中的明器。将乐窑的凤首瓶应该也是如此被使用的。

3.茶具

将乐窑青白瓷茶具包括茶盏、盏托、斗笠碗、壶、小罐等。茶盏与盏托是成套的茶具,茶盏多花瓣形,深腹,圈足,呈碗状,圈足直径较小,以便安放于盏托中。盏托又称"茶托子""茶船",是由托盘发展而来的,形似高台盘,盘身也呈花瓣形,盘中心有托圈以固定茶盏。标准意义上的茶盏与盏托在东晋、南朝时期的江南地区就已经开始生产。唐宋饮茶风气盛行,使得盏托几乎成为茶盏的固定附件。[9]将乐窑生产的青白瓷茶盏托,有光素无纹简朴造型者,也有装饰纹样繁复、造型雅致考究者。如祥云轩陶瓷馆藏一套青白釉茶盏托,盏为圆唇,弧腹下收,高深圈足,盏托为圆唇内敛,高深圈足,托盘中置中空承托圈与底足相通,托圈类似一个小杯,敛口,弧深腹。此茶盏与托通体施青白釉,釉色白中闪青、光洁莹润,内外都光素无纹,简洁淡雅(图 3-1)。三明市博物馆藏一件将乐窑青白瓷茶盏托则更为

1

2

3

4

5

6

7

▲图 3 将乐窑青白瓷茶具　　　　1.3.5.将乐县博物馆藏茶盏、托、执壶

2.三明市博物馆藏茶盏托

4.将乐县水南镇龙灯山宋墓出土斗笠碗

6.万全乡吴地宋墓出土小罐

7.大布山宋墓出土小罐

精致。盏为五瓣莲花形，弧腹，高圈足，托则为荷叶状，浅盘，高圈足，盘上倒扣一小杯，小杯上则可放置盏，盏的圈足与小杯的底部相吻合。此套茶盏托通体施青白釉，釉质温润，小杯与托盘高圈足则可见清晰的旋坯纹(图3-2)。祥云轩陶瓷馆藏一套青白瓷茶盏托亦为莲花状，但其托盘则呈现出十曲波浪形，盘心盏台呈鼓型，外壁上腹刻划粗细条纹，下腹堆贴如意云纹，好似莲蓬。一整套盏托俯瞰犹如一朵盛开的莲花，让人不由地联想到水波粼粼中，荷花摇曳，莲蓬饱满，荷香扑鼻的夏日荷园情境(图3-3)。

斗笠碗口径大，斜壁，圈足特别小，型制挺拔秀美，是宋人"茶事"中的常用器具。宋人在茶叶中加入枸杞、熟绿豆、芝麻、川椒、山药等，混合碾碎，或蒸，或煮。人们不但饮用茶汁，还把茶末和作料一起吃掉。这种敞口、斜壁、小底的斗笠碗，在碾茶时容易干，且留渣易食，非常适用于当时的饮茶风俗。水南镇龙灯山宋墓M1出土II式碗，撇口，斜腹，细小高圈足，就是斗笠碗的典型代表(图3-4)。[10]

执壶是唐宋时期一种常见的茶酒具，即可在酒宴中装酒，亦可在点茶中装茶，属于多功能性饮食器具，唐代开始流行，称为"注子"。执壶在唐宋时期的各大窑口都大量生产，表明其是当时日常生活中用途颇为广泛的器皿。学术界普遍认为，唐宋时期的执壶主要作为茶具，或称"汤瓶"，相当于分茶器。因此，执壶的流行与当时饮茶之风的盛行有关。[11]将乐窑青白釉执壶的造型为喇叭口，平沿，细直颈微内弧，溜肩弧腹，腹部压印四道竖凹痕，形成瓜棱腹，圈足，细长曲流，扁条弧形錾用双股泥条合并而成，是非常典型的宋代执壶造型(图3-5)。在将乐宋墓中还出土了瓜棱形小罐(图3-6、7)，应是用来装"茶末"及各种"调膏"的专用罐。

(二)随葬器

宋代的随葬用品，大致可分为实用器和明器两类。实用器如日用陶瓷器、漆器、铜镜、文具等，一般为死者生前喜好之物，如将乐地区墓葬所出的青白瓷碗、盘、罐、温碗、温壶等就是此类实用器随葬品。明器又可分为两类，一类是专为死者设置的迷信压胜之物，另一种是反映死者生前生活情况的奴仆、用具模型，或其他器物。[12]从将乐地区宋元时期墓葬所出随葬陶瓷明器来看，主要有龙虎瓶、

1   2   3

4   5   6

7   8   9

▲图 4 将乐窑青白瓷随葬明器

1.将乐县漠源乡梅花井村 M4 出土龙虎瓶

2.4.将乐县博物馆藏龙虎瓶

3.6.7.三明市博物馆藏莲瓣纹罐、多角坛、谷仓罐

5.大布山宋墓出土 M1 出土多角坛

8.万全乡吴地宋墓出土谷仓罐

9.水南镇龙灯山出土谷仓罐

多角坛、谷仓罐、塔式罐。

龙虎瓶是南方地区六朝以来流行的一种随葬用品。龙虎瓶从盘口瓶演变而来。盘口瓶中可确认为明器或神煞器的器物，往往不是简单的盘口瓶造型，而是附加了其他的纹样。如青白瓷盘口瓶中最常见的堆塑长颈瓶，就是在瓶颈部、身上堆塑有人物、动物形象的盘口瓶，瓶颈部堆塑螭龙纹的也称为龙虎瓶、螭龙瓶，或魂瓶。将乐梅花井宋墓 M4 共出土了三件颈部堆塑螭龙纹的龙虎瓶，器型基本一致，都是盘口，长颈，溜肩，圆鼓腹，颈、肩、腹部有凹弦纹，颈部堆贴环绕状螭龙纹，圈足。将乐县博物馆亦有相同造型的龙虎瓶（图 4-1、2）。将乐县博物馆藏一件龙虎瓶的基本造型是直口、直颈、折肩、弧腹、圈足。颈部堆塑一条盘旋螭龙纹，折肩处用泥条堆塑荷叶边纹，腹部装饰菊瓣纹，通体施青白釉，底足露胎。瓶上有笠帽形盖，盖口沿外撇，盖上装饰数道弦纹（图 4-4）。[13]

多角坛的母型是汉代的五联罐，即在罐的口肩部附加四个壶型小罐，加上器身的罐口而构成。东晋实行薄葬制度，多角坛曾一度消失。唐宋时期再次烧制，但器型已去繁就简，五罐演变成五管、五嘴、五角，甚至有的把"罐""嘴""角"以"五五之数"来强调。[14]亦有学者认为，"角"与"谷"在南方地区发音相近，"多角"即"多谷"，而且其形象似谷物生长之态，因此，多角坛是象形性的谷仓。[15]五代、宋以来，墓葬中的多角坛被当作盛放尸骨或骨灰的葬具，也有内装谷物，作为墓主的谷仓。将乐窑生产的多角坛有两种类型。一种如大布山宋墓 M1 出土的多角坛，造型为直口微敛，溜肩，深腹，圈足；盖面斜平，柱状钮，罐身与盖面有多道弦纹，且都堆贴四组圆锥状饰钮（盖面 12 个、罐身 16 个）（图 4-5）。一种如三明市博物馆所藏多角坛，造型为细长直口，颈部外鼓，长鼓腹，圈足，罐身刻划五道弦纹，每道弦纹上贴饰四个对称锥形尖角，盖上有动物形钮，斜直壁，口沿外撇（图 4-6）。[16]

谷仓罐是自汉代就流行的随葬罐形谷仓模型明器，被认为是死者灵魂栖息地或寄托地，因而又称魂瓶。东吴、西晋时发展成谷仓器型。将乐窑生产的谷仓罐有罐形、谷仓形、楼阁形三种造型。罐形谷仓罐见三明市博物馆与将乐县博物馆藏品。三明市博物馆藏谷仓罐造型为直口，直颈，溜肩，鼓腹，圈足，颈部饰数道凸

1   2   3

4   5   6

▲图 5 将乐窑生产的陶瓷随葬明器

1.大布山宋墓出土青釉塔式罐
2.水南镇积善村宋墓出土青釉楼阁式谷仓罐
3.将乐县博物馆藏酱釉楼阁式谷仓罐
4.5.水南镇龙灯山宋墓出土青釉谷仓罐与陶囷
6.将乐县博物馆藏青釉攒尖顶七层梅花纹塔式
谷仓罐

弦纹,腹部中部堆塑荷叶边纹,将腹部分为上、下两部分,上腹部刻划覆莲瓣纹,下腹部刻划仰莲瓣纹,罐上有笠帽形盖,盖口沿微上卷,盖上也装饰数道凸弦纹,通体施青白釉,底足不施釉,釉色莹润。此罐造型丰满,装饰繁而不乱,立体感强(图4-3)。此外,水南镇龙灯山宋墓还出土一件与上述两件罐式谷仓罐器型类似,但口径特别大、颈部特别粗大的青釉谷仓罐。这件谷仓罐造型大直口,大长颈,深腹,下部斜收,粗圈足,在口沿下部、肩颈处,及腹部中央刻划凹弦纹,肩颈之间还堆贴波浪状荷叶边纹,颈部和上、下腹部刻划三组菊瓣纹(图5-4)。

谷仓形谷仓罐见万全乡吴地宋墓、水南镇龙灯山宋墓出土的谷仓罐。两者基本造型一致,由盖和身组成,而且盖与身是相连的,盖呈笠帽状,上有宝珠钮,盖面多装饰或竖或横的泥条,类似凸角,或波浪,罐口沿呈盘状,直径几于罐身相等,比盖口径大,溜肩,长鼓腹,下部略内收,圈足,腹部开一长方形仓口,仓口贴桥形钮,模拟门框,有的肩部堆贴一圈泥片塑成的呈波浪状的纹饰带,一般通体施青白釉,近底处则露胎,器壁比较厚。三明市博物馆也有一件类似谷仓罐,三者的区别在于盖上的装饰纹样(图4-7、8、9)。

平底楼阁式谷仓罐见于水南镇积善村宋墓。这件青釉谷仓罐造型基本是模仿木构建筑的谷仓罐,呈平底楼阁型,盖顶为两面坡屋顶式,上面堆塑四个柱状脊,顶部中脊两边起翘,似燕尾脊,罐身呈筒形,与盖相粘,正面屋檐下开一方形小口,象征仓门或二楼窗口,用泥条捏塑门框及门钉装饰,罐身堆贴四根直条形立柱,与盖面四个柱状脊相对应,近底部装饰一圈堆纹,恰似房子地基。将乐县博物馆藏一件酱釉谷仓罐与积善村宋墓出土青釉谷仓罐造型基本一致,只是酱釉谷仓罐的仓口开在腹部中央,且呈长方形。(图5-2、3)水南镇龙灯山还出土一件陶质囷形谷仓罐。此罐的盖、身、底座三者连体,盖做重檐攒尖顶,各有四条垂脊,脊尾向上卷起,罐身刻划三道弦纹,底座则为覆钵形(图5-5)。谷仓罐多流行于唐宋时期的闽浙赣地区,反映了区域性的丧葬习俗。

塔式罐,也称塔形罐,或带座罐,是唐代新出现的一种随葬明器,一般由盖、罐、座构成,因形似佛塔而得名。它的功能在于为死者继续礼佛提供场所。塔式罐在北方唐墓中多见,是断代的标准器型,[7]而在南方则较少见到。因此,大布山宋墓出土的塔式罐就显得弥足珍贵。大布山宋墓的塔式罐（盖已缺失），罐口为盉口，口沿装饰成莲蓬状向外凸起，长束颈，颈部中央有凹弦纹一周，贴附一对乳钉，颈部下半部刻划覆莲瓣纹，溜肩处和腹部中央各有一圈凹弦纹，上腹部装饰缠枝花果纹，下腹部则装饰仰莲瓣纹，瓶的底足下有塔形底座，座上部呈盆形，座底外壁刻划大莲瓣纹，莲瓣纹中又装饰璎珞纹一周（图5-1）。[18]

除此之外，将乐县博物馆收藏的一件青釉攒尖顶七层梅花塔式罐非常独特，由盖和罐组成，盖可以活动，尖状宝珠顶，顶下为小平台，台下三层为逐级扩大的下垂檐，子母口，罐口较大，双层颈，颈下有四层逐级扩大的下垂檐，深垂腹，下内收，矮饼足，罐盖与身上的七层下垂檐呈花瓣状，每层檐上都贴塑筒瓦和梅花纹瓦当形纹饰，整体造型就像一座七层宝塔（图5-6）。此塔式罐工艺繁复精致，是不可多见的随葬明器。[19]

二、将乐窑青白瓷造型相关问题的探讨

青白瓷是五代至北宋早期新出现的瓷器品种，在陶瓷史上占有非常重要的地位。从五代到宋早期，全国烧制青白瓷的窑口除了南方的繁昌窑、景德镇窑、赣州七里镇窑，还有北方的窑口。北宋中晚期到南宋早期，青白瓷的烧造区域不断扩大，景德镇取代繁昌窑成为北宋中期以后青白瓷的生产中心，产品大量外销。受到景德镇等窑场青白瓷外销的推动，福建的闽江和晋江流域也开始大量烧制青白瓷。地处闽江流域的将乐窑就是在此历史背景下出现了不少烧造青白瓷的窑口，其产品类型、造型与周边窑场有时代共通性，也有非常明显的地域性特征，反映了宋代闽西北地区青白瓷窑业技术的发展与兴盛。从将乐窑青白瓷造型与功能来看，其有以下几个特征。

1.莲花纹被广泛运用

莲花纹早在春秋时期就已经装饰在器物上。魏晋南北朝时期，佛教逐渐传入中国，莲花纹作为佛教文化载体，逐渐融入中国传统文化，莲花纹开始大肆盛行。到了宋代，莲花纹以刻划花、贴花、印花、剔花、堆塑、模制等不同工艺技法应用于陶瓷上，而且器物造型、纹样装饰，莲花纹的使用都远超前代，可以说，几乎每一

个器型都有以莲花为装饰的情况。这在较早开始烧造青白瓷的繁昌窑,以及宋代青白瓷生产中心窑场景德镇的器物上可以看到。另一方面,莲瓣形器口和器壁也是宋金时期瓷器模仿银器造型的一个重要特征。[20]这是唐代金银器造型装饰艺术在瓷器文化上的延续。

将乐窑青白瓷深受当时莲花风尚盛行的影响,因此也大量生产莲花纹青白釉器物,较常见的花口碗、盘、碟等是将整个器物修成花形。一般是用压印的方法将器壁压印出花瓣形,口沿处修出缺口,与之对应,形成花口状,从上方俯视,整件器物仿若盛开的荷花。有的是在器身外壁刻划出大片的莲瓣纹,有的则刻划浅浮雕状的覆莲与仰莲纹,如将乐窑生产的青白釉莲瓣纹温壶、凤首壶、谷仓罐等,立体感和美感都十分强。比较精致的是茶盏托,托盘塑成大片的莲叶,托圈做成莲蓬形,上面的盏则塑成莲花形,整件器物呈现出"莲叶何田田"的雅致情趣。

2.青白瓷酒具与茶具的大量生产体现了宋人嗜酒茶的饮食时尚

从窑址发掘和墓葬出土来看,青白瓷酒具和茶具是宋元时期将乐窑的特色产品,且数量不少。温碗、温壶、茶盏、托、执壶、斗笠碗等器型,早在唐五代时期就已有,当时多见以金银为材质,后逐渐被瓷酒具、茶具代替。五代开始生产青白瓷的繁昌窑就有仿金银器的做法。后来,包括景德镇在内的其他窑场也纷纷模仿。因此,两宋时期的青白瓷酒具与茶具仍有非常明显的仿金银器造型的特点。瓷酒茶具代替金银器的做法与宋政府颁布奢侈禁止令有关。《宋会要辑稿·舆服四·臣庶服·续长篇·卷一九九》提到,宋仁宗曾颁禁令曰:"三品以上,宗室戚里以外禁止使用金棱器,禁用银棱器、镀金玳瑁。宫禁以外禁用纯金酒食器。"[21]加之,宋时已臻完美的青白瓷温润如玉,深受上层社会的欢迎,因而成为新的时尚饮食用器。

宋代饮酒之风兴盛。"今祭祀、宴飨、馈遗,非酒不行。田亩种秫,三分之一供酿财曲蘖,犹不充用。"[22]赵宋统治者为了增加财政收入,获取丰厚的酒利,也鼓励民间饮酒。《北山酒经》中也载:"大哉,酒之于世也,礼天地,事鬼神,射乡之欢,鹿鸣之歌,宾主百拜,左右秩秩。上至缙绅,下逮闾里,诗人墨客,樵夫渔夫,无一

1

1. 河北宣化下八里 1 号张世卿
   墓壁画《备酒图》
2. 台北故宫藏宋徽宗《文会图》
   摹本《备茶图》

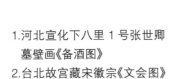

2

▲图 6 宋人的茶酒文化

可缺此。"[23]南宋孟元老的《东京梦华录》亦云："大底都人风俗奢侈,度量稍宽,凡酒店中不问何人,止两人对坐饮酒,亦需用注碗一副、盘盏两副、果菜碟各五片、水果碗三五只,即银近百两矣。"[24]为了供应市场需求,包括将乐窑在内的各地窑场大量生产青白瓷酒具。

宋代饮茶之风也十分盛行。宋代有两种泡茶工艺,一种是煎茶法,具体做法是先将水煮沸,取茶末投入搅动,然后导入盛器中引用;一种是点茶法,一般是将茶末置于盛器中,再将沸水倒入冲点,然后多次"击拂"。[25]两种饮茶方式在程序上的差别,导致其在茶器的选用上存在一定差异。在点茶法中,一般使用的是长流汤瓶,在煎茶法中则使用短流煎茶壶。但由于煎茶法属于颇有古意的茶艺,多为文人士大夫所好,而点茶是煎茶法的简化,在宋代民间更为流行,长流执壶、盏托、斗笠碗、茶末罐等茶具更为常见。

在两宋的仿木构砖室墓葬中的壁画上,常见夫妇对坐、侍女、宴饮、奉茶、厅堂的场景,这些场景中的桌面上所放置的器皿,或侍女手中所持之物,大多是温碗、温壶等酒具,以及茶盏、盏托、执壶、斗笠碗等茶具,充分体现了宋代茶酒文化的普及与兴盛。辽代宣化张世卿墓葬壁画《备酒图》中所绘的器皿就是宋代流行的各种酒具。两位男侍者站立在一桌后,一人手持温碗、温壶,一人手端一盘,上置三个酒杯;桌上放置着一深腹温碗,碗中是瓜棱形温壶;此外还有一个盘口瓶,和三组酒盏,一组各三只,其中有两组倒扣在桌面上,一组放置在托盘中;而在桌前的小几上放置着三个带盖被称为"经瓶"的酒具(图6-1)。[26]而台北故宫藏《文会图》摹本《备茶图》则体现了"茶事"的准备工序,其中所绘茶具是点茶必备用器。图中有两位男侍者,其中一位左手端着茶盏托,右手用茶匙从桌上的小罐中取茶末或其他调膏。桌上散放着四五个茶盏托,桌旁一方形器皿中放着两把长流执壶(图6-2)。辽墓室壁画和宋绘本应是宋代酒茶文化在社会各阶层盛行的集中体现。将乐县虽偏居福建北部一隅,但从将乐窑生产的青白瓷酒具与茶具来看,其造型与宋代主流的酒茶用器基本是一致的,只是装饰纹饰稍有区别,具有较明显的地域特色,可见宋茶酒文化影响范围之广泛。

1

2

1.浙江越窑唐代青瓷龙虎瓶
2.浙江金华婺州窑唐代龙虎瓶
3.湖南资兴北宋陶多角坛
4.浙江金华婺州窑唐代青瓷多角坛

3

4

▲图7 南方地区随葬品

3.类型多样的随葬明器反映了当地的丧葬文化

墓葬中随葬龙虎瓶、多角坛、谷仓罐等明器是两宋时期南方地区重要的丧葬文化特征。与实用瓷器相比,随葬专用的神煞明器一般在当地制造,由那些带有相近的丧葬观念的人使用,其流传范围有限,而且制作与使用(下葬)的时间间隔不大。[27]将乐地区两宋时期墓葬出土与窑址发现的陶瓷随葬明器也反映了这一特点。目前发现的将乐窑青白瓷明器包括了龙虎瓶、多角坛、谷仓罐,但由于将乐地区墓葬中还发现不少青瓷和陶制明器,它们与青白瓷明器的造型和功能相同,因此,也在文中加以讨论。

从造型来看，将乐窑生产的龙虎瓶、多角坛、谷仓罐大多可以找到类似的器物，这应是区域文化交流与相互影响所致。如将乐县漠源乡梅花井村M4出土的龙虎瓶（图 7-1）器型与浙江越窑唐代青瓷龙虎瓶相似，只是盘口略小，瓶腹较鼓。[28]三明市博物馆藏龙虎瓶（图 7-2）与浙江金华婺州窑唐代青瓷盘口瓶造型大致相似，[29] 这可能说明将乐窑龙虎瓶的造型来自唐代的越窑和婺州窑，且沿袭至宋代。大布山宋墓出土 M1 出土的多角坛（图 7-3）与湖南资兴北宋陶多角坛（资兴 M483:2）[30]造型基本一致。三明市博物馆藏多角坛（图 7-4）可以在浙江金衢盆地找到类似产品。这说明，作为中晚唐时期在南方地区出现的一种新型造型的随葬明器，多角坛在具有相近丧葬文化的南方不同区域不断相互交流，从而形制相近。

除了龙虎瓶与多角坛，将乐窑的谷仓罐不仅造型多样，且材质也多样，具有非常明显的地域特色。而塔式罐在将乐出土，则反映了北方随葬品文化对将乐地区的影响。大布山宋墓出土的塔式罐造型目前极少见于南方其他地区，但罐身的造型又与北方塔式罐不同。北方塔式罐的罐身多为短颈鼓腹，而大布山宋墓的塔式罐身造型则与当地盘口瓶相似，应是将乐窑较独特的产品。而将乐县博物馆藏的青釉攒尖顶七层梅花纹塔式罐层层叠出的花瓣形出檐，梅花状筒瓦堆贴纹饰极为精致，其造型模仿木构建筑的佛塔，在其他地区基本不见，是不可多得的瓷器精品，为我们了解当地的丧葬习俗提供了丰富的实物研究资料。

参考文献

[1] 陈邵龙：《将乐古陶瓷发展与"将乐窑"的特征》，《福建文博》，2016 年第 4 期。

[2] 林薇：《宋代将乐窑略探》，《福建文博》，2014 年第 2 期。

[3] 福建博物院、将乐县博物馆：《将乐县积善宋元墓群发掘简报》，《福建文博》，2009 年第 4 期。

[4] 福建博物院、将乐县博物馆：《将乐县积善宋元墓群发掘简报》，《福建文

博》,2009 年第 4 期。

[5] 福建博物院、将乐县博物馆:《将乐县大布山南朝唐宋墓群清理简报》,《福建文博》,2014 年第 1 期。

[6] 繁昌县博物馆:《繁昌窑青白瓷集萃》,文物出版社,2013 年,第 164 页。

[7] 林薇:《宋代将乐窑略探》,《福建文博》,2014 年第 2 期;郑华:《略论将乐窑宋元瓷器》,《福建文博》,2011 年第 3 期;余学云:《闽北宋韵:福建将乐窑青白釉瓷鉴赏》,《收藏》,2016 年第 21 期。

[8] 伍秋鹏:《古梨形壶浅说》,《收藏》,2010 年第 9 期。

[9] 繁昌县博物馆:《繁昌窑青白瓷集萃》,文物出版社,2013 年,第 66 页。

[10] 将乐县博物馆、将乐县文体局:《将乐县水南镇龙灯山宋墓》,《福建文博》,2004 年第 2 期。

[11] 繁昌县博物馆:《繁昌窑青白瓷集萃》,文物出版社,2013 年,第 100 页。

[12] 徐苹芳:《唐宋墓葬中的"明器神煞"与"墓仪"制度——读(大汉原陵秘葬经)札记》,《考古》1963 年第 2 期,第 87-106 页。

[13] 福建博物院等:《将乐县梅花井宋代墓群发掘简报》,《福建文博》,2012 年第 2 期;林薇:《宋代将乐窑略探》,《福建文博》,2014 年第 2 期。

[14] 孙长初:《谷仓罐形制的文化演绎》,《东南文化》,2000 年第 7 期。

[15] 陈定荣:《谷仓罐概述》,《农业考古》,1987 年第 2 期。

[16] 福建博物院、将乐县博物馆:《将乐县大布山南朝唐宋墓群清理简报》,《福建文博》,2014 年第 1 期;郑华:《略论将乐窑宋元瓷器》,《福建文博》,2011 年第 3 期。

[17] 袁胜文:《塔式罐研究》,《中原文物》,2002 年第 2 期。

[18] 福建博物院等:《将乐县梅花井宋代墓群发掘简报》,《福建文博》,2012 年第 2 期;陈邵龙:《将乐古陶瓷发展与"将乐窑"的特征》,《福建文博》,2016 年第 4 期;福建博物院、将乐县博物馆:《将乐县大布山南朝唐宋墓群清理简报》,《福建文博》,2014 年第 1 期。

"将乐窑暨中国南方地区宋元青白瓷学术研讨会"论文集

[19] 福建博物院等:《将乐县万全乡吴地宋墓》,《福建文博》,2004 年第 2 期；将乐县博物馆等:《将乐县水南镇龙灯山宋墓》,《福建文博》,2004 年第 2 期；福建博物院、将乐县博物馆:《将乐县积善宋元墓群发掘简报》,《福建文博》,2009 年第 4 期；林薇:《宋代将乐窑略探》,《福建文博》,2014 年第 2 期。

[20]【英】杰西卡·罗森、吕成龙:《中国银器和瓷器的关系(公元 600—1400 年)——艺术史和工艺方面的若干问题》,《故宫博物院院刊》,1986 年第 4 期。

[21]《宋会要辑稿》,上海古籍出版社,2014 年。

[22]（北宋）周辉:《清波杂志》卷六"榷酤",文渊阁《四库全书》影印本第 1039 册,台湾商务印书馆,1986 年,第 40 页。

[23]（北宋）朱翼中:《北山酒经》卷上,文渊阁《四库全书》影印本第 844 册,台湾商务印书馆,1986 年,第 815 页。

[24]（宋）孟元老:《东京梦华录》,中州古籍出版社,2010 年。

[25] 孙机:《中国茶文化与日本茶道》,《中国历史博物馆馆刊》,1996 年第 1 期,第 62—69 页。

[26]《中国出土壁画全集(河北)》,科学出版社,2012 年,第 173 页。

[27] 黄义军:《宋代青白瓷的历史地理研究》,文物出版社,2010 年,第 229 页。

[28] 浙江省博物馆编:《浙江纪年瓷》图 169,文物出版社,2000 年。

[29] 贡昌:《婺州古瓷》,彩版 5,紫禁城出版社,1988 年。

[30] 湖南省博物馆:《湖南资兴隋唐五代宋墓》,《考古》,1990 年第 3 期。

将乐县博物馆馆藏宋代将乐窑青白瓷鉴赏与装饰艺术的探讨

林　薇

将乐位于福建省西北部,地处武夷山脉东南面,闽江支流金溪中下游,东连顺昌,南达明溪,西抵泰宁,北通邵武,东南与沙县毗邻。三国吴永安三年(260)置县,因"邑在将溪之阳,土沃民乐""东越王乐野宫在是"而得名,是福建省最早建县的文明古县之一,至今已有1700多年的历史。由于其得天独厚的自然环境,瓷土资源十分丰富,并且地处闽江支流金溪中下游,水运便利,因此早在新时器时代当地就开始生产陶器,两宋时期尤为发达。其特点是窑场分布范围广、生产瓷器种类繁多、质地优良,青白瓷、酱釉瓷、黑釉瓷、青瓷均有烧制。本文拟通过对将乐县博物馆馆藏宋代青白瓷进行分析,并对其装饰艺术进行探讨。

一、宋代将乐窑窑址概况及其产品、装饰艺术特点

经调查确认的宋代烧制青白瓷的窑址主要以南口窑、万全窑为主:

1.万全窑。

位于万全乡竹舟村八担自然村西南,金溪从窑址南侧山脚自西向东经过。万全窑创烧于北宋,兴盛于南宋。此窑烧造的品种齐全,民间普遍使用的碗、盘、瓶、尊、罐、注子、盏托、壶、碟、象生瓷、明器等都有生产,温酒壶、莲花尊、凤首瓶是它的特色器型。窑址主要分布于金溪北侧以碗碟墩为中心的四座山坡上,窑址面积

▲图一 万全碗碟墩一号窑发掘区域

约 35000 平方米(图一)。山坡之间的山坳处有平台,可能为作坊或窑工居住区域,如今已开垦为田地。

2016 年,福建博物院考古研究所和将乐县博物馆在万全窑进行考古发掘,揭露三条窑炉遗迹,其中一条为分室龙窑(图二),为三明地区首次发现。碗碟墩窑址始烧于北宋中晚期,兴盛于南宋,窑场分布范围大,堆积厚(图三),产品种类器型丰富,釉色莹润,质量精美。分室龙窑的发现,对研究这种窑业技术的起源和分布有着重要意义。

万全窑的青白瓷产品以素面居多,部分炉、瓶刻划浮雕状莲瓣纹,青瓷纹饰以刻划花、篦划纹为主。其装饰技法普遍使用刻划花和篦纹手段来装饰器物,纹饰内容有刻划条纹、弦纹、曲卷纹、菊瓣纹、月华锦、牡丹花和粗细分档的篦纹、少数花口、瓜棱器。纹饰多在器内出现,个别器外有细状莲瓣纹,这类装饰大多出现在青釉瓷中。除此之外,有的器物盖顶部有牡丹纹印花,印花纹路清晰,线条粗细

▲图二 万全窑碗碟墩分室龙窑

▲图三 万全窑碗碟墩瓷片堆积

图四 南口窑瓷片堆积▶

图五 南口窑瓷片堆积▶

均匀,也有的印刻结合。另有一器中的仰覆莲瓣是刻划的浅浮雕状,立体,层次感较强。器系、器钮、器把大多用堆塑的麻绳钮、刻划线条的泥条装饰。刻划花多用半刀泥手法,篦纹用划挑等手法进行。该窑往往在各式碗、碟的唇颈处、下腹上细划一道凸弦纹,以此来增加层次感和区别器上、下各部位,弦纹比例恰到好处是这个窑器物的又一特点。[1]

2.南口窑。

位于南口乡小拨村东面的下窑自然村,窑址规模较大,窑场分布在大竹林山、老厝山、温科山、下瑶山等数个地点,面积约10万平方米(图四、五)。该窑创烧于北宋末年,至元代停烧,产品以青白瓷为主,酱釉瓷次之,种类有碗、盘、碟、杯、温酒壶、瓜棱罐、谷仓罐等,印花碗、芒口碗是其特色。[2]窑址所在的南口乡位于金溪中游,是宋元明时期建宁、泰宁等县与将乐商品贸易往来的必经之地,水运交通相当发达,下窑产品由金溪入沙溪,再通过闽江运销外地。窑址生产的印花青白瓷碗等产品,在一些沉船遗址中也有发现就是实物例证。

该窑北宋晚期烧制各种碗、盘、碟、杯等,南宋烧制仿定窑的印花碗等,装饰以印花、刻划花为主,南宋晚期多见开片,玻感强,透明度好,釉色青白中明显有湖水绿色,主要有篦纹、云气纹、菊、莲、缠枝梅花、折技花、鱼藻纹、开光等装饰,北宋用仰烧,南宋则是覆烧,芒口边比其他窑的产品更宽。

二、宋代将乐窑的装饰艺术

将乐宋代窑址生产的产品种类较为丰富,器类有碗、盘、瓶、罐、注子、盏托、壶、碟、谷仓罐等。器物的装饰艺术技法也十分有特色,说明窑工技术娴熟,达到了非常高的水平。工匠通过将纹饰题材用艺术的技法移植到瓷器上,在美化瓷器的同时,也体现了时代的精神,寄托了他们个人的情感。

(一)装饰工艺

按装饰工艺归纳,大体可分为胎装饰、釉装饰和工艺装饰技法三大类。

胎装饰:是将乐窑装饰的主要方式,有刻花、划花、印花、捏压、削、堆塑等技法。刻花运用最为广泛,多用阳刻,有单层纹饰也有多重刻花。划花有单独使用,也多与刻花相配合使用。印花工艺在将乐窑运用不多，主要是模印动物花卉图案。捏压工艺在小件器型上运用较多，如花口碗、瓜棱罐等。贴也比较盛行，它是将塑出立体状的纹饰贴于坯体上的一种装饰技法，多用于瓶、罐、谷仓、魂瓶的盖面和肩部，有水波纹、龙纹等。最具特点的是削，莲瓣纹中的莲脊就是采用这种技法，此技法龙泉窑、越窑也有运用，它与刻划融汇运用，装饰效果更为显著。

釉装饰：青白釉面玻化感强且莹润，积釉处呈深水绿色，常用见大小开片，一般青白釉施釉较薄。"点褐彩"装饰技法也有它的一席之地，这种工艺一般在施釉的器坯上以点彩的方式加以褐釉，故名。在整体青色的青瓷上缀以几点褐色圆点、线条，打破了单色釉的单调，使其灵动而富于美感。

造型法：常见于本身很富有装饰性的器物，主要用于日用瓷中的碗、盘、杯等，如宋代花口盘，五瓣、六瓣出筋碗碟。

（二）主题纹饰

将乐窑主题纹饰题材不是太丰富，但运用巧妙。

植物类纹饰：莲瓣纹作为瓷器的主题纹饰，不但有内外双重、上下双排仰覆莲瓣，也有整朵莲花的，此外，还有菊瓣纹、团花纹、荷花纹、卷草纹、缠枝纹等花卉纹饰。

动物类纹饰：多为龙、狗、狮、凤、鹦鹉、鸡等形象。总体来说，将乐窑的纹饰精炼简洁，常是一两种纹样出现，注重的是纹饰与造型和谐搭配。

人物类纹饰：多为婴戏纹、人物纹，多出现在碗心、瓶颈，是瓷器装饰的典型纹样之一，一般与植物、动物相组合，形态各异，极具民间艺术的趣味性。

其他纹样有水波纹、弦纹、篦纹等。水波纹一般以堆贴为主，多出现在肩部、腹部。弦纹一般出现在口沿及肩部，有单线和复线弦纹之别。篦纹多用于碗心、腹壁上，有的单独使用，也有的配合刻花使用。[3]

三、馆藏宋代青白瓷

（一）北宋青釉葵口高足杯

尖圆唇，敞口，深弧腹下内收，矮小喇叭足，足底上有墨书文字，胎白，釉开纹

▲图六

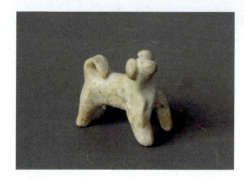

▲图七

▲图八

▲图九

▲图十

▲图十一

▲图十二

▲图十三

片,高 4.8 厘米,口径 7.5 厘米,足径 3 厘米。(图六)

(二)宋青白釉圆塑立狗

小头,小眼,大耳,卷尾,昂首挺胸,胎细白致密,高 4.7 厘米,长 4.5 厘米,腿宽 2.8 厘米。(图七)

(三)宋青白釉褐色点彩悬山顶谷仓

悬山顶,正脊两端上翘,圆形仓体,屋面用褐色点彩做瓦纹,胎灰白,高 21.5 厘米,腹围 37 厘米,足径 8.2 厘米,顶长 14.8 厘米,宽 14.4 厘米。(图八)

(四)北宋青白釉复瓣莲纹四系小罐

小圆唇,直口,直颈,溜肩,微鼓腹,肩上堆贴四个泥条实心小系,模印复瓣莲纹,灰白胎,高 10 厘米,口径 4.3 厘米,腹围 2.5 厘米,底径 4 厘米。(图九)

(五)宋青白釉模印牡丹菊纹粉盒

由盖、盒组成,盖上模印牡丹纹,腹上模印细菊瓣纹,高 3.75 厘米,口径 6 厘米,足径 4.8 厘米,盖径 6.8 厘米。(图十)

(六)南宋青白釉模印莲花谷纹浅腹芒口盘

方圆唇,敞芒口,浅斜腹微弧,胎白细腻,釉青白中泛淡灰绿,高 2.5 厘米,口径 15.6 厘米,底径 8.6 厘米。(图十一)

(七)北宋青白釉喇叭口竹节颈蟠龙瓶

圆唇,竹节颈,圆鼓腹下渐收,颈肩上堆贴蟠龙等,胎米黄,釉青白中泛米黄,高 21.9 厘米,口径 8.1 厘米,腹围 40.2 厘米,足径 7.2 厘米。(图十二)

(八)北宋青白釉刻划花侈口深腹碗

圆唇,侈口,深弧腹,高深圈足,胎白细腻,器外壁刻划条状菊瓣纹,高 7.9 厘米,口径 15.2 厘米,足径 5.7 厘米。(图十三)

(九)北宋青白釉刻划树枝纹花边台盏

由柱状台子、花边托盘和高大圈足构成,胎白,釉青白中泛灰绿色,高 6.1 厘米,口径 11.1 厘米,足径 7.5 厘米。(图十四)

(十)宋青白釉莲纹带盖执壶

由盖和执壶组成。盖,瓜蒂钮,双层台顶,梯状管形盖。壶,方唇,小口,斜直

▲图十四

▲图十五

▲图十六

▲图十七

▲图十八

颈,宽肩,圆弧腹下渐收,矮大圈足,足外墙垂直,内墙斜坡,砂底上见坑疤和弦纹,足边修圆。胎白而细致,质厚薄适中且较轻,釉青白中泛水绿色,开稀疏的纹片,面呈玻状光泽,盖上刻划中心放射纹,壶肩腹刻剔地浮雕仰覆莲瓣,肩上安长弯流和泥条錾,高18.5厘米,口径3.4厘米,腹围30厘米,足径6.6厘米,盖口径5.4厘米。(图十五)

(十一)南宋青釉敛口蒜头长颈小鼓腹人物蟠龙瓶

方唇,长弧颈,小鼓腹下渐收,颈上模印堆贴蟠龙、人物,胎灰,釉青中泛灰白,高 231.35 厘米,口径 41.3 厘米,腹围 256 厘米,足径 60.32 厘米。(图十六)

(十二)北宋青白釉刻划莲纹带盖温壶

由执壶、温碗组成。盖,小圆钮,双层台,直筒状;壶,圆唇,小口,斜直颈,溜肩,斜弧腹,肩上曲形流,另一侧扁宽状把手;温碗,敞口,深腹,圈足,外壁刻划菊瓣纹,近底处刻仰莲纹。通高 17.1 厘米,盖口径 4.2 厘米,足径 8.4 厘米。(图十七)

(十三)北宋青白釉竹节颈天鸡瓶

瓶口上端塑天鸡形,尖喙、背部略突起开小圆口,下接竹节状长颈,溜肩,腹微鼓,圈足微外撇,肩、腹各饰两道凹弦纹,将腹分成上、下两部分,外腹部饰菊瓣纹,灰白胎,施青白釉,足根及圈足不施釉,露胎呈浅红色,造型新颖别致,制作工艺精美,高 23.5 厘米,口径 1.8 厘米,足径 7.5 厘米。(图十八)

将乐窑历史悠久,融汇南北制瓷工艺,博采众长,自成一体。因水运交通便利,将乐窑的产品通过金溪进入闽江上游支流富屯溪,顺闽江而下至福州港,再销售至国内外市场。在上海青龙镇、东南亚、日本等地就发现与将乐窑类似的产品,对研究我国古代"海上丝绸之路"的陶瓷贸易有着重要意义。今后,希望通过进一步的深入研究,还原将乐窑在中国陶瓷史上应有的地位。

参考文献

[1] 李建军、宋经文:《将乐县万全窑古瓷生产情况及相关问题的探讨》,《东南文化》1996 年第 3 期。

[2] 将乐县第二、三次全国文物普查资料。

[3] 郑华:《略论将乐窑宋元瓷器》,《福建文博》2011 年第 3 期。

(作者单位:将乐县博物馆)

057

宋代将乐窑
谷仓罐初探

李昭梅

一、将乐窑简述

宋代是我国陶瓷史上争奇斗艳、绚丽多彩的时期，不仅出现了哥、官、定、钧、汝等五大名瓷，耀州窑、磁州窑、景德镇窑等亦独具特色。各地窑址处处开花，仅福建就有浦城、将乐、泰宁、德化、闽清等数百处窑址，制瓷业达到了一个鼎盛时期。将乐窑以器型丰富、釉色莹润、纹饰多样，在其中显得尤为突出。

将乐于吴永安三年（260）置县，是福建省最早建县的 7 个古县之一。得益于丰富的瓷土、燃料资源和金溪便利的水运交通，将乐陶瓷生产具备得天独厚的条件。从新石器时代开始，直至近现代，窑火绵延数千年，经久不息。[1]宋元为其辉煌时期，诞生了特征明显的将乐窑。从目前考古资料来看，将乐窑主要分布在万全、南口、古铺、水南、安仁等乡镇，已经发现窑址 12 处。[2]将乐窑烧造产品大致分为观赏器、实用器、明器等几大类。瓷器种类有碗、盘、钵、盆、盅、执壶、罐、器盖、杯、灯盏、网坠等。[3]代表性器物有凤首壶、温酒壶、莲花尊等，以青白釉、青釉、酱釉等为主。在其烧制的众多产品中，谷仓罐以器型丰富、釉色多变而别具一格。到目前为止，在水南镇积善村、水南镇龙灯山、万全乡吴地村等窑址均有谷仓罐发现，种类丰富，釉色则多为青釉、青白釉。谷仓罐多在上端加有屋宇形、神亭形、塔形的盖,体现了当时人们的想象力和审美观,为当地代表性产品。[4]

二、宋代谷仓罐的特点

谷仓罐是一种较为特殊的随葬器型,又称魂瓶、魂亭。根据目前考古发现,谷仓罐器型起源于东汉时期的五联罐,至魏晋时期演变成型。在敦煌发现的晚唐写本《杂抄》中有记载:"食瓶五谷与谁作?昔伯夷叔齐兄弟,想让位于周公,见武王伐纣不义,隐首阳山,耻食周粟……遂饿死首阳山。载尸还乡时,恐魂灵饥,即设熟食瓶、五谷袋引魂。今葬用之礼。"[5]所以后来现实生活中,人们会制作一些仿实物粮仓的模型,内部装谷物、铜钱、美酒,供墓主在幽冥世界享用。同时它又具有护佑子孙,保证家族兴盛之用,为此受到追捧。至于谷仓罐的形制演变大致可以概括为:三国、西晋时的谷仓罐矮胖粗大,上堆塑较为复杂,有楼阁、人物、鸟兽等,东晋时变得较为修长,东晋后则一度消失。[6]到宋代,由于经济、文化的发展,谷仓罐造型、装饰技法愈发成熟,多种风格并存,一种为形体变得更为修长轻盈、带盖的瓷谷仓,颈上堆贴人物纹、龙虎纹,盖上则立飞鸟;另一种盖为阁楼式,腹为筒状,高度为20-40厘米之间,装饰手法简单。

三、馆藏宋代将乐窑谷仓罐赏析

宋代瓷器烧造形成了一整套程式化的艺术语言和表现手法,恰如著名陶瓷艺术家杨永善先生在论及中国古代瓷器造型成就时曾归纳四条:一是象形取意的造型方法,二是讲究完整的求全意识,三是不断完善的造型程式,四是富有诗意的造型趣味。将乐谷仓罐的造型更多的是采用象形取意,仿地面建筑形制制作。根据屋顶的形制可分为仿攒尖顶式、悬山顶式与歇山顶式。现三明市博物馆珍藏数十件精品,各择其一二,以飨读者。

(一)仿攒尖顶式谷仓罐

攒尖顶建筑为建筑物的屋面在顶部交汇为一点,形成尖顶,其屋顶叫攒尖顶。其特点是屋顶为锥形,没有正脊,顶部集中于一点,即宝顶。该顶常用于亭、

（图 1）宋青白釉圆形重檐攒尖顶式谷仓及其俯视图（腹围 45.8 厘米，底径 7.8 厘米，高 27.9 厘米）

榭、阁和塔等建筑，是古代汉族传统建筑的一种屋顶样式，有四角攒尖、六角攒尖、八角攒尖、圆攒尖数种，又有单檐和重檐之分。重檐攒尖顶较单檐攒尖顶更为尊贵。

宋青白釉圆形重檐攒尖顶式谷仓（图 1），圆形屋顶与罐式仓粘连，宝珠钮，笠帽盖，盖沿上翘。溜肩，鼓腹，圈足。盖面中部堆贴一圈波浪纹，将攒尖顶分为上、下两层，为重檐攒尖顶式。肩部堆贴波浪纹。腹部开一长方形仓口，周边以泥条堆贴如门框。俯视宛如一朵正在缓缓盛开的莲花，暗香浮动，装饰手法娴熟。施青白釉，足无釉，釉质温润，胎灰质坚。

宋青釉圆形重檐攒尖顶式谷仓（图 2），圆形屋顶与罐式仓粘连，宝珠钮，覆碗式盖。溜肩，鼓腹，圈足。钮下、盖沿、近底处各有一圈凸弦纹。盖面肩部堆贴波浪纹，腹部刻有 11 组复式竖线纹。开长方形仓口，上下堆贴桥形钮，钮左右各饰圆形钮钉，起固定作用。仓口左下、右上各饰一朵云纹，形象生动，飘逸自然。施青釉，釉不及底，底足露胎。釉质温润，胎灰质坚。

宋青白釉重檐四角攒尖顶式谷仓（图 3），圆形屋顶与罐式仓粘连，宝珠钮，笠帽盖。盖平沿斜坡单层四脊顶,下围一圈弦纹,盖沿上翘。为重檐四角攒尖顶式。器身溜肩,长鼓腹,圈足。腹身堆贴五道纵向附加纹,腹部开一方形仓口,仓口上下贴有桥形钮。通体施青白釉,足无釉。釉质莹润,有细小开片,胎灰质细,器型规整。

(图2)宋青釉圆形重檐攒尖顶式谷仓及其局部图(腹围51.3厘米,底径8.5厘米,高28.5厘米)

(图3)宋青白釉重檐四角攒尖顶式谷仓及其俯视图(腹围51.8厘米,底径10.1厘米,高31.1厘米)

（图4）宋青釉悬山顶式谷仓罐及其俯视图（腹围35.3厘米，底径7.7厘米，高20.4厘米）

（图5）宋青釉褐彩悬山顶式谷仓及其俯视图（腹围42.4厘米，底径7.8厘米，高22.3厘米）

（二）仿悬山顶式谷仓罐

悬山顶，即悬山式屋顶，宋朝时称"不厦两头造"，清朝称"悬山""挑山"，又名"出山"，是中国古代建筑的一种屋顶样式，一脊两面。悬山顶式谷仓脊两边多设有飞檐，屋面饰有附加纹或釉面下饰有褐彩。造型简约，线条凝练，器型规整。

宋青釉悬山顶式谷仓（图4），悬山式屋顶，器身呈圆筒形，圈足，平底。腹壁一侧开小框，框周围饰花边纹。通体施青白釉，釉匀净、光亮，开细片。底部露胎，胎质坚硬、厚重。

宋青釉褐彩悬山顶式谷仓罐(图5),悬山顶,长弧腹,圈足。正脊上施有点状褐彩,向屋面两边延伸,为条状,从上往下看,似椽,可放置瓦片或其他覆盖物。腹部由三道横向弦纹和四道纵向弦纹交叉组成。纵向弦纹间开有一长方形仓口,仓口上下两边各堆贴有一横向桥形钮。施青釉,釉质温润,胎灰质坚。

(三)仿歇山顶式瓷谷仓罐

歇山顶,宋朝称九脊殿,为古代汉族建筑屋顶样式之一,在规格上仅次于庑殿顶,常用于宫殿及寺庙建筑。到目前为止,仿歇山顶式谷仓罐发现较少。能使用此类谷仓罐的墓主人一般拥有一定的经济实力与社会地位。

宋青釉重檐歇山顶式谷仓罐(图6),重檐歇山顶式。由盖与罐组成,直口,溜肩,弧腹,平底,圈足。正脊与垂、戗脊及十余道均匀分布在其中的出脊同成起翘之势;与腹部刻划有四斗拱,发挥着支撑房屋的作用。腹部中间从下至上刻划有"一、二、三、四、五",中间分别用横线隔开,表明此谷仓的仓门,可以活动,可随时调节粮食装容。腹底部饰有一道波浪纹。施青釉,釉不及底,有剥釉。

(图6)宋青釉重檐歇山顶式谷仓罐及其全景图(口径6厘米,底径9.5厘米,通高29厘米)

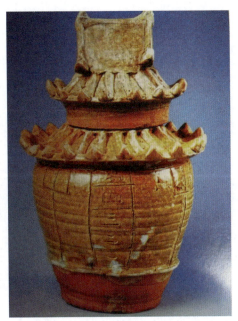

▲（图7）宋青釉重檐屋顶式带盖谷仓罐及其侧视图
（口径8.4厘米，腹围68厘米，底径10.4厘米，通高33.8厘米）

宋青釉重檐屋顶式带盖谷仓罐（图7），盖为歇山顶的上层，五脊堆贴明显，下半层坡面为一圈圆形等距离分布的出脊，同时脊与脊结合处翘角明显。器直口、溜肩、弧腹、圈足。肩部堆贴第二层屋面，由内紧外松的放射状出脊构成，脊末端角向上翘起，与盖扣合成重檐歇山顶。歇山顶山墙侧透空，没有山花板。在垂脊与垂脊、戗脊与戗脊之间分别均匀分布着三四道筒瓦，瓦当模印莲瓣纹和乳丁纹，形象生动。四垂脊戗脊尾部有明显的翘角，角似吻兽，左右两边分别堆贴一圆点，似为吻兽之眼。施青釉，近底处及圈足无釉，有剥釉。整体器型规整秀美，形象逼真。

（四）将乐窑谷仓罐特点概述

上文所展示的谷仓罐均为模制成型、轮制与手制相结合的办法。有方形、圆形两种，屋顶与罐式仓紧密粘结，或器、盖分离。鼓腹下收，通常为圈足，近底以下及圈足未施釉，器身拉坯旋纹。烧制成型后器身釉色表现较为纯正温润，大多以青黄为主，青绿色次之，还有少量呈秘色和茶叶末色。青白釉釉层较厚，普遍带有乳浊感,釉层表面呈现强的玻质感,个别接近青白瓷。胎色多呈灰白、灰、米白等,几乎不见纯白色。根据质地不同,可逐次分为坚硬、细腻、细致、坚质、坚硬,少量可见空隙,极少见粉面感。断面有光亮、糯莹、亚光几种,敲击发出清脆的金属声[7]。装饰方面,普遍使用刻划条纹与堆塑泥条。盖顶常饰宝珠形钮,周边堆贴水波纹或云纹,点褐彩似望板,屋脊明显,线条、堆塑自然。腹部则大致为腹中开一长方形小口,四周堆贴附加纹如门框。腹部刻划竖线纹似屋柱。造型方面表现的则更为明显,谷仓腹部有深浅变化,圈足有大小变化。宋代较为流行斜弧腹、斜直腹。烧造方面,从将乐碗碟墩窑址揭露的窑炉遗迹和出土窑具来看,谷仓罐极有可能采用大的筒形匣钵装烧或垫柱裸烧[8]。

四、将乐谷仓罐文化释义

将乐谷仓罐形制独特,装饰上屋顶使用了大量的飞檐、宝珠钮,器身的云纹、水波纹,技法上只用了简单的堆贴和刻划。其与三国的堆塑罐、同时期的皈依瓶对比,显得较为简约,但是背后所蕴含的文化尤为深厚。

(一)展示了宋代建筑的特点——轻灵与庄重

宋代建筑虽不及唐之宏伟,却独具特色。它秀丽、绚烂、富于变化。飞檐是宋代最为常见的装饰手法,亭、台、楼、阁、宫殿、庙宇等建筑的屋顶转角处几乎都有飞檐,加上屋脊与屋角都有起翘之势,使宋代的建筑显得纤巧秀丽、轻盈柔美。在现实生活中,飞檐四角翘伸,形同飞鸟展翅,给人以轻灵、柔美、秀逸的感觉,增加了建筑的美感[9]。同时它能防止雨水过度存积,毁坏屋面。而在明器中的飞檐却具有了不同的意义,除了增加器物的动感与美感,更重要的是具有宗教的意义。佛教认为人死后是有灵魂的,灵魂需要飞升去往来世的,飞檐无疑为灵魂飞升指明了方向。除此,在谷仓罐中屋顶的高度(重檐攒尖顶、重檐歇山顶)一般为器物高度的三分之一至二分之一,极少数的悬山顶占四分之一(悬山顶一般较为简单,没有繁琐的装饰)。整个器型给人稳重、端庄的感觉。飞檐、屋脊屋角的起翘与屋顶高度的适当比例相互结合,使得谷仓罐灵动而又端庄。

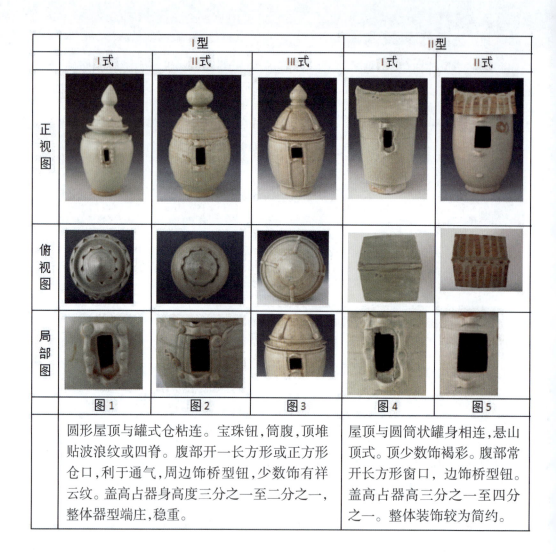

	I型			II型	
	I式	II式	III式	I式	II式
正视图					
俯视图					
局部图					
	图1	图2	图3	图4	图5
	圆形屋顶与罐式仓粘连。宝珠钮,筒腹,顶堆贴波浪纹或四脊。腹部开一长方形或正方形仓口,利于通气,周边饰桥型钮,少数饰有祥云纹。盖高占器身高度三分之一至二分之一,整体器型端庄,稳重。			屋顶与圆筒状罐身相连,悬山顶式。顶少数饰褐彩。腹部常开长方形窗口,边饰桥型钮。盖高占器高三分之一至四分之一。整体装饰较为简约。	

(二)体现了宋代陶瓷工艺发展的总体趋势——简约而不简单

宋代的陶瓷艺术,受到理学观念和士大夫文人意识的双重影响,具有典雅、平易的艺术风格,严谨含蓄,很少有繁缛的装饰,使人感到一种清淡的美[10]。

将乐是被誉为"闽儒鼻祖""程氏正宗"的著名理学家杨时(号龟山)的故乡。理学家们所提倡的"究天理、明人伦、讲圣言、通世故"成就了宋代从上而下普遍重视道德修养,与此精神一脉相承的宋代瓷器,则是极为理想化、抽象化、唯美的。民窑瓷器显得尤为世俗化,同时富有生活情趣。同时它将朴素的人文美学融入到瓷器的制作中,瓷器的造型显得极为简约和单纯。将乐青白

III型	
I式	II式

图6	图7

重檐歇山顶，盖罐分离。檐、脊末端起翘明显。腹部末开仓口。以堆贴、模印、刻划装饰手法为主。盖高占器高二分之一左右。器型大气、稳重。

釉谷仓罐除具备基本的器盖、器身之外，只用了少数的堆贴、刻划装饰方法，但却足够表达人们对死者、死者对来世的美好期盼。

(三)将佛教表现得淋漓尽致

宋代将乐佛教极为盛行，大量文人翻译佛教经典。反映在陪葬品方面，则是谷仓罐中大量的运用具有佛教意味的宝珠钮、莲纹、水波纹、云纹来表达生者与死者的共同夙愿。宝珠钮为佛教中最常见之物，在佛的开示当中，无论是佛经当中，还是流传的图画里，无处不有圆形，或者珠子，例如地藏王菩萨左手要捧着一粒珠子，而佛祖在忉利天讲法，也要拿着摩尼宝珠。在佛陀的世界里，宝珠代表智慧德能。而在谷仓上使用宝珠钮极有可能是死者生前信奉佛教，或者希望后人能成为德能表率、有识之人。宝珠钮盖顶在盖面所堆贴的水波纹即涡纹，有"光明、光荣、永恒"的意义，云纹则有"和谐、吉祥、完满、如意、生生不息"的寓意。简单的纹饰却包含多重吉祥的含义，表达出死者希望家族生生不息、自己灵魂永恒的美好祈愿。

五、结 语

元代仿建筑形制的谷仓罐依然盛行，只是器型相对较小，通高一般为10–20厘米，通常盖与器身分离，大多数为攒尖顶，歇山顶较为少见，做工也较为粗糙。明清时期，由于景德镇窑、德化窑的崛起，将乐陶瓷生产受到冲击，只有少量的窑口如南窠山、廖厝山、横窠岽、牛角垅、光明村还在生产，大部分窑口已经没落。加之明清随葬品种类发生了巨大的改变，陪葬的往往是死者生前所钟爱的首饰、嗜好品等,如鼻烟壶、如意,与人们的生活情趣更加扣合,大多为生活奢侈品,所以明清时期此类谷仓罐发现屈指可数。虽然清中期可以看到青花瓷的谷仓罐,但数量极少[11]。

谷仓罐虽然是为亡灵设置的明器,但都是古人从当时社会中直接挪用或者模拟塑造的,是古代粮储设施的缩影,是考察和研究古代社会经济的直观形象。[12]对于研究当时的建筑形制、粮食储备方法、丧葬文化都具有一定的意义。

参考文献

[1] 陈邵龙:《将乐古陶瓷发展与"将乐窑"的特征》,《福建文博》,2016 年第 4 期,第 18 页。

[2] 陈邵龙:《将乐古陶瓷发展与"将乐窑"的特征》,《福建文博》,2016 年第 4 期,第 25 页。

[3] 郜骅:《杨时故里文物》,海峡书局,2013 年版,第 28 页。

[4] 郑华:《略论将乐窑宋元瓷器》,《福建文博》,2011 年第 3 期,第 42 页。

[5] 郭遂波:《关于魂瓶称谓的演变辨析》,《文艺争鸣》,2011 年第 12 期,第 68 页。

[6] 方玉瑞:《仓罐的名称、器型及演变》,《收藏界》,2008 年第 8 期,第 72 页。

[7] 余学云:《闽北宋韵:福建将乐窑青白釉瓷鉴赏》,《收藏》,2017 年第 1 期,第 25 页。

[8] 林薇:《宋代将乐窑略探》,《福建文博》,2014 年第 2 期,第 70 页。

[9] 王凤侠:《浅议宋代建筑的特点及当代教育意义》,2010 年 9 月。

[10] 梅云清:《论宋代文人意识对陶瓷艺术的影响》,《陶瓷艺术》,2008 年第 10 期,第 72 页。

[11] 方玉瑞:《仓罐的名称、器型及演变》,《收藏界》,2008 年第 8 期,第 72 页。

[12] 陈定荣:《谷仓罐概述》,《农业考古》,1987 年第 4 期,第 279 页。

(作者单位:三明市博物馆)

将乐宋代青白瓷明器

苏雅文

明器是古代专门为死者制作的随葬品，又称冥器，一般用陶、瓷、木、石制作，也有金属或纸制的。宋代窑业发达，将乐窑陶瓷产品丰富多彩。将乐窑主要有将乐县南口乡上下窑、万全乡碗碟墩窑、余坊乡余坊窑、古镛镇五马山窑等。[1]窑址废品堆积中，以青白瓷为大宗，另常见日用生活饮食器皿，也有一些明器标本。本人就三明市博物馆馆藏宋代将乐窑青白瓷明器，进行初步整理研究。

一、炊厨类明器

火的使用不仅能够取暖，还能改变饮食结构，利用火来烧烤食物之后，人类告别了"茹毛饮血"的生存方式，逐步走向文明。灶则是文明进程中的产物，古人云"食、色，性也"，而以食为先。又谓"民以食为天"，而这个天，则非灶而无以成。《释名·释宫室》云："灶，造也，创造食物也。"《汉书·五行志》谓："灶者，生养之本也。"《白虎通·五祀》谓："灶者，火之主。"这说明灶在人类生活中的重要地位。与灶相配套的有锅、蒸笼、水缸、水桶、水瓢之类的炊厨用具。

1.宋青白釉炊厨明器一套（图一）。宋青白釉瓷灶：缸式灶，上支一锅，下呈长拱形底。腹部开一灶口，对称处镂一小圆孔。带盖，盖呈饼状，条形钮。施青白釉，釉不及底，底露胎。有窑裂，胎白质坚。口径7.2厘米、腹围22.4厘米、底长6.8厘

▲图一 宋青白釉炊厨明器

米、底宽 5.3 厘米、高 7.5 厘米。

宋青白釉瓷蒸笼：子母口，弧壁，圈足。带盖，盖呈覆盘状。壁部对称粘贴一对半环状钮。施青白釉，釉不及底，底足露胎。胎灰质坚。口径 6.8 厘米、腹围 25.4 厘米、足径 5.2 厘米、高 3.5 厘米。

宋青白釉瓷缸：敞口，卷沿，短束颈，溜肩，鼓腹，平底微内凹。施青白釉，釉不及底。胎白质坚。口径 4.1 厘米、腹围 15.4 厘米、足径 2.6 厘米、高 5 厘米。

宋瓷水瓢：圆形水瓢，柄成直形，通体不施釉。口径 4 厘米、底径 2.6 厘米、高 1.9 厘米。

上述青白瓷炊厨器明器，在将乐邻县的顺昌宋墓中出土时为成组出现，故馆藏的可视为一套。[2]

2.宋青白釉炊具一套（图二）。宋青白釉瓷灶：由灶、锅、蒸笼组成。双缸式灶，上支双口锅，圆形灶眼上分别粘连有一锅，锅撇口，斜折沿，深弧腹，圜底。一锅上

▲图二 宋青白釉瓷灶明器

▲图三 宋青白釉瓷炊厨明器

粘连带盖蒸笼,盖呈斗笠状。腹中空,腹一侧开方形灶口,对称另一侧上方开半圆形通风口,腹有三道凹弦纹。施青白釉,釉不及底,底露胎。有窑粘,胎灰质细。长15厘米、宽6.9厘米、高10.4厘米。

宋青白釉瓷缸:直口,短束颈,溜肩,鼓腹,平底微内凹。带盖,盖中间有一圆孔。施青白釉,釉不及底。胎白质坚。瓷缸1(左):口径5.8厘米、腹围18.3厘米、底径4厘米、高6.8厘米。瓷缸2(右):口径5.1厘米、腹围19.3厘米、底径3.9厘米、高7厘米。

3.宋青白釉瓷炊厨明器3件(图三)。宋青白釉瓷水桶:直口,平唇,筒腹,上腹略大于下腹,底向内倾斜,饼足。口沿上有提梁成交错环形,腹部刻划两道弦纹。外壁施青白釉,内壁不施釉。胎灰质细。水桶1(左):口径6.4厘米、底径3.8厘米、高6厘米。水桶2(右):口径6.1厘米、底径4.1厘米、高6.6厘米。此件宋青白釉瓷水桶与顺昌宋墓出土的同类器物造型、胎釉等工艺特征比较一致。[3]

▲图四 宋青白釉瓷水桶

宋青白釉瓷盆:直口,平唇,斜腹,饼足。外壁施青白釉,内壁不施釉。胎灰质细。口径 7 厘米、底径 4.5 厘米、高 2.5 厘米。

宋瓷水瓢:圆形水瓢,柄成弧形,通体不施釉。口径 4.4 厘米、底径 2.6 厘米、高 1.9 厘米。

4.宋青白釉瓷水桶 2 件(图四)。宋青白釉瓷水桶:直口,平唇,斜腹,上腹大于下腹,矮圈足。口沿对称处置双系环形钮中间各有一穿孔。腹部刻划两道凹弦纹,分别褐彩书写"水""桶"。内外壁施青白釉,底不施釉。胎灰质细。水桶1(左):口径 7.2 厘米、底径 5.6 厘米、高 4.6 厘米。水桶2(右):口径 6.9 厘米、底径 5.7 厘米、高 4.7 厘米。此 2 件宋青白釉瓷水桶与南平市西芹镇宋墓出土的同类器物造型工艺特征比较一致。[4]

二、墓俑类明器

1.宋青白釉瓷羊(图五):捏塑而成。四肢站立,抬头向前,两侧双目圆眼,捏塑长角置于脑后,向下弯,尾部翻卷贴于臀部,四足落地。施青白釉,四足不施釉。胎白质细。形态稚拙。高 5.5 厘米。

2.宋青白釉瓷马(图六):捏塑而成。四肢站立,抬头向前状,两侧双目圆眼,双耳竖立,口微张,尾贴于臀,四足落地。马耳、马鞍、鬃毛捏塑而成。施青白釉,四足不施釉。胎白质细。形态稚拙。高 6.5 厘米。

3.宋青白釉瓷鹅(图七):捏塑而成。蹲坐状,长颈直伸,头向前张望,捏塑一冠于脑后,双翅置于身体两侧。施青白釉,底不施釉。胎白质细。形态稚拙。高 5.5 厘米。

4.宋青白釉瓷墓俑一套(图八)。

青白釉瓷狗:以捏塑而成。四肢站立,抬头向前狂吠状,两侧双眼,双耳直立,额中间刻一竖线纹,尾翻卷贴于背,四足落地。施青白釉,开细小纹片。胎白质细。通高 5.5 厘米。

青白釉瓷鸡:以捏塑和雕刻相结合,鸡冠、眼睛堆贴而成,羽毛用阴刻线条表示,底座略呈圆形,平底。通体施青白釉,开细小纹片。胎白质细。通高 6.5 厘米。

▲ 图五　宋青白釉瓷羊

▲ 图六　宋青白釉瓷马

▲ 图七　宋青白釉瓷鹅

▲图八 宋青白釉瓷墓俑一套

宋青白釉瓷男立俑：高挽发髻于头顶，面部五官捏塑而成，双手拱立，未露双足，底内凹。灰胎，胎较粗。施青白釉，釉不及底，开细小纹片。整体捏塑而成，造型稚拙有趣。通高 10 厘米。

宋青白釉瓷侍女俑：头结双髻，面部捏塑而成，双手拱立，身着罗裙，裙衣及底，未露双足。胎白质细。施青白釉，釉不及底，开细小纹片。整体捏塑而成，造型稚拙有趣。通高 9 厘米。

上述瓷俑，都采用捏塑手法制成，局部采用竹片或是其他工具刻划，以往在将乐县梅花井宋代墓群[5]、三明莘口宋墓[6]、尤溪一中宋墓[7]中出土时往往成组出现，故馆藏的可视为一套。

三、谷仓类明器

1.宋青白釉瓷多角盖罐(图九)：直口，筒颈，溜肩，长鼓腹，圈足。带盖，盖呈笠帽状，盖面有数道弦纹。顶部堆贴一飞鸟。器身肩腹部有数道弦纹，每道弦纹上并

▲图九. 宋青白釉瓷多角盖罐

▲图十 宋青白釉瓷谷仓

排堆贴四个尖角。施青白釉,釉不及底,底足露胎。釉质温润,胎白质坚。罐:口径6.2厘米,腹围40.3厘米,底径7.5厘米,高18.4厘米,盖:口径7.2厘米,高4.8厘米,通高23.1厘米。古代语言里,多角与多谷声韵相类,所以多角罐可视为谷仓类明器。

2.宋青白釉瓷谷仓(图十):盖与罐粘连,盖宽沿呈笠状,中部饰一周波纹带,宝珠顶。肩部饰一周波纹带,鼓腹下收,近底一周弦纹,圈足,平底。腹侧开窗口,窗边装饰飘带。通体施青釉,釉成色不均,局部垂釉,开片。胎体坚硬。腹围44厘米,底径7.4厘米,高26.5厘米。

上述宋青白釉瓷多角盖罐和宋青白釉瓷谷仓在将乐县梅花井宋墓群[8]、水南镇龙灯山[9]墓葬中都有雷同的随葬品。

四、初步探讨

宋代将乐窑产品种类繁多,窑址采集、发掘出土大量标本,墓葬随葬品也时见发现。其中南口窑、万全乡碗碟磜窑、余坊窑都有生产青白瓷器。胎有白、灰白、灰三种。青白瓷釉面大多呈淡绿色,釉层稍厚,大多有细小开片,底足露胎,胎釉结合较紧密。将乐窑采用龙窑烧造,烧造工艺大多采用匣钵装烧法,一器一匣钵;也有采用支圈覆烧法,产量较大[10]。三明市博物馆馆藏的这些明器从胎、釉、造型上看,基本符合将乐窑的特征。

将乐得天独厚的自然资源条件,加之水陆运输方便,促使陶瓷业得到迅速的发展。将乐窑不仅生产日用生活器具,也制作各种明器。墓葬明器反映了人们的生活习俗和精神世界。古代传统有"丧尽礼,祭尽诚,事死者,如事生"之说。陶瓷类的随葬品价格相对便宜,普通庶民,也能购买作为陪葬品。而现实生活中,艰辛的生活使他们格外重视死后世界也有可能遇到的困难,比如吃穿是否够用等。这就促使炊具类和谷仓类明器被大量使用,以保证死后到另一个世界能够吃饱,不再饥饿。而伺候墓主人生活的人物侍俑和动物俑,则体现了先民追思厚待已故亲人的愿望。希望他们在另一个世界里得到供养,不必劳作辛苦,能过上舒适的生活。鸡和犬作陪葬与宋代崇信鸡、犬守门的神煞意识相符合[11]。

宋代的明器仿制现实生活用具而制作，但又不同于实物。明器器物造型逼真，但器型明显缩小许多。这也充分说明明器不再是皇宫贵族的特权，逐渐平民化。平民百姓使用随葬明器，一方面是表达对故去先人尊崇，另一方面也含有祈求祖先对后人的护佑愿望。

宋代将乐随葬陶瓷明器不仅揭示了当时人们的丧葬习俗，而且对我们后人了解宋代人们的生活习惯、饮食文化等方面的信息，具有很高的历史价值。

参考文献

[1] 郑华：《略论将乐窑宋元瓷器》，《福建文博》，2011 年第 3 期。

[2] [3] 陈建标：《顺昌宋墓出土青瓷家俱明器》，《福建文博》，1990 年第 2 期。

[4] 南平市博物馆：《福建南平市西芹镇宋墓》，《考古》，1991 年 8 期。

[5] [8] 福建博物院、将乐县博物馆：《将乐县梅花井宋代墓群发掘简报》，《福建文博》，2012 年第 2 期。

[6] 余生富：《三明莘口宋墓》，《福建文博》，2001 年第 2 期。

[7] 福建省博物馆、尤溪县博物馆：《福建尤溪县发现宋代壁画墓》，《考古》，1991 年 4 期。

[9] [10] 陈邵龙：《将乐古陶瓷发展与"将乐窑"的特征》，《福建文博》，2016 年第 4 期。

[11] 福建省博物馆、三明市文管会：《福建三明市岩前村宋代壁画墓》，《考古》，1995 年 10 期。

从将乐碗碟墩窑
采集的青瓷莲瓣纹
高足炉说起

郑 华

　　碗碟墩窑址位于福建省将乐县万全乡竹舟村西南 700 米处，窑址分布在金溪东岸的台地上，由于台地上的小山丘远远望去犹如一个个碗墩子，故名碗碟墩窑（图一）。几年前，三明市博物馆在碗碟墩窑采集到一件宋青釉莲瓣纹高足炉标本（图二）。此炉残高 11.3 厘米、口径最宽 13 厘米、足径最宽 10.5 厘米。八角，沿外撇，深腹，底承扁鼓墩，下接覆钵足。腹内壁光素无纹，外腹上部出筋呈八面体，下腹浮雕双层仰莲瓣纹，足部浮雕双层覆莲瓣纹。口沿及外壁施青釉，施釉不及底，足内壁无釉。此器物的特点是胎白质细，施釉均匀，釉质温润。整体器型规整。它承袭了唐代金银器中的高足形制，结合宋代流行纹饰之一的莲瓣纹作为装饰纹样，运用浮雕雕刻技法。莲瓣边缘的棱角锐利，浮雕状的莲瓣纹立体感强，体现了工匠娴熟的雕刻技艺。从造型、胎、釉和制作工艺看，应是碗碟墩窑上品。

▲图一 碗碟墩窑远景

　　碗碟墩窑是将乐众窑中具有代表性的窑口,总面积达 10 公顷。它创烧于北宋,止于元代,主烧青瓷、青白瓷,兼烧酱釉瓷。产品种类齐全,有碗、盘、碟、壶、罐、瓶、注子、盏托、尊、炉、象生瓷、明器等。莲瓣纹高足炉是碗碟墩窑典型器型之一,属较高档产品,产量不大。从采集到的高足炉标本看,其口沿施釉,足外壁施釉不及底,足内底无釉,器内底无垫烧痕,采用的是正烧装烧工艺。这种莲瓣纹高足炉除碗碟墩窑有烧制外,福建不少窑口也有烧造。《漳浦县古窑址考察》[1]一文中有南门坑窑"炉,残片,敞口外撇,外壁凸雕双层仰莲瓣纹,叶瓣瘦长,胎最厚处达 1.6 厘米",并附有标本图片,为莲瓣纹高足炉残片。漳浦的竹树山窑(图三)、罗宛井窑也见于此炉标本。《中国古陶瓷标本·福建汀溪窑》[2]附同安汀溪窑莲花纹高足炉标本 5 件(图四)。《中国福建古陶瓷标本大系·漳平窑》[3]中,见"宋青白釉高足莲花炉"。与福建莲瓣纹高足炉非常相似的还有广东诸窑产品。冯先铭《三十年来我国陶瓷考研的收获》[5]中称:"笔架山出土的青白瓷浮雕莲瓣纹炉及高式菊瓣盒,富有闽广地区特色"。笔架山潮州窑炉(图五)身上的莲瓣雕刻工艺刀法生辣、刚劲、成熟,是该窑典型特征。此外,吉州窑(图六)、耀州窑、汝窑等国内不少窑口亦有烧制。

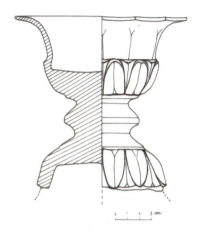

▲图二　宋碗碟墩窑青釉莲瓣纹高足炉（线图由吴秀华绘制）

▲图四　宋汀溪窑莲瓣纹高足炉

▲图三　宋竹树山窑莲瓣
　　　高足炉

▲图五　宋潮州窑青釉莲瓣
　　　纹高足炉

▲图六　宋吉州窑黑釉莲瓣纹高
　　　足炉

福建窑口生产的莲瓣纹高足炉大多为八角,沿外撇,下腹刻莲瓣纹,器身与炉之间有扁鼓墩连接,不少为莲瓣纹覆钵足。1976年在沙县大洛官昌村出土一件七角莲瓣纹高足炉,现为福建博物院收藏。这件宋青白釉莲瓣纹高足炉(图七)通高14厘米、口径最宽10.5厘米、底沿最宽8.4厘米。七瓣花口,沿外撇,腹壁斜直,底外壁饰仰莲瓣纹。扁鼓形短把,座饰双层覆莲纹,胎质洁白细腻,釉色清白润亮。它的形制除七角撇口外,其余与碗碟墩窑莲瓣纹高足炉标本基本相似,从这件青白釉莲瓣纹高足炉的形制、胎、釉及制作工艺看,虽不是碗碟墩窑产品,但应为福建窑口生产的产品。

碗碟墩窑高足炉及其功用

《中国陶瓷史》介绍:"炉有两种式样,早期多敞口,炉身下半部浮雕莲瓣纹,下部承以撇足座,这种炉福建地区宋墓出土过。"[6]这里所说的炉指的就是这种莲瓣纹高足炉。在将乐碗碟墩窑除了上述采集的高足炉器型外,另有其他形制相似的高足炉出土。

图八,宋青白釉莲瓣纹高足炉,通高10.5厘米、口径9.3厘米、足径6.7厘米。敞口,深腹,高圈足双层阶梯形外撇。外腹浮雕三层仰莲瓣纹。施青白釉,口沿及外腹施釉,足外壁施釉不及底,足内壁无釉。浮雕莲瓣纹立体感强。器身与足对接不齐。

图九,宋青釉高足炉,通高10.5厘米、口径9.3厘米、足径6.7厘米。敞口,折沿,深腹,高圈足箍凸喇叭形外撇。口沿及外壁施青釉,足内壁无釉。胎白质细,釉质温润,器型小巧精细。

图十,宋酱釉高足炉,通高5.6厘米、口径7.4厘米、足径4.5厘米。敞口,折沿,深腹,高圈足喇叭形外撇。通体施酱釉,足外底及内壁无釉。胎白质细,釉质温润,器型规整。

图十一,宋酱釉莲瓣纹高足炉,通高12.5厘米、口径10.8厘米、足径7.5厘米。敞口,折沿,深腹,覆钵足。器身外壁刻划仰莲瓣纹,足外壁压印覆莲瓣纹。口沿及外壁施酱釉,足外底及内壁无釉。胎白质细,釉质温润,器型规整。

▲图七　宋青白釉莲瓣纹高足炉

▲图八　宋青釉莲瓣纹高足炉

▲图九　宋青釉高足炉

▲图十　宋酱釉高足炉

▲图十一　宋酱釉莲瓣纹高足

▲图十二 宋代赵光辅《番王礼佛图》

　　此类高足炉大多器小,高度 10 厘米左右,杯形器身,口径略大,把柄箍凸,高圈足外撇,即可以放置使用,也可以手持行走使用,所以根据其造型特征和使用形式,民间也有把这类炉称为"杯形炉""独脚炉""行炉"。那么,这类造型优雅、特征鲜明的高足炉是什么功用的呢?浙江宁波天封塔地宫出土,深腹、高圈足且刻有铭文的银炉[7],铭文内容为"绍兴拾肆年次甲子三月十八日女弟倪氏廿一娘行年癸命六十二岁闰六月初二日亥时生法明净日舍香炉壹只入天封塔地宫永充供养者"59 字,明确这种高足、深腹、杯形器为香炉。

　　此类香炉的演变可以上溯到唐代。初为礼佛之用,佛家有一种修持为"经行",即手捧香炉围着佛像绕行三圈、七圈或更多,谓之"行香"。在宋代赵光辅《番王礼佛图》(图十二)中,礼佛队伍最前排的人双手执鹊尾炉,后者执无柄炉,显然行香的香炉有两种。前者所执的鹊尾炉又称柄香炉,《法苑珠林》说"香炉有柄者曰鹊尾炉"。鹊尾炉的基本形制是柄的前端有杯形承炉。由长尾、炉身宽沿、高足杯形的金属鹊尾炉而衍生出的陶瓷"行炉",在宋代出现时和金属雀尾炉的炉身大致相同,即敞口,折沿,腹浅而口径大,腹内不施釉,把或有凸棱或有扁鼓墩,腹身或与底座直接粘联呈喇叭状,或台阶式喇叭状。《番王礼佛图》中后者手捧的器物,正是行香的瓷制"行炉"。至于瓷制行炉不再有柄的原因,应是瓷器没有金属导热快,所以演变成手捧的行香炉。到了宋代此式香炉的应用范围更广,从高堂寺院进入了寻常百姓人家,除了敬神礼佛外,扩展为宫廷宴会、婚礼庆典、茶房酒楼、书室闺阁等各类场所。宋代赵佶的《听琴图》(图十三)里面描绘道具除琴案外,还有方几,方几上置香炉,香烟袅袅,从中可以看出宋代文人通过"置炉焚香"来提升他们的雅质情趣。

　　宋代香炉有两种类型,一类中带盖封闭式,另一类敞开式。封闭式的为薰炉,如博山炉、狻猊熏炉等,将香饼与香丸置于炭火上,故使用有盖的香炉,上部为镂空器盖,便于香烟散发。敞开式香炉有鬲式炉、奁式炉、高足炉等,这类香炉是插线香用的,所以无盖。碗碟墩窑采集的莲瓣纹高足炉及以上几款均为插香之用。

▲图十三 宋代赵佶《听琴图》

碗碟墩窑莲纹及其装饰技法

碗碟墩窑生产的香炉除了讲究造型和胎釉外，还采用莲花或莲瓣纹对其进行装饰。六朝时期莲花纹样大量涌现，发展到东晋成为装饰的主流，特别是南朝更被抽象为佛教的象征。[8]宋代有过之而无不及，莲瓣纹成为当时的主流纹饰，被刻划、堆塑、浮雕在器物上，有仰莲或覆莲，单瓣或复瓣，具象或抽象，经过巧妙构思和精湛的技法，以不同的形式与器结合。我们从同时期饰有莲纹的罐、碗、瓶、盏托等器物来了解这一时期的莲瓣风格。

1.单线刻划莲花纹。宋青白釉刻划莲花纹托，采用单线白描手法刻划一朵五瓣莲花，线条刻划浅淡，隐约可见，寥寥数笔，将莲花表现的自然流畅，简洁生动。（图十四）

2.单线刻划莲瓣纹。宋青釉刻划莲瓣纹盏，运用单线刻划莲瓣，瓣与瓣之间有间隙，构成独立花瓣，花瓣瘦长，瓣尖与口沿相接形成花口。此技法将线与器型很好的结合，俯看器物像一朵盛开的莲花。（图十五）

3.单线阴刻单层仰莲瓣纹。宋青白釉刻仰莲瓣纹碗，采用单线阴刻莲瓣轮廓和瓣脊，线条较纤细，莲瓣瓣面较宽大，瓣尖较尖，技法简洁，形象质朴。（图十六）

4.浅刻单层仰莲瓣纹。宋青白釉刻莲瓣纹碗，阳刻单层莲瓣轮廓和瓣脊，莲瓣饱满丰润，纹饰柔和简洁。（图十七）

5."半刀泥"刻双层仰莲瓣纹。宋青釉刻仰莲瓣纹瓷片，先刻划双层莲瓣轮廓，下层莲瓣介于上层两莲瓣之间。上层莲瓣面宽，瓣面用线条装饰，线条使用"半刀泥"技法，每条线条有深浅变化，使图案有凹凸感，[9]下层莲瓣瓣尖呈三角状。此装饰手法表现力强，图案变化丰富，尤其与釉料结合，刀深处积釉，刀浅处釉薄，浓淡变化，装饰效果颇佳。（图十八）

6.剔刻双层仰莲瓣纹。宋青釉剔刻仰莲瓣纹盖罐，双层莲瓣纹施以剔、刻手法，下层莲瓣介于上层两莲瓣之间，交错辅衬。上层莲瓣面宽而瓣尖较尖，瓣脊由中线向两侧微斜，下层莲瓣瓣尖呈三角状，显锐利。莲瓣边缘施刀，轮廓清晰流

▲图十四 宋青白釉刻划莲花纹托

▲图十五 宋青釉刻划莲花纹盏

▲图十六 宋青白釉刻莲瓣纹碗

▲图十七 宋青白釉刻莲瓣纹碗

▲图十八 刻莲瓣纹标本

图十九 宋青釉刻仰莲瓣纹盖罐▶

畅,立体感较强。(图十九)

7.浮雕三层仰莲瓣纹。宋青釉浮雕仰莲瓣纹高足炉,三层莲瓣,内层浅浮雕莲瓣纹,瓣面饱满,外两层堆塑莲瓣,瓣瓣独立,莲瓣凸起,瓣尖外卷,花瓣间的衔接内外分明,瓣脊出筋,自中脊向两侧斜。雕刻成浮雕状的层层仰莲瓣,风格写实,优美典雅。(图八)

8.浅刻双层覆莲瓣纹瓶。采用雕刻技法刻出覆莲瓣轮廓和瓣脊,瓣面瘦长,圆弧状瓣尖。莲瓣刻划浅显模糊,线条轮廓柔和清淡,自有一番韵味。(图二十)

9.堆塑单层覆莲瓣纹。宋青白釉堆塑莲瓣纹盏托,单层覆莲瓣采用堆塑技法,瓣瓣独立,瓣面用篦划纹装饰,突出的瓣脊运用了由瓣面两侧向中脊倾斜的刀法,使得莲瓣立体感强。这种堆塑手法结合盏托造型,精致而完美,充分体现了能工巧匠的个性创意和娴熟技艺。(图二十一)

10.单线阴刻双层覆莲瓣纹。宋青白釉刻划莲瓣纹盏托,单线刻出双层覆莲瓣轮廓,莲瓣上下层交错辅衬,瓣面呈半圆形,用篦划线装饰。篦划纹在北宋非常流行,填充篦划线是时代审美的反映。(图二十二)

11.剔刻双层仰覆莲瓣纹。宋青釉刻莲纹盖罐,采用剔刻技法刻出仰覆呼应的莲瓣纹样,上下均为双层莲瓣,交错辅衬。瓣面饱满,瓣尖圆润,中脊与两侧形成内凹弧面。此装饰构图饱满,庄重大方,纹样繁而不乱。(图二十三)

12.剔刻单层仰覆莲瓣纹。宋酱釉剔刻莲瓣纹高足炉,仰、覆莲瓣均为单层,下腹部的仰莲瓣纹采用雕刻技法刻出轮廓,瓣面宽大,瓣尖圆,中脊与瓣面两侧之间使用专用工具剔刻形成下凹面。足部的覆莲瓣纹用工具直接剔刻而成,装饰成抽象莲瓣。这种仰与覆、具象与抽象、刻与剔相结合,不拘一格,灵动而形象。(图十一)

13.浮雕仰覆双层莲瓣纹。宋青釉刻莲瓣纹高足炉,仰、覆莲瓣均为双层,上下层交错辅衬,瓣面自中脊向两侧斜,莲瓣边缘施"半刀泥"技法,轮廓清晰流畅,立体感较强。(图二)

在碗碟墩窑瓷器中出现的莲纹,主要装饰在碗、盏、瓶、罐、壶等器物内壁、腹部、足部、盖面上。纹样为莲花或莲瓣,莲瓣有层次变化,单层、双层或多层。瓣面有宽窄瘦长之分,且常有篦划线填充。瓣尖根据装饰部位不同,朝上或朝下,尖头

▲图二十　宋青白釉刻覆莲瓣纹瓶　　　▲图二十一　宋青白釉堆塑莲瓣纹盏托

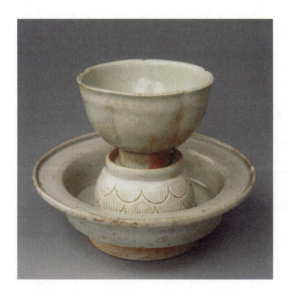

▲图二十二　宋青白釉刻覆莲瓣纹盏托　　　▲图二十三　宋青釉刻仰覆莲纹盖罐

或圆头。装饰技法上不是单一地运用刻、划、剔、堆塑等技法,而是将不同的技法结合使用,形式更加多样,大大增强了装饰效果。碗碟墩窑工匠将莲纹样式处以不同的技法,把富于装饰性的莲纹与瓷器造型巧妙结合,让人叹服其丰富的想象力和艺术创造力,更是给人们带来了美的愉悦。

结束语

碗碟墩窑宋青釉莲瓣纹高足炉的雅致不仅体现在优美精巧的造型,更在于考究的制作工艺赋予的富于内涵的纹饰和润美的釉色。无论技艺娴熟的刻花、剔花装饰,还是釉色的艺术表达,都促使此炉"小器大做",诠释了碗碟墩窑高足炉独特的文化特色,使之成为代表碗碟墩窑瓷器精神的典型器物。从宋青釉莲瓣纹高足炉及碗碟墩窑的其他产品来看,将乐碗碟墩窑产品具有鲜明的地方特色和时代特征,以及丰富的文化内涵,反映当时社会审美的价值取向,在福建古陶瓷史上占有一定的历史地位。

参考文献

[1] 梅华全:《漳浦县古窑址考察》,《福建文博》,1987 年第 1 期。

[2] 傅宋良、林元平:《中国古陶瓷标本:福建汀溪窑》,岭南美术出版社,2002 年。

[3] 罗宜生:《中国福建古陶瓷标本大系:漳平窑》,福建美术出版社,2005 年。

[4] 李炳炎:《宋代笔架山潮州窑》,汕头大学出版社,2004 年。

[5] 冯先铭:《三十年我国陶瓷考古收获》,故宫博物院院刊,1980 年第 1 期。

[6] 中国硅酸盐协会:《中国陶瓷史》,文物出版社,1982 年。

[7] 林士民:《浙江宁波天封塔地宫发掘报告》,《文物》,1991 年第 6 期。

[8] 孙长初:《六朝青瓷中的宗教信仰》,《佛教文化》,第 68 页。

[9] 郜骅:《杨时故里文物》,海峡书局,2013 年。

(作者单位:三明市博物馆)

三明中村
窑址探究

朱 凯

中村窑址位于福建省三明市三元区中村乡回瑶林果场，分布于四周低矮的山丘上。该窑址发现于 1984 年,在草寮后山、蛇头山、珠山、回瑶后山、牛岭山等地均建有龙窑,分布面积较广,生产规模较大。1993 年至 1994 年对中村窑址中的草寮后山窑址进行了两次较全面的发掘,揭露出一批重要的遗迹和遗物 。[1]此文是本人多次深入实地调查,结合对窑址周边考古勘探资料,拟从其所处地理位置与环境、窑址分布概况、出土瓷器品种特征及其所折射出的文化价值等多方面进行探究。

一、窑址所处地理位置与环境

中村窑址北距三明市区 8 千米,东南距中村乡 4 千米,海拔 380 米。窑址地处较为窄小的山间谷地, 格子网状水系较丰富, 四周的低矮山丘后是高大的山冈,峰峦叠障,此起彼伏。山上植被茂密,郁郁葱葱,生长着诸如南方马尾松、墨松、龙枝草等,为庞大的窑场提供了充足的燃料资源。盆地中部,只有小面积旱地种植瓜果蔬菜。发源于盆地之东崇山峻岭之间的回瑶溪,溪面宽 2~5 米。溪流除谷地中部一段较平缓外,其余均落差较大。其由东向西蜿蜒穿流于盆地之间,流经东牙溪,注入沙溪河,把盆地一分为二。东岸,回瑶后山中段的山坳中有多处丰富的瓷土矿,历代造瓷原科均取于此。据《沙县县志》载,宋时曾有官道由此经过,由大田过德化可通往泉州方向,陆路运输较便利。由回瑶小溪顺流而下,至东牙溪再由此向西,可达闽江主要支流沙溪河,水上交通也很便利。回瑶溪北岸以珠山为中心,在几座山包上分布着北宋时期至元代的古窑址十余处。回瑶溪南岸的回瑶后山、草寮后山、蛇头山等诸多的山头上也分布着两宋至明初的窑址。

二、窑址调查及分布概况

从1984年发现一直到20世纪90年代初的十几年间,对该窑址的调查或发掘基本上没有间断过[2],中国社科院考古所、中国硅酸盐研究所等权威学术机构专家李德金、蒋忠义、张福康、张浦生等先生和省市考古专家栗建安、陈子文、李建军、王永平等先生多次到该窑址进行了综合调查和发掘。近几年,羊泽林、余生富等先生也多次到实地调查勘探。周边的草寮后山、蛇头山、珠山、回瑶后山、水边山、牛岭山等诸多山头上均建有龙窑和制瓷作坊等遗迹。瓷片和匣钵、支座、垫饼等窑具比比皆是,唾手可得,其当年生产规模之大由此可见一斑。在回瑶后山等处发现瓷土矿床多处,经地质部门测试,是天然的优质高岭土蕴藏区。但或许是由于生产民用生活用瓷名气不大,亦或许其他缘故而无相关文献记载。

1.珠山窑址

珠山窑址位于回瑶溪北岸的几座山丘上,靠近回瑶溪北岸中段。初探发现有龙窑基八条,作坊遗迹多处,面积达万余平方米,废品堆积三处,山下及山边分布着成片的古窑作坊,窑区遍地散布着托座、匣钵、垫饼等。废品中有较精美的各式刻划花碗、盘、碟、壶、枕等。其制作工艺为各窑之首,年代为北宋中晚期,是整个窑场的开创窑址。

2.回瑶后山窑址

回瑶后山窑址建在现回瑶林果场对门山。数条龙窑依山而建,该窑处在整个窑场的中部,位置十分优越,优质的高岭土矿区就紧靠这个窑的西北处,就地取材,附近炼瓷泥十分方便。该窑以生产青白釉印花器为主,产品主要有盘、炉、壶、灯等,年代在元末明初。

3.蛇头山窑址

蛇头山窑址位于回瑶溪南岸和东牙溪交界的山丘上,有四条龙窑。交线公路把该窑址的其中一条龙窑拦腰切断,地面只残留窑头、窑中段及尾部。其中一条龙窑从断面看,窑头应该幸存,窑底宽 1.85 米,残高 0.53 米,窑壁厚约 0.25 米。这条窑被初步认为是整个窑场最长的一条,约有 150 多米(可能是几个阶段改造的遗迹),这在龙窑中尚不多见。窑的两边堆积废品都在 1.5 米以上,最厚的有 3 米左右,可见这条窑烧造时间持续较长。在该窑址的残品堆中,考古工作者找到了大量的青白瓷、酱黑釉瓷残器和少量的青瓷。青白瓷装饰以素面为主,少见刻划花器,酱黑釉装饰以酱釉为主,酱黑釉次之。器型包含各式碗、盘、碟、盏、炉等。在采集的标本中,除碗有少量能够复原者外,其余能复原者极少,年代在元中晚期至明初。

4.牛岭山窑址

牛岭山窑址位于中村乡政府方向的东牙溪东岸。虽未经正式发掘,但初步钻探调查发现有龙窑遗址、作坊等,地上支座、垫饼、匣钵等窑具和瓷器废品等随处可见。从采集的瓷器标本看,此窑址和回瑶后山窑址一样,也是以生产青白釉印花器为主,产品主要有碗、盘、碟、壶等,年代在元末明初。

5.草寮后山窑址

1993 年至 1994 年,为配合水利工程,先后两次对该窑址进行了抢救性发掘。发掘面积共 951 平方米。草寮后山窑址所揭露的遗迹集中分布在伸向溪流的西坡,由窑炉、淘洗作坊、制坯作坊、神龛等组成一个独立的小窑场。

窑炉为长条斜坡式龙窑,由窑头、窑室、窑门、窑尾等组成,斜长 83 米、水平长 79 米,方向 290°,前段坡度 28°,中、后段坡度在 18°~ 20° 之间,平均坡度为 22°,窑头与窑尾高差 25.5 米。

窑址作坊区位于窑炉北侧,从遗迹的功能和分布的情况,可分为淘洗作坊和制坯作坊两部分,分布在依山坡辟成的 4 个平台上。淘洗作坊南依窑炉,遗迹有池子和工棚基址等,自成一个独立的单元,占地面积 225 平方米。池子遗迹共 6 个,占地面积约 150 平方米,由上而下共有三级落差,每一级池子成双排列,池子之间均有沟槽相互串联,形成一组完备的淘炼瓷泥的工艺流程。工棚基址有 3 处,分别为瓷泥陈腐间、瓷土贮存间、淘洗活动间。制坯作坊位于窑炉的中段左侧,占地面积约 300 平方米。文化堆积被严重破坏,除房屋基址外,还有陶车坑和灶坑、灶台等。

神龛位于制坯作坊东南侧的房基内,凿于岩壁之上,由壁龛、案台和案前台基三部分组成。整个神龛的形制很像流行于乡间的土地庙建筑。这种现象在以往发掘的窑址中不见,经多方考证,应是窑神祭祀活动场所,十分珍贵。

窑址发掘出土的遗物可分为瓷器产品、生产工具、窑具、窑工日常生活用器和其他等五类。所烧制的产品以青白釉碗为主,青白釉盘、盏等次之,另兼烧少量酱黑釉碟。碗的形制大多为敛口、弧腹、圈足,灰白胎,青白釉发灰或灰黄,施釉一般不及底,内壁或刻划花纹或模印花卉等。

除上述各窑址外,21 世纪初,考古工作者在回瑶溪北岸的回瑶 1 至 4 号山等诸多山头上还调查发现有龙窑遗址,以及遗迹作坊,在这些山头上,匣钵、垫饼、支座等窑具和瓷器废品到处都是。从采集的瓷器标本看,这些窑址也是以生产青白釉印花器为主,产品主要有碗、碟、盘、壶、炉等。

三、窑址烧制瓷器品种及其时代特征

从中村窑址采集和发掘出土的标本基本可以认定,该窑场于北宋中晚期创烧,南宋初逐步发展,南宋中晚期至元初是其大规模发展并达到鼎盛,元中期至明初后逐渐衰落[3]。通过对窑址出土的各类标本进行分类排比[4],可以看出碗、盘、碟、盏、罐等类器型占比例较大,约占五分之四以上,盒、灯、杯、炉、壶、枕等及酱釉器约占五分之一弱。所有瓷器标本以青白釉为大宗,酱黑釉次之,并有少量青釉。

以珠山窑址为代表的北宋中晚期的瓷器,胎体选料较精细,由于淘洗、陈腐工艺较成熟,制坯成器规范,器内、外壁几乎不见刮坯痕,胎体轻薄且均匀,从断面看较致密,火候高,胎上黑点杂质少,玻璃相结合好。胎色以白为主,少数废品胎色白中有灰。釉色有两种,一种白中泛浅水绿色,釉面稍厚,有莹润的玉质感;另一种白中微现粉青,其中略带淡淡的黄色,釉面光润净洁。釉面极少开纹片,少部分开纹片者或为长条较大纹片,或为细小的蜻蜓翅纹片。多数施釉及底。装饰方法以素面为主,偶见稀疏篦纹。圆器类多尖唇微卷沿,圆唇少,也出现唇口器,腹弧,高深圈足边窄平切,内外墙薄而垂直,多为砂底,极少釉底,砂底修刮平整细致。

北宋晚期至南宋初,为该窑场的发展时期。器胎的质量比早期稍逊,但亦有不少精制细密的胎体,还原气氛好,断面极少有空隙,但有糯饭莹光之感,胎色显白。釉面白中泛青绿,有少部分微泛米黄色,也有不少纯白色粉感较强的釉面。釉面光洁而少开长条细纹片。装饰方法以刻划花为主,纹饰布局密集,题材多样,有牡丹、月华锦、变体莲和篦纹,也不乏素面。斗笠碗内心上凸。足变矮,径略小、足边变宽、外足墙垂直、内足墙微斜,器壁多斜直微弧。

南宋中晚期至元初,或许瓷泥淘洗不如前期那么细致,胎体可见空隙,玻璃相结合不尽理想,极少器物还有冒泡现象,胎色白中带灰似米糕。釉色白中闪青灰,釉面有棕眼或细桔皮纹。装饰以印花为主,亦有刻划花。器壁往厚重方向发展,圈足旋制不如前期,变得更矮些。

元中晚期至明初,器种少,以各式碗、盘、碟为主,产量较大,但制作较草率,不够精细。胎体厚重,致密度差,胎色灰白。器外壁刮坯痕迹依稀可见,挖足随意,足边刮抹一道。装饰以印花为主,题材广泛,有各种变体莲花,也有大量的鱼和鱼藻纹,偶见刻划的放射纹。小团菊花印花中,部分有"福""禄""富""寿"等吉祥文字。

四、窑址的文化内涵及价值

中村窑址虽然名不见经传,但从其所折射出的朴素大气的魅力确令瓷器爱好者为之侧目。

首先,其分布范围广、生产规模大、持烧时间长。从调查和发掘的材料看,古代三明中村窑场以珠山为中心,逐渐向周围山丘发展,分布范围甚广。通过对草寮后山窑址发掘,知其窑炉长达 83 米(尚未到头),其生产规模由此可见一斑。从地层堆积和出土遗物分析,该窑址创烧时间在北宋早、中期之际,经北宋晚期至南宋初期的发展,到南宋中晚期至元初达到鼎盛阶段,元末明初渐趋衰弱,明中期断烧,清末又有小规模烧造,可见其持烧时间相当长。

其次,其发掘出的元代淘洗作坊、制坯作坊等重要遗迹在一些方面填补了福建省同类考古的空白。元代淘洗作坊、制坯作坊及神龛的共同发现在福建省尚属首次,属古窑址发掘的重大收获。其中淘炼瓷泥的各种设施作为制瓷工艺中的一个环节,相当集中地组合在一个独立的作坊区内,被完整地揭示出来。其间从瓷矿土的贮存,到淘洗、沉淀、滤干、炼泥直至陈腐,均可找到对应的遗迹,既完整又独立,从中可以了解当中选炼瓷泥的整个工艺程序。神龛位于窑场的中心部位,它所反映的宗教活动方面的情况亦弥足珍贵。

最后,其面积大、分布广,且具有完整性、系统性、规模化、保存的完好性,对了解三明地区乃至福建省青白瓷、酱釉瓷、青釉瓷的分布,民间瓷窑的生产规模,制瓷工艺,陶瓷宗教习俗以及研究地方史等,都提供了珍贵的实物资料。其出土的大量瓷器标本亦为福建北宋至元明时期民窑瓷器研究提供了实物资料。

参考文献

[1] 福建省博物馆等:《三明中村回瑶元代窑址发掘简报》,《福建文博》,1995年第2期。

[2] 李建军:《三明中村回瑶宋元青白瓷生产概述》,《景德镇陶瓷》,1993年第三卷1、2期合刊。

[3] 福建省博物馆等:《三明中村回瑶元代窑址发掘简报》,《福建文博》,1995年第2期。

[4] 叶文程、王永平:《三明窑》,福建美术出版社,2005年9月第1版。

(作者系三明市万寿岩遗址文物保护管理所馆员)

三明市博物馆馆藏宋代将乐窑执壶浅析

陈 旭

一、执壶简述

壶的造型多种多样，有瓜棱壶、提梁壶、兽流壶、葫芦式壶、扁腹壶等，但较普遍的特点是体型较大，都带执柄，故一般通称执壶。执壶，又称"注子""注壶"，最初的造型是由青铜器而来，南北朝早期的青瓷当中，已经完成了这种执壶的造型，其后在唐宋两代是金银器中的一种酒具。在宋代瓷器里，执壶是最富有典型性和代表性的器型之一：规整、秀美、轻盈、古朴、典雅，堪称造型美、釉色美、胎质美的完美结合。直到现在，还有宋代青白瓷的执壶流传下来。

二、将乐窑简述

将乐县位于福建省西北部，自然条件优越，蕴藏丰富的瓷土和水源，为陶瓷生产和运输提供了得天独厚的条件。将乐窑位于将乐县境内，因地命名。两宋时期将乐窑业发达，迄今经考古调查发现有 10 多处窑址群，主要分布在古墉、水南、万全、南口、安仁等地。其陶瓷产品丰富多彩，进入黄金时代。将乐窑生产的青白瓷温柔醇厚，其釉色莹润介于青白之间，青白泛白或白中闪青，胎质洁白细腻，胎体厚薄适中，胎壁微微透光；酱釉瓷内敛且不张扬，其胎质釉色与吉州窑酱釉瓷类似。将乐窑陶瓷的装饰手法多种多样，主要有刻花、印花、剔地、浅浮雕、堆塑、褐色点彩等。

三、馆藏宋代将乐窑执壶赏析

宋代执壶以青釉、青白釉和酱釉为主,其基本造型是:敞口、溜肩、鼓腹、长曲流、长执柄、平底或圈足。壶身多光素,或为瓜棱状,或满饰菊瓣纹、莲瓣纹,有的肩部还有双系或双钮。(样式如下图)

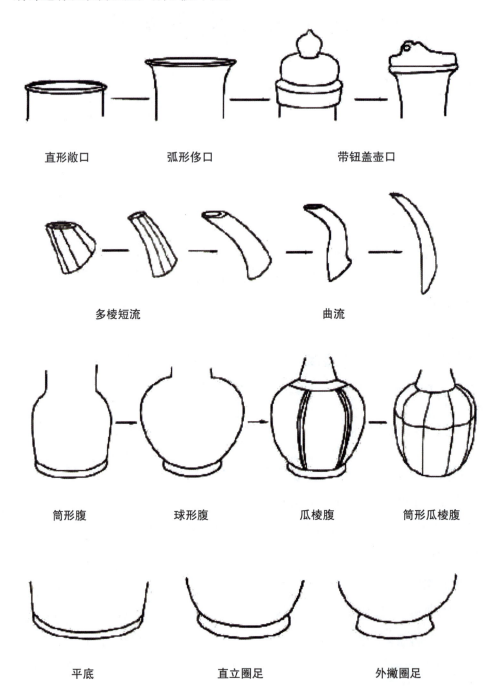

直形敞口　　弧形侈口　　带钮盖壶口

多棱短流　　曲流

筒形腹　　球形腹　　瓜棱腹　　筒形瓜棱腹

平底　　直立圈足　　外撇圈足

▲图 1 宋青釉双系盘口瓷执壶

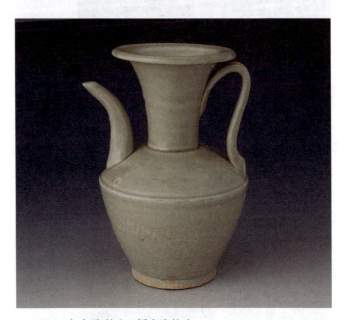

▲图 2 宋青釉喇叭口折肩瓷执壶

现本人整理三明市博物馆馆藏宋代将乐窑执壶若干件,浅析共赏。

1.宋青釉双系盘口瓷执壶:杯口,束颈,溜肩,鼓腹,圈足。颈腹间置扁条形把,肩的对称处附曲状流,另一侧置对称系。釉水青黄、肥润,外底露胎,胎质坚硬,器型规整。口径 5.6 厘米、腹围 33.9 厘米、足径 6.7 厘米、高 12.5 厘米。(图 1)

2.宋青釉喇叭口折肩瓷执壶:喇叭口,长束颈,折肩,斜腹,圈足。肩部对称置

"将乐窑暨中国南方地区宋元青白瓷学术研讨会"论文集

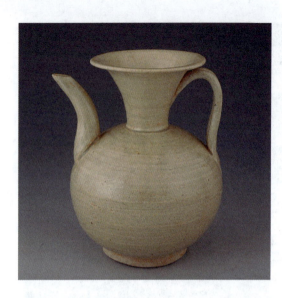

◀ 图 3 宋青釉喇叭口瓷执壶

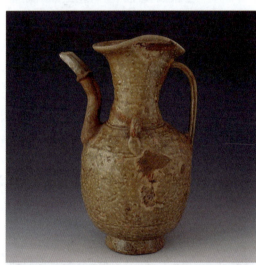

◀ 图 4 宋青釉双流双系喇叭口瓷执壶

有尖嘴圆管弯流及双泥条把。内外施青釉,外壁施釉不及底。釉质莹润,胎灰质细。口径10.5厘米、底径7.8厘米、高20.3厘米、腹围42厘米。(图2)

3.宋青釉喇叭口瓷执壶:喇叭口,溜肩,圆鼓腹,圈足。颈肩处对称置有双条形把和尖嘴弯流。施青釉,外壁釉不及底。器型规整,灰胎,有细小颗粒。釉质温润,有开片。口径10.1厘米、足径8.1厘米、高17.6厘米、腹围43.6厘米。(图3)

4.宋青釉双流双系喇叭口瓷执壶:喇叭口,长束颈,溜肩,鼓腹,圈足,颈肩处对称置有扁状把及圆管双流,流的中上部及底部有一环及钉,另一侧对称有环形系。施青釉,足底刮釉露胎。胎灰质粗,有夹砂。器型变形严重。口径12.8厘米、足径9厘米、高30.1厘米、腹围48.5厘米。(图4)

5.宋青釉喇叭口瓜棱瓷执壶:喇叭口,长束颈,溜肩,鼓腹,圈足。肩部对称置有一对尖嘴圆管弯流,腹部压印有六道竖条纹,呈瓜棱状。施青釉,釉呈米黄色,施釉不及底,底足露胎,釉质莹润,有细小开片,胎灰质坚。口径9.1厘米、腹围39.7厘米、足径7.2厘米、高18.8厘米。(图5)

▼图5 宋青釉喇叭口瓜棱瓷执壶

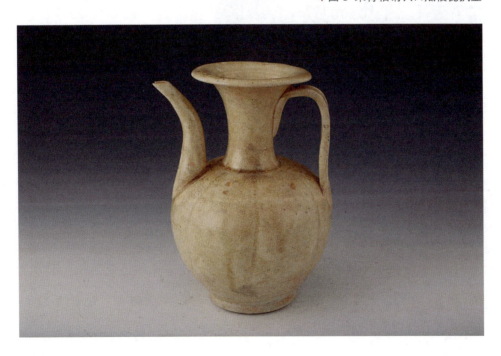

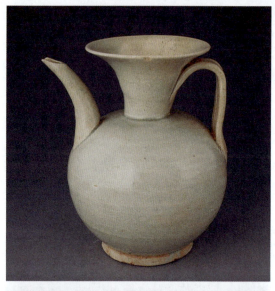

图 6 宋青釉瓷执壶

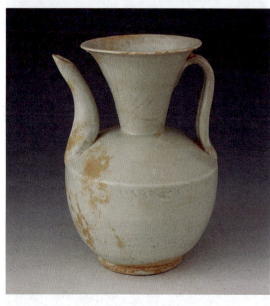

图 7 宋青白釉瓷执壶

6.宋青釉瓷执壶:喇叭口,溜肩,圆鼓腹,圈足。颈肩部对称置有圆管尖嘴弯流和扁状把。施青釉,釉不及底,底足露胎。釉质温润,胎白质坚。口径 9.9 厘米、腹围 42.6 厘米、底径 8 厘米、高 17.4 厘米。(图 6)

7.宋青白釉瓷执壶:撇口呈喇叭形,下斜收,束颈,宽肩微弧、下折,腹微鼓、下收,圈足,平底。颈肩附扁条状把,另一侧附曲形长流。通体施青白釉,釉水光亮,近底处露胎。胎质坚硬,器型规整。口径 10.3 厘米、腹围 43.8 厘米、足径 7.9 厘米、高 19.5 厘米。(图 7)

8.宋青白釉盘口执壶：喇叭口，束颈，溜肩，弧腹，圈足。颈肩处对称置有复式圆状把，及圆管尖嘴弯流。施青白釉，近底无釉。胎灰质粗。器型较规整。口径9.9厘米、腹围39.8厘米、足径6.4厘米、高21.4厘米。（图8）

9.宋青白釉双系盘口瓜棱瓷执壶：杯口，平折沿，束颈，溜肩，鼓腹，圈足。颈肩处对称置有扁条状把及圆管尖嘴弯流，另一侧对称附双系。通体施青白釉，近底处无釉。器型规整。胎白质粗。口径7.6厘米、足径5.5厘米、高13.8厘米、腹围33厘米。（图9）

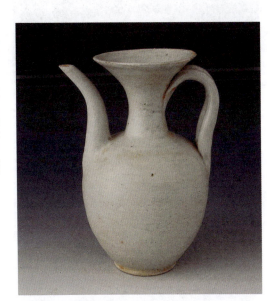

▶ 图8 宋青白釉盘口执壶

图9 宋青白釉双系盘口瓜棱瓷执壶 ▶

10.宋青白釉盘口瓷执壶:喇叭口,束颈,溜肩,扁鼓腹,圈足。颈肩部对称置有扁状把及圆管尖嘴弯钮。施青白釉,内壁及近底无釉,釉质莹润,施釉不均,有垂釉现象,胎灰质粗。口径8厘米、腹围31厘米、底径6.6厘米、高11.2厘米。(图10)

11.宋青白釉盘口瓷执壶:盘口,束颈,溜肩,鼓腹,圈足。肩腹置有圆管弯流和复式条状把。施青白釉,釉不及底。釉质温润,胎白质坚。口径4厘米、腹围22.8厘米、足径4.1厘米、高9.9厘米。(图11)

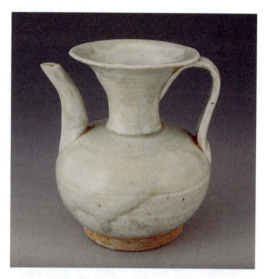

▲图10 宋青白釉盘口瓷执壶

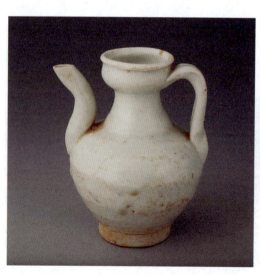

◀图11 宋青白釉盘口瓷执壶

图 12 宋酱釉瓜棱双系瓷执壶 ▲ ▶

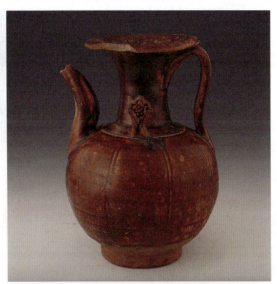

图 13 宋酱釉瓷执壶 ▶

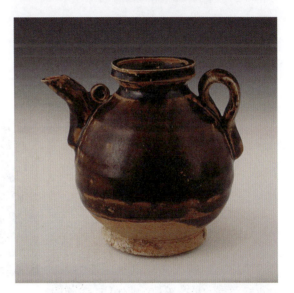

　　12.宋酱釉瓜棱双系瓷执壶:喇叭口,束颈,溜肩,鼓腹,圈足。颈肩对称置有复式圆状把与圆管尖嘴弯钮,另一侧对称置有花卉钮,腹部刻八道竖式复线,呈瓜棱状。施酱釉,外壁近底无釉。胎质较粗,器型较规整。残缺,口沿及流部分缺失。口径 10 厘米、底径 7.8 厘米、高 19.8 厘米、腹围 44.8 厘米。(图 12)

　　13.宋酱釉瓷执壶:盘口,短束颈,溜肩,鼓腹,圈足。肩腹部对称置有尖嘴圆管弯流和扁状把,流上堆贴一环状钮。施酱釉,釉不及底,底足露胎。釉质温润,胎白质坚。口径 4.3 厘米、腹围 26.4 厘米、足径 5.7 厘米、高 9.3 厘米。(图 13)

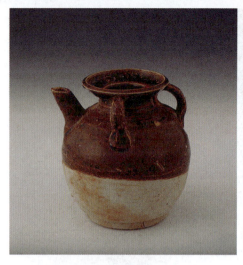

▲ 图 14 宋酱釉双系瓷执壶

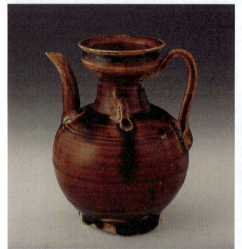

◀ 图 15 宋酱釉双系盘口瓷执壶

◀ 图 16 宋青白釉双系瓷执壶

14.宋酱釉双系瓷执壶:盘口,短束颈,溜肩,鼓腹,圈足。颈肩对称置双系,另一侧置圆管短流和条形把。施酱釉,釉不及底,底足露胎。釉质温润,胎灰质坚。口径4.3厘米、腹围21.4厘米、足径4.6厘米、高7.2厘米。(图14)

15.宋酱釉双系盘口瓷执壶:杯口,束颈,溜肩,鼓腹,圈足。颈肩处置有双系,另一侧对称置有尖嘴圆管弯流和扁状把。釉质温润,胎白质坚。底足微损。口径5.7厘米、腹围29.8厘米、足径6厘米、高12.5厘米。(图15)

16.宋青白釉双系瓷执壶:喇叭口,束颈,溜肩,鼓腹,圈足。颈肩部对称置有双系,另一侧对称置有复式条形把及复式尖嘴圆管弯钮。施青白釉,釉质莹润,胎白质坚,口流略有修补。器型较为奇特。口径11厘米、腹围49厘米、足径7.8厘米、高12.5厘米。(图16)

参考文献

[1] 陈邵龙:《将乐古陶瓷发展与"将乐窑"的特征》,《福建文博》,2016年第4期。

[2] 张红梅:《论北宋青白瓷执壶的造型美》,《中国陶瓷工业》,2016年12月第13卷第6期。

[3] 韩荣:《唐宋时期执壶艺术比较研究》,《史论空间》,2008年8月,总第184期。

(作者单位:三明市博物馆)

浅议三明考古
市场的"宝"

刘晓迎

宝,世上甚多,文物是一类。其因少而稀至瑰而魅,被称为"宝"。闽西北三明古玩市场的宝,人人爱之求之,却不一定知道宝的由来。宝是有历史、有故事的。闽西北人的智慧和艺匠的心血,经时光的研磨,造就了时至今日的许多宝。

考古发掘,历史再现,精品闪炫

三明的文物资源十分丰富,18万年前的古遗址、晋以来的古墓葬,还有唐宋以来的古窑址,及众多的古崖石刻、红色革命遗址、名人旧居古建筑等,登记在册的文物点近5000处,馆藏文物2万余件,民间文物尚未统计在内。论历史之久远的考古重大发现,首推2000年全国十大考古发现之一的三明市岩前万寿岩旧石器时代文化遗址,18.5万年文化堆积层的发掘及鉴定,开启了福建旧石器时代考古新篇章,也是目前华东地区发现最早的洞穴类型旧石器时代早期遗址,距今约3万年的面积达120平方米人工石铺地面遗迹,为全国首次发现,世界罕见。

三十余年来,三明各地先后进行了一批重要遗址、墓葬的发现与发掘,出土了许多历史、科学、艺术价值较高的遗物和遗迹,让人耳目一新。化石点如1956年首次发现的有明确地点的第四纪18种哺乳动物化石的永安寨岩山;

1982 年宁化老虎洞，出土了 24 种哺乳动物化石标本，并于 2008 年从中整理出 8 颗人类牙齿化石；1988 年清流县沙芜乡洞口村狐狸洞，采集了 1 枚晚期智人臼齿化石和 17 种哺乳动物化石；1988 年明溪县剪刀墘，出土了 45 种哺乳动物化石等等。

三明的新石器时代又是什么状况呢？有，不多，却很重要。2006 年在永安市贡川镇石马村的胡坡岌发现了新石器时代晚期遗址，出土了一批陶器、石器和陶窑遗址。其中的单体地穴式陶窑的火膛、火道、箅口、窑室、投柴口等，都保存得十分完好，省内是首次发现，填补了省内新石器时代陶窑考古的空白。说到新石器时代遗址，大家可能都知道闽侯的昙石山遗址名声在外，现在介绍的明溪南山洞穴遗址一点都不逊色，它也是福建省新石器时代考古最具代表性的遗址之一。1988 年至今，考古发掘取得重大突破，磨光黑陶、炭化稻谷、穴居人骨、水窖，尤其是罕见的南山陶艺大量出现，该处遗址极有可能被命名为"南山文化"。更值得一说的是，经专家对比，"穴居人"头骨与台湾澎湖发现的亮岛人很相似，而"亮岛人"被考古界确定为南岛语族的祖先，若提取对比 DNA 的序列，将有利于进一步的研究与确定。无疑该遗址的发现填补了省内史前考古学文化谱系的缺环，具有重大的学术价值和意义。

新石器时代之后，进入青铜器时代、三国两晋、隋唐时期。这一阶段，遗址发掘较少，重要的发现主要是墓葬方面，如 1993 年在将乐永吉村发掘的 5 座东晋墓葬后，又在同一地点采集了"宁康""元嘉"等东晋、南朝年号的纪年砖，由此确定该处是东晋至南朝时期的墓葬群。此后，将乐不断发现晋朝、南朝纪年墓，如水南"永明四年"（486）纪年墓、南口乡温坊的南朝墓、万安镇大布上村的西晋"永嘉六年"（313）墓、古镛龟山新村的晋墓等。其默默诉说着将乐建县之悠久，是北民南迁进入闽地最早开发的古县之一，历史上的"李寄斩蛇"家喻户晓，"程门立雪"的震撼莫不让人心生敬意，将乐地灵人杰八闽为先。

历史进入宋元时期，三明境内经济生产、商贸往来、文化教育、民居建筑等领域全面进入繁荣高峰时期。其中，三明的陶瓷业更是迎来了黄金时代，一时窑场遍地，当今许多令人赞赏不已的陶瓷精品就是这些窑场生产的。三元区的中村回窑,发现 83 米长的青白瓷龙窑。将乐古镛玉华村擂茶器皿窑址群,其中 48 米长的横窠崀一号窑,以生产陶器茶具系列为主,兼烧一些日用的酱釉瓷器,属全国首次发现,填补了我国古代窑业产品的一项空白。此外,建宁澜溪窑、尤溪半山窑、宁化泉上窑、泰宁新桥东(西)窑、将乐南口上下窑、将乐万全窑、大田建设窑、梅列小蕉窑等,犹如群星闪烁,留下了三明历史上最炫的陶瓷精品。

有着"中国南方的地下敦煌"之称的宋元时期壁画墓,是三明的家底之一。这也从另一个侧面展示了三明地域当时的繁盛。专家戏称为"福建之最、南方少有"的壁画墓主要集中于尤溪、将乐和三元,数量最多的是尤溪县,分布于城关、西城、梅仙、新阳等地。如此之多的壁画墓,为今人展示出了当时社会生活场景、丧葬习俗、审美观念及民间的绘画艺术。

古钱币窖藏的不断发现,也为三明人带来了不少的惊喜。如建宁黄埠乡封头村发现的窖穴,内藏古钱币达五吨、六七十万枚之多;近年泰宁、清流等地也相继发现古钱币。这些都为研究福建地区宋元之际政治、军事、经济及货币铸造、流通等提供了实物资料。

龙窑再现,移动精品,市场风骚

三明历史上有多少座龙窑,生产出多少陶瓷产品,其中又有多少精品留下?陶瓷爱好者一定兴趣浓浓。据目前所知,古窑址近 30 多处,龙窑 20 多条,鸡笼窑 10 余座;在有些的遗址中,旧时的作坊、淘洗坑等遗迹还能分辨,经过仔细清理,有的十分壮观完整,让人惊喜不已。那么,三明地域哪处地方有着第一陶窑的荣幸呢?

由 2013 年底在明溪南山遗址中发现的大量磨光陶片,我们可以大胆推测,距今 4500-5000 年的新石器时代,南山一带就有了属于三明古人类的陶窑,否则,哪来大量的省内罕见的磨光黑陶呢?这些跨越了五千年时光的黑陶仍在阳光下闪闪发光,其工艺水平绝不比现代陶艺差多少,这就证明了三明新石器时代制陶业的发达。

之后,让我们为三明的陶瓷考古进行一番梳理吧。现宁化城郊的江背遗址处，曾采集到不少的陶器碎片，这些碎片上的纹饰还是丰富多样的，有篮纹、细绳纹，还有重菱纹和刻划纹等。据专家判定，此处陶窑年代约在东周至汉代之间。在将乐和宁化发现了唐代窑址，采集到酱青瓷带盖多嘴壶、青瓷壶、大海碗等。宋元之后，将乐出现南口上下窑，规模甚大，面积近 10 万平方米，创烧年代据专家推测在北宋早期至南宋末，而后者则是该窑的鼎盛时期，其产品有各式执壶，茶盏，刻印花碗、盘、瓶、碟等。在三元中村发现的回瑶窑遗址，创烧年代约为北宋中期，由宋至明跨越三朝。在草寮后山窑址中，一条龙窑基址长达 84 米。该遗址不仅有较为完好的构筑遗迹如窑基、作坊、淘洗池等，还有罕见的窑神祭祀神龛。其产品有刻花、印花、文字器如碗、壶、盘、罐等，一件宋代瓜棱执壶现由三明市博物馆收藏。

此外，将乐万全窑、尤溪半山窑、泰宁新桥东西窑、建宁澜溪窑，大都经历了宋时的发展、鼎盛及元明的旺盛、收尾阶段。其产品大都以生活用具居多，并辅以其他产品。釉色有中村回瑶窑的青釉、青白釉，将乐南口窑的青白釉(青白中带有乳浊感)，将乐万全窑的青釉，尤溪半山窑的青黄釉、酱釉，泰宁新桥东西窑的青白釉(豆青)、酱釉，建宁澜溪窑的青白釉(泛绿)、黑酱釉等。

明清时期，随着景德镇窑、德化窑的崛起，三明窑处于收尾阶段，如永安陇岭青花瓷窑、大田尤溪青花瓷(白瓷)窑，时间不长，产品较少，最后停烧。

从制作手法及装饰艺术来看，三明窑经历了唐时素面的洗礼后，宋代进入极高境界，由装饰手法名目就可窥其一斑：花口、出筋、出戟、瓜菱、镂、雕、刻划、贴、堆、印、塑、模、彩绘等。

三明精品，异彩纷呈，留芳百世

具有历史、科学和艺术价值的文物，可以说是精品，虽然它的涵盖面很大，却也有迹可循。尤其是瓷器方面，宋元时期精品较多，如三元中村回瑶窑、将乐窑、建宁澜溪窑等。1974 年，在三明市莘口镇发现一座北宋古墓，出土了大批的瓷器、铁器等随葬品，其中一件青白瓷瓜棱双钮执壶(中村窑)十分引人注目。此执壶高 22.4 厘米、口径 11.2 厘米、腹围 52 厘米、足径 9.6 厘米、重 1.2 千克。其造型端庄稳重，制作精巧。壶口为喇叭花形，恰似一朵绽放的喇叭花，轻盈的颈部与体态饱满六瓣瓜棱圆鼓腹浑然一体,长管圆流从壶身向上翘起,途中向外弯曲成弧线,同时顶端微细,显得自然飘洒,壶身另一面的把手似丝带悬空滑落于肩上,一对团菊纹钮的点缀,犹具"画龙点睛"之功效,矮小的圈足并不笨拙,有力地支撑着壶身,使器物更显端庄、沉稳。整体看来,它完全符合宋代的陶瓷造型"求正不求奇"的特点,讲求线条婉转流畅,比例准确适度,构造对称均衡,同时又以简约见长,没有多余旁枝,展现出质朴无华、含蓄自然的审美韵味。二是光洁莹润之釉色。釉质特点:其一,釉层轻薄,莹润似玉,透光见影。由于青白釉釉质含铁量低,釉色白中泛青,釉面光亮,确有玉质之美感。其二,此器物在1300℃高温下烧制时,釉流动性大,遇有凹凸处便聚积较厚,这使得整器釉面厚薄不一,薄处显白,厚处略深,总体效果浓淡相间,若隐若现,肌里效果明显,有中国写意画之意境。其三,它还具有北宋早期的釉色特点——多带微黄。宋代蒋祈《陶记》中记载:"……两淮所宜,大率皆江、广、闽、浙澄泽之余。土人货之者,谓之'黄掉'……"蒋祈所说的"黄掉",就是青白瓷中所烧造的炒米黄色,微微带点暖暖的米黄色调,使之不像其他的青白瓷那样一味的冷,而是更加让人感到温柔和亲切。三是得体含蓄之修饰。该执壶采用的是刻、划、印配合使用的修饰技法,肩部刻划一条凹弦纹,腹部划出纵向的成组凸弦纹,肩牌的菊花纹亦为模制成型的印花装饰,纹饰细腻清晰,布局严谨,简练生动,含蓄而又富有美感。它的修饰形式如《宋代陶瓷纹饰精绘录》中提到:"宋代的装饰绝大部分来源于生活,如一片荷叶、一朵莲花、瓜、果、鱼、虫,都是艺人们创作的素材……"此执壶的壶口为喇叭花形,双耳呈团菊花纹形,壶身作瓜棱状,这些都是生活中花、果形象的再现,但又不是完全照搬,照葫芦画瓢,而是对其进行艺术加工,使其神似,这与中国画"笔不到而意到"有异曲同工之妙,形成了质朴、明快、生活气息浓郁的装饰风格,具有一定的审美价值。同时,它还承载着文化精神意蕴,在制作时对事物不是简单地为表现而表现,而是融入了企望得到美好生活的良好祝望,赋予了一定的文化内涵,也就是说,除具有意象外还富于情感,如喇叭花面向太阳,象征着事业蒸蒸日上,菊花在古神话传说中又被赋予了吉祥、长寿的含义,瓜棱纹象征着美满生活如瓜瓞连绵一般,长长久久,都具有丰富而深刻的精神文化内涵。四是历史背景资料。如此精美的宋青白釉执壶究竟出自何处?这个问题一直困扰着各位专家,直至1993年,福建省博物馆会同三明市文管会,对三明市中村回瑶窑址进行抢救性发掘时,才解开了迷团。该执壶就非常具有代表性。它不仅实用而且美观,在追求装饰美的同时,完全融入使用的需要,反映了当时制瓷工匠的高超娴熟的技术,是一件能够代表三明当地制瓷工艺的上乘之作。

再如,三明市博物馆还收藏有一件当地墓葬出土的南朝青釉堆塑莲瓣纹博山炉,高20.9厘米,由炉盖、炉身组成。盖顶雕塑一双面人头,有眼、鼻、嘴、耳,头顶莲花,头下堆塑双层莲瓣,莲瓣下作焰突、火星状,形似升腾的火焰,并在盖沿贴有四朵莲花。炉盘如托盘,敞口、直腹、平底,底部镂一圆孔。盘中连一小盘,小盘上托一圆形小杯。施青釉,底部露胎,阴刻草书"行练三端"四字。

博山炉是古代焚香用的薰炉,盛行于两汉至六朝时期。博山是传说中的海上仙山。相传汉武帝嗜好香薰,信奉道教,他吩咐匠人按照博山的景象制作一款造型别致的香薰——博山炉。此炉构思巧妙,炉盖高而尖,上面镂雕峰峦、云气、火焰,象征"仙山"的意境。其出烟孔是利用云气的层层交叠,多开在曲折隐蔽之处,平视时不见其孔隙,而炉下托盘则象征着仙山周围的海水。当炉腹内焚香时,袅袅香烟从镂空的山形中散出,缭绕于炉体四周,下承盘内水气蒸腾,宛如云雾盘绕海上的仙山,呈现极为生动的山海之象。此件博山炉造型规整,制作精美,技法娴熟。它与1975年闽侯南屿高岐官山出土的博山炉在造型、装饰、釉色都极为相似。考古发掘资料表明,闽侯南屿出土的博山炉其器型、装饰技法、釉色、胎质与福州怀安窑南朝窑址中发现的青瓷标本完全相同,为怀安窑产品。此类器型不见于江西、浙江,是福建地区独有的,故三明市博物馆的这件南朝博山炉也应为福建本地生产的仿越窑系产品。

说起博山炉,就要谈谈中国传统薰香文化。大约魏晋以后,文人的生活中开始有了"香"这样一位雅士相伴,有一种"博山虽冷香尤存"的内涵,读书以香为友,独处以香为伴;衣需香薰,被需香暖。特别南方的气候,阴冷湿热,易于霉变、蚊虫肆掠的自然环境,更采用香薰去湿除秽,净化室内空气,若有贵宾来访,必然要薰香,以示尊重。福建当地深受影响,香薰盛行,迄今为止,福建省共发现超过

300座南朝时期墓葬,出土数十件青瓷博山炉,分布在除闽西(龙岩)以外的全省各地,可以说博山炉是薰香文化的产物。博山炉还包含着浓郁的宗教色彩,道、佛文化相互融合。焚香习惯沿于道教,古人认为,炉冒烟雾是人与神灵沟通,可以呼唤神灵的到来,人通过向神灵祷告祈福,获取帮助和慰藉。莲花在佛教中是法的象征,寓意佛的圣洁。这件南朝莲瓣纹博山炉,炉顶人物头戴一朵盛开的莲花,手持莲花端坐于莲花中,盖的边沿对称堆贴有四朵莲花,也正是佛文化的体现。这看似简单的博山炉,隐含了青瓷香薰的中国传统文化,融入了当时社会流行的道家思想、佛教观念。它不仅用来驱逐蚊蝇或去除生活环境中的浊气,而且还成为宗教上的器物,用于供佛求神、祭祀祖先之用,是实用与信仰的结合,具有一定的时代特征。

(作者系三明市博物馆文博研究馆员)

闽北青白瓷窑址调查

陈容凤

南平位于福建省北部,俗称闽北,地理位置介于东经 117° 12′ –119° 12′ ,北纬26° 14′ –28° 02′ 之间,在武夷山脉东侧、仙霞岭以南,东北与浙江省相邻,西北与江西省接壤,东南与宁德地区交界,西南与三明市毗连,是福建通往全国的主要门户之一。南平市境内河流众多,闽江是福建省第一大河,干、支流水力资源都很丰富。境内又有丰富优质的瓷土资源,大量的窑场随之孕育而生。

2007 年 4 月至 2011 年 12 月的全国第三次不可移动文物普查工作中,南平市文物普查调查队基本摸清南平境内青白瓷窑址的分布情况,其主要集中在闽江支流附近,延平区有 1 处,建阳区有 5 处,邵武市有 2 处,武夷山市有 4 处,建瓯市有 3 处,顺昌县有 5 处,浦城县有 1 处,光泽县有 6 处,松溪县有 1 处,政和县有 1 处。今将调查所获得的资料,报告如下。

一、闽北(南平市)各县(市、区)窑址简况

1.延平区

茶洋窑(宋、元·市级文物保护单位)

位于太平镇葫芦山村茶洋自然村,窑址所在山体为连绵起伏的丘陵,总面

积约 8 万平方米,有厚达数米的文化层堆积,发现宋元时期窑址 6 处,窑址地名及其产品堆积如下:大岭产品有黑釉、青白釉、绿釉、青釉瓷器,安后产品有青白釉、黑釉、青釉瓷器,碗厂产品有青白釉、黑釉、青釉、绿釉瓷器,生洋产品有黑釉、青釉、青白釉瓷器,马坪产品有青釉、青白釉、黑釉瓷器,罗坑产品有青釉、青白釉、黑釉瓷器。[1]1995 年 11 月至 1996 年 2 月,福建省考古队为配合闽江水口库区的建设,对大岭干、安后山窑址进行抢救性发掘。大岭干窑址发掘面积 280 平方米,共计揭露窑炉遗迹 5 处及堆放匣钵的工棚遗迹 1 处,窑炉皆为砖构长条形斜坡式龙窑。安后山窑址发掘面积约 320 平方米,揭露窑炉遗迹 6 处,窑炉结构与大岭同类,但其平面呈弧形。茶洋窑的青白釉器主要受景德镇窑产品工艺的影响。主要器型有碗、盏、杯、碟、壶等,采用刻划、模印装饰手法,纹饰有牡丹、双鱼、菊瓣、篦点、婴戏莲花等。窑具主要有匣钵、支圈、支钉、垫饼等。茶洋窑的产品远销日本、印度尼西亚、菲律宾、韩国等地,对研究福建省的陶瓷发展史、文化交流史、对外贸易史有重要的意义。

2.建阳区

华家山窑址(宋·市级文物保护单位)

位于莒口镇社洲村,1982 年发现。窑址分布在碗厂、中窑和南窑,面积共约 8 万平方米,堆积厚 0.5 ~ 1.5 米。[2]窑具有匣钵、垫饼和支圈等。产品为青白瓷,可辨器型有瓶、洗、盘、杯、碟、碗和匙等。装饰手法以印花为主,少量刻划花,施褐彩。

墩头窑址(宋)

位于麻沙镇墩头村,1985 年发现。窑址分布在水尾凹、后门山、乌泥窝和岚山等处,其中水尾凹窑址面积约 1.5 万平方米,后门山窑址面积约 1 万平方米,乌泥窝窑址面积约 5 千平方米,岚山窑址面积约 1 万平方米,堆积厚 0.2 ~ 2 米。窑具有匣钵、垫饼和支圈。产品为青瓷和青白瓷。可辨器型有碗、瓜棱形执壶、高足杯等。碗类大多为唇口,有的碗内底或腹壁饰刻花纹,其主要产地在水尾凹窑址。

直坑窑址(宋)

位于小湖镇东鲁村溪南自然村西南侧,2008 年发现。地势较缓,分布面积为 3000 平方米,相对高度 50 米,局部可见厚 0.5~1 米堆积。窑具有匣钵和支圈。产品多为青白瓷、青瓷,有碗、盏、壶等器型。

建窑遗址—后井营长墩窑址(宋–元·全国重点文物保护单位)

位于水吉镇后井村,1989 年发现。窑址面积为 6000 平方米,堆积厚 0.5 ~ 4 米。1989 ~ 1992 年清理了 1 处龙窑基址。窑具主要是支圈,还有匣钵和垫饼。青白瓷有碗、碟、盘、炉、罐、壶、瓶、器盖等。

源头仔窑址(元)

位于童游镇溪口村,1982 年发现。窑址面积约 1 万平方米,堆积厚 0.5 ~ 1 米。窑具有支圈、匣钵、支座和垫饼等。产品为青瓷、青白瓷。可辨器型有碗、盘、杯、洗、碟等。

3.邵武市

青云窑(宋–清·市级文物保护单位)

位于水北镇四都村,1986 年发现。窑址在后门山、巴掌山、拳头山,呈东西走向分布,合称"青云窑"。后门山窑址面积 2100 平方米,堆积厚约 1~3 米。采集到小口罐、碗、盘等。巴掌山窑址面积约 3500 平方米,采集到碗、盘、杯等。拳头山窑址面积 5400 平方米,地表暴露一条龙窑痕迹,窑头宽约 2.5 米,砖砌,采集到碗、盘、碟、杯等。三处窑址均采集到匣钵、垫饼、支圈等窑具。烧制方式有正烧、覆烧、叠烧。产品以烧青白瓷为主,兼烧酱釉、青黄釉等。胎多呈白和灰白,少量灰色。产品主要内销,部分精品远销海外。

碗厂垅窑址(宋–明)

位于洪墩镇洪墩村,1986 年发现。窑址分布于长条形山冈上,东西走向,相对高度约 30 米,东西长 70 米,南北宽 50 米,面积约 3500 平方米。堆积厚 1~1.5 米,产品器型丰富。采集有匣钵、瓷罐、壶、碗、碟、高足杯等。胎多灰白,质坚细。釉色有青白釉。

4.武夷山市

五渡桥窑址(宋)

位于武夷山市西北约 10 公里的五渡桥村窑岭头山,1982 年发现。窑址为东向西延伸的椭圆形山冈,东西长 200 米,南北宽 40 米,面积约 8000 平方米,相对高度约 10 米。废品分布于西南山坡,堆积范围东南宽约 10 米、南北长约 30 米,堆积厚度约 2 米。[3]

地表采集有大量的瓷片和窑具。釉色以青白为主,兼烧酱釉器。可辨器型有碗、执壶、盘、擂钵、盏等。窑具有匣钵和托座。器物特点:青白色釉,泥炼制较细,胎骨坚硬,但有小气孔。碗内底有刮釉叠烧的涩圈,由四五个支钉垫烧。器外壁施釉不及底,有跳刀痕,轮痕较明显。[4]

谷岭凹窑址(宋)

位于上梅乡里江村南面,2009 年发现。窑址东西长 150 米,南北宽 100 米,面积约 1.5 万平方米,相对高度约 8 米。遗物分布在山坡南侧,文化堆积厚约 1 米。采集匣钵、垫饼等窑具。采集有青瓷、青白瓷和黑釉瓷片。器形主要有罐和碗。

崩岭岗窑址(宋)

位于崇安街道崩埂村北侧,1987 年发现。窑址分布于由北向南延伸相对平缓的山丘,东西宽 100 米,南北长 150 米,面积约 1.5 万平方米,相对高度约 8 米。遗物分布在山坡南侧,堆积厚约 2 米。采集有青白瓷残片、支圈、匣钵。可辨器形有罐、盘和碗。装饰纹样有刻划双鱼纹、缠枝纹、堆莲纹、篦纹等。

官山冈窑址(宋)

位于兴田镇南源岭村旧址西北侧,2009 年发现。窑址东西长 60 米,南北宽 20 米,面积约 1200 平方米,相对高度约 8 米。废品分布在山顶和东北侧山坡。采集黑釉瓷、青瓷和青白瓷等残片及匣钵、窑砖。可辨器形有碗、盏、杯等。

5.建瓯市

范墩窑址(宋-元)

位于徐墩镇大潭村范墩自然村东、西两侧,1987 年发现。窑址所在山为南北走向,窑址东西宽 100 米、南北长 20 米、相对高度 15 米。第二次文物普查发现有 0.8~1.2 米的文化堆积层。东侧堆积断面暴露遗物有碗、盘、杯等残片,西侧堆积断面暴露零星支圈、匣钵和瓷片。[5] 采集有漏斗形匣钵、残支圈等窑具。釉色有青白釉、青灰釉和酱褐釉。烧造工艺多为支圈组合窑具复烧,亦有托座叠烧和匣钵正置装烧。器物口沿均无釉,俗称"芒口",内壁或内底多模印花卉等装饰,个别器物内、外底心刻划有"康""福"字样。印花题材有双鱼、莲花、菊花等。[6]

上栏门窑址(宋·市级文物保护单位)

位于小松镇渔村西北,1985 年发现。窑址位于相对独立的东南至西北走向的矮山上,南侧山脚为渔村小学,东北 20 米为东南向西北流向的小溪。山体呈馒头状。窑址分布在矮山南面,总面积 2000 平方米,文化层堆积 0.5~1 米。采集有青白瓷、黑釉器残片。可辨器形有碗、盘、碟、洗、罐、壶等,窑具有匣钵、支圈、垫托、垫瓶、垫饼等。多为素面,青白瓷有模印花纹。

郭际窑址(宋·市级文物保护单位)

位于小松镇大庙村郭际自然村东侧,1987 年发现。与上栏门窑址相距甚近,属同一窑系。窑址位于山体北坡,坡地较陡,总面积 5000 平方米,堆积厚 0.5 米。地表散布大量支圈、匣钵及瓷片。釉色青白。可辨器形有罐、壶、瓶、炉、盘、碟等。纹饰见双鱼、婴戏莲花、牡丹等图案。

6.顺昌县

茶坑垄窑址(宋-元·县级文物保护单位)

位于建西镇际会乡谢屯村,1982 年 4 月发现,1987 年复查。东西长 50 米,南北宽 30 米,面积约 1500 平方米,相对高度约 15 米。文化堆积厚达 1~6 米。可辨器型有碗、碟、洗、盘、杯等残片,以碗为大宗。釉色有青釉、青白釉、酱釉等。窑具有支圈、漏斗形匣钵。碗内壁底部刻划双鱼纹等。

渡船头窑址(宋)

位于埔上镇河墩村,东西长 500 米,南北宽 150 米,窑址分布面积约 3000 平方米,相对高度 25 米。地表散落大量瓷片,釉色以酱釉、青白釉为主,少量黑釉。工艺较粗糙,碗、盏多涩圈,釉多不及底。

冯坑窑址(宋)

位于埔上镇连坑村冯坑大树坳和梅子泉二山丘上,相距约 150 米,1996 年 8 月发现。总面积约 600 平方米。可辨器形有碗、盏、碟等器物。有酱、黑、青、青白、青灰、青黄等釉色。窑具有垫饼(大、小 5 种)和漏斗形、桶形匣钵。青白瓷碗底刻划简单的草叶纹。

河墩窑址(宋—元·县级文物保护单位)

位于埔上镇河墩村,1988 年 5 月发现。东西走向,面积约 800 平方米。产品以碗为主,兼有炉、罐、洗、盏、碟、盘等。釉色以青釉、青白釉为主,兼烧黑釉和酱釉。装饰手法以刻划为主,纹饰有花卉、卷草、篦点纹等。窑具以漏斗形匣钵为主,还有支圈和 M 形匣钵等。装烧方法有仰烧、覆烧、叠烧。以上三类窑具及装烧方法与本地"连坑""谢屯"二窑和近邻的浦城碗窑背窑、光泽茅店窑的窑具、装烧法相同。[7]

官山窑址(宋·县级文物保护单位)

位于埔上镇连坑村,1982 年 4 月发现。有两处分布,相距 60 米。一处约 300 平方米,另一处约 700 平方米。堆积断面厚 3~5 米不等。产品以碗为主,兼烧罐、壶、炉、洗、盘、碟、杯等。釉色有青灰、青白、黑、酱、褐釉等。装饰卷云、篦梳、双鱼、莲花等纹饰。窑具以支圈为主,匣钵为辅。

7.浦城县

大口窑(宋—元·省级文物保护单位)

位于浦城县水北镇大口窑村,1958 年发现,窑址范围较大,约 1 万平方米。残存 1 处斜坡式龙窑,窑基残长 25 米、残宽 4 米,窑壁残高 1.5 米。有 1~4 米厚的文化堆积层。产品以青白瓷为主,兼烧青釉、酱釉等瓷器。器型较小,主要有碗、盒、碟、盘、杯、洗、炉、水注、炉等,此外还有一些瓷塑动物等。采集有大量支圈、托座、匣钵、垫饼等窑具。胎白质细,釉色可分两种,一种青中闪白,为较典型的青白瓷;另一种白中泛灰,亦属青白瓷范畴。装饰则以印花为主,划花、刻花为辅,常见纹饰有团莲、双鱼、荷花、水草、婴戏及草花缠枝纹等。年代为南宋晚期至元初。日本学者矢部良明认为:"日本经冢里收藏的小壶、小罐、小碗、小瓶、小杯、小盒等,其中小盒最多,大多数是大口窑的产品。"[8]

8.光泽县

茅店窑址(宋·县级文物保护单位)

位于华桥乡(大禾山)茅店村,1955 年 4 月修建鹰厦铁路辅助公路时发现。遗物堆积茶窠山和张家山山坡上。茶窠山窑址主要分布在公路北断面上,尚可清楚看出窑址的堆积层次,堆积层长 15 米、厚约 8 米。公路路面的堆积还留有少部分,公路中间也残留一部分,不过堆积的厚度,远不及北断面的堆积层。窑址暴露 1 处龙窑基址遗迹,坐北朝南,用砖砌筑,窑长 45 米、宽 2~3 米,说明了瓷器的装烧使用了江南地区通常的龙窑形制和结构。[9]

张家山窑址分布范围东西长 300 米,南北宽 30 米,总面积约 9000 平方米。堆积厚 3~5 米。窑具有托座、支圈、匣钵。器形以碗为大宗,还有罐、钵、洗、炉、盏、碟等。釉色有青白釉、青釉和黑釉等。装饰以模印为主,少量刻划,内底多装饰花纹图案,题材有飞凤、牡丹、盆花、双鱼、飞鹤等。

罗网山窑址(宋)

位于寨里镇桥亭村,1982 年发现。分布范围东西宽 10 米、南北长 30 米,总面积 300 平方米。地面散布锯齿状、圆柱状窑具和瓷片。可辨器形有罐和碗。器物胎色灰白。釉色有青白釉、灰褐釉、米黄釉等。

下窑坑窑址(宋)

位于寨里镇桃林村,1988 年发现。分布范围东西长 20 米、南北宽 50 米,总面积 1000 平方米,堆积厚 1~2 米。地面散布匣钵和瓷片。器形有碟、碗、盘和洗等。釉色青白。多素面无纹。

下山窑址(宋)

位于寨里镇桃林村,1985 年发现。分布范围东西宽 10 米、南北长 30 米,总面积 300 平方米,堆积厚 1~2 米。地面散布匣钵等窑具和瓷片。可辨器形有碟、碗、洗等。釉色青白,素面居多,部分器物内底饰刻划云气、卷草纹等。

霞洋窑址(宋)

位于寨里镇桃林村,1988 年发现。分布范围东西长 40 米、南北宽 50 米,总面积 2000 平方米,堆积层厚 1 米。地面散布瓷片和匣钵等。可辨器型有碗、罐和盘等。釉色多呈青白和米黄色。

下史源窑址(宋)

位于寨里镇桃林村下史源村东约 1 公里处,1985 年 7 月发现。遗迹主要分布碗窑冈、倒水坑、泥洋窠、廖家坞 4 处山坡上,总面积 7500 平方米。[10] 现存堆积厚 0.5 米。地面散布大量的窑具和瓷片。装烧用具有垫饼、匣钵、支圈等。主要器型有碗、罐、盘、碟、执壶、瓶等。碗碟内壁多有刻划篦点纹,图案有卷草纹、卷云纹、弦纹、"寿"字纹等。釉色有青白釉、青釉。产品以倒水坑烧制的青白瓷成就最高,釉面光泽莹润,透明度极强。[11]

9.松溪县

六墩瓷窑址(元·县级文物保护单位)

位于旧县乡六墩村李源自然村,2004 年发现。分布范围南北长 70 米、东西宽 30 米,总面积 2000 平方米,相对高度约 80 米,堆积厚 1 米。地表散布青瓷、青白瓷片及窑具。可辨器形有碗、盘、碟、杯、盅等。

10.政和县

上山窑址(南宋)

位于东平镇西表村,2009 年发现。窑址处于山谷西侧,现废品堆积分布面积约 500 平方米。地表暴露 1 处拱形残窑,底部窑头损毁。产品以青白瓷为主。地表多见支圈残件。可辨器形有碗等。烧制产品大量为芒口器。釉水较莹润。

二、闽北青白瓷的外销

南平各个县(市、区)的青白瓷烧制工艺和技术大同小异,均受景德镇窑青白瓷的影响并形成闽北特色。其胎质洁白,胎体轻薄,釉色白中泛青或青中闪白,釉面透明莹亮、温润如玉。瓷器装饰以印花为主,刻划次之。模印纹样有飞凤、婴戏、莲花、双鱼、牡丹、菊花、草花缠枝,刻划纹样有卷云、篦点等。装烧方法普遍使用仰烧、覆烧、叠烧。

《宋会要辑稿》记绍兴十年(1137)高宗上谕说:"市舶之利最厚,若措置合宜,所得动以百万计。"宋代是"海上丝绸之路"发展的鼎盛时期,泉州港的崛起,海外交通如火如荼,瓷器是外销的重要产品,刺激了陶瓷手工业的飞速发展。宋赵汝适的《诸蕃志》记载,通过泉州港对外贸易的陶瓷包括青瓷、白瓷、青白瓷、器物经销中印半岛、马来西亚、菲律宾、东印度群岛、阿拉伯半岛、及东非海岸等地的35个国家和地区。

闽北溪流纵横,富屯溪、南浦溪、沙溪、建溪均流往延平,汇入闽江后流向福州,进入大海。闽北高岭土蕴藏量丰富、矿点分布广、品质佳,是制作瓷器的上好原料。当地森林覆盖率高和水利资源便利,为瓷业的生产、运输提供了优越的条件。至今南平的葫芦山、政和碗厂、建阳南山等地的瓷土矿仍在开采利用。在商品贸易发展的形势下,闽北地区出现了一些从事海外贸易的买卖人。据《宋史》记载,早在北宋时期,建溪大船主毛旭数度往来于南沙群岛,建州大商人周世昌曾经东渡日本。日本经冢里出土了大量大口窑的产品。日本博多湾出土有大口窑、小松窑、华家山窑、社长埂窑、连坑窑、谢屯窑、茶洋窑、茅店窑生产的器物。印度尼西亚的东爪哇出土有邵武青云窑、南平茶洋窑的白瓷碗。[12]由此可见闽北青白瓷的外销在福建省乃至中国的陶瓷外销史上占有一定地位。

参考文献

[1] 张文鉴:《南平茶洋宋元窑址》,《福建文博》,2008年第1辑。

[2] 国家文物局:《中国文物地图集福建分册(下)》,福建省地图出版社。

[3] 张用秋、赵爱玉:《武夷山市五度桥窑址调查》,《福建文博》,1990年第2辑(闽北专辑)。

[4] 张用秋、赵爱玉:《武夷山市五度桥窑址调查》,《福建文博》,1990年第2辑(闽北专辑)。

[5] 张家、李力:《建瓯范墩窑址调查》,《福建文博》,1990年第2辑(闽北专辑)。

[6] 张家、李力:《建瓯范墩窑址调查》,《福建文博》,1990年第2辑(闽北专辑)。

[7] 陈建标、林长程:《顺昌河垱宋窑调查》,《福建文博》,1990 年第 2 辑(闽北专辑)。

[8] 孙维昌:《上海奉贤县发现大批宋瓷》,《文物》,1987 年 9 月。

[9] 黄富莲:《中国福建古陶瓷标本大系·光泽窑》,福建美术出版社。

[10] 黄富莲、陈远志:《光泽下史源宋元窑址调查》,《福建文博》,1990 年第 2 辑(闽北专辑)。

[11] 黄富莲、陈远志:《光泽下史源宋元窑址调查》,《福建文博》,1990 年第 2 辑(闽北专辑)。

[12] 傅宋良、张家、谢道华:《闽北陶瓷》,福建美术出版社。

(作者系闽侯县博物馆馆员)

南平茶洋窑
青白瓷

张文崟

南平茶洋宋元窑址位于闽江上游北岸茶洋自然村,是宋元时期规模较大、烧制外销陶瓷品种颇多的一处民间窑场。窑炉和废品堆积分布在大岭干、生洋、马坪、碗厂、安后等五处山体相连的山冈上。产品种类繁多,釉色有青釉、黑釉、青白釉、绿釉和釉下褐彩。茶洋村地理位置优越,柴草、水源充足,瓷矿土资源丰富,宋代设有驿站、商店、码头,水运交通便利。该窑产品早在宋代就沿着海上丝绸之路销往韩国、日本和东南亚各国。茶洋窑为我们提供了较多的考古实物例证和科学研究课题。

中华人民共和国成立以后,茶洋窑曾几度易厂,如:瓷厂、碗厂、白土厂。自20世纪80年代发现以来,茶洋窑引起国内外专家学者的关注和重视。笔者早年有幸陪同过中国古陶瓷研究会第一任会长冯先铭先生(已故)一行,第二任会长叶文程先生、中国社科院考古研究所李德金先生、福建博物院考古研究所所长栗建安先生等,也均到窑址进行实地考察(见附表一),在地表处采集了一些青白釉、白釉、青釉、黑釉、绿釉和釉下褐彩等陶瓷标本。本文仅对茶洋窑部分青白瓷产品的工艺及海丝沿线国家出土发现的类似茶洋窑产品,及其互联互通关系做一粗浅阐述,以达到互鉴互学的目的。

▲图一 茶洋窑器物

一、产品工艺

茶洋窑生产的青白瓷器种类繁多,有碗、盏、盏托、盘、洗、灯盏、杯、壶、钵、炉、盒、枕、人物等,碗、盏、洗为大宗,其余次之(图版一)。

青白瓷碗

有撇口、敞口、直口之分。(图一)

撇口,斜壁浅腹,宽圈足。施青白釉,内底一周涩圈,灰白胎。

撇口,深腹,圈足。施青白釉,口沿处有五处缺口,内壁凸起五条线,俗称"葵口出筋"。这种白痕的装饰方法是采用蘸有料浆的画笔,在内壁画出直线,然后敷釉,烧成后由于釉层的流离作用呈现出来的,灰白胎。

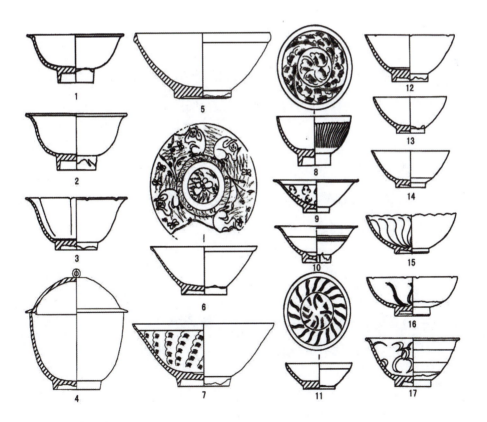

▲图一 茶洋窑标本 碗类(绘图连兴)

敞口,斜壁微弧,小圈足。施满釉。釉呈卵白色或青白釉,色泽明亮,俗称斗笠盏,有的器内壁刻划卷云纹或如意状朵云纹,器外壁刻划折扇纹,并配有盏托。灰白胎。

敞口,凸唇,斜壁微弧,圈足。施青白釉。内底一周涩圈。器内壁刻划蜂、猴、桃枝,桃枝上少许桃叶,花蕊朵朵,含苞欲放,枝头上曲腿蹲坐着四只顽皮可爱的小猴子,有的相向而蹲,有的后背相靠,它们双手护头,两眼圆睁,观看四周飞舞的群蜂。全器布满之字形篦点纹,犹如满地的小草,春天气息浓厚,寓意"辈辈封侯"。器外腹底下露灰白胎。也有素面凸唇碗。

敞口,斜壁微弧,圈足。施卵白釉。内壁刻划水波纹,灰白胎。

敞口,弧腹,饼形底。施青白釉,有的施青釉,器内壁刻划双线莲瓣纹,底心压印朵菊纹,内印有"福""寿""卍"字纹等,灰白胎。

盖碗,直口,圆弧腹,圈足。施青白釉。釉色青中泛白。器外壁刻划细密的网格纹。碗盖,形如圆帽,子口,弧壁,出檐,盖面刻划细密的网格纹,圆柱形盖钮,中空,灰白胎。

直口、圆弧腹、圈足。器型较小,圈足略高,施青白釉,釉面光泽莹润,白色胎。

侈口,弧腹,高足,施青白釉或青釉或黑釉,灰白胎。

钵(图二)

敛口,弧腹下收,平底微内凹。施青白釉,釉面润泽,灰白胎。

敛口,斜腹下收,假圈足。施青白釉,器外壁两道弦纹,腹下部露灰白胎。

侈口,束颈,深腹,圈足。施青白釉,灰白胎。

杯

敞口,圆腹,卧足。施青白釉或青釉,灰白胎。

侈口,弧腹,高足。施青白釉或青釉或黑釉,灰白胎。

葵口,深腹,圈足。施青白釉,器外壁压印一周弧形纹,灰白胎。

洗

芒口,斜浅腹,平底微内凹。釉色青白中偏灰,灰白胎。

敞口,浅折腹,平底微内凹。施青白釉,器内壁刻划朵莲纹,有的刻划之字形

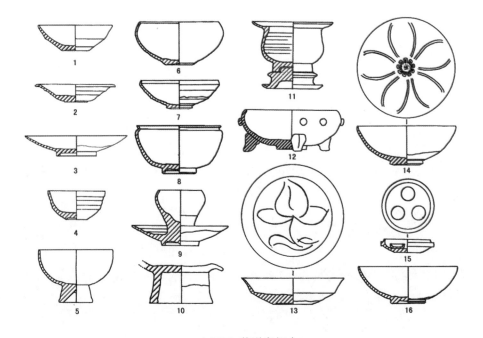

▲图二 茶洋窑标本

1.灯盏 2.3.盘 4.5.杯 6.7.8.钵 9.灯盏托 10.枕 11.12.炉 13.洗 14.16.碗 15.盒

篦点纹。灰白胎。

炉

盘口,鼓腹,圈足。施青白釉,釉面呈乳浊状,器内口沿以下露灰白胎。炉座宽沿,中部凸起,圈足呈喇叭状向外翻卷。施青白釉,釉色泛青灰,炉与座粘连在一起。

敞口,斜腹,腹下部内折,圈足。施青白釉,器内口沿以下露灰白胎。

敛口,扁鼓腹,饼形底,三足,腹部堆贴一周乳丁纹。施青白釉,釉色泛青灰,灰白胎。

枕

荷叶状枕面,高圈足形枕座。枕面一侧开流向下翻卷,枕面下凹,高圈足状枕座略外撇。施青白釉,枕面与枕座交接的凹处聚厚釉,呈莹润的白中泛水绿色。枕座下半部露灰白色胎,胎质较细腻,胎体最厚处为 0.8 厘米、最薄处为 0.5 厘米。

枕残高 6 厘米、座高 5.5 厘米、座径 10.2 厘米。

盘

撇口,斜腹下收,平底。施青白釉,器外壁两道凸弦纹,灰白胎。

敞口,斜腹,圈足。施青白釉灰白胎。

灯盏

敛口,斜腹下收连接托盘,圈足。施青白釉。这种灯盏与盏托极为相似,浅灰胎。

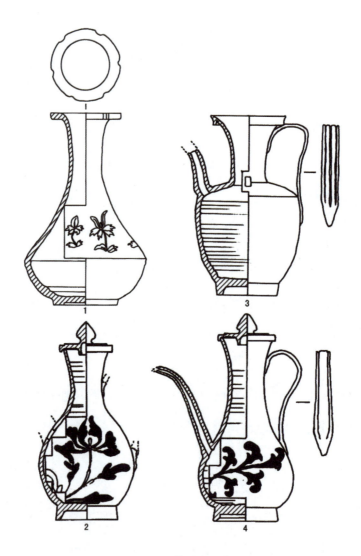

▲图三　茶洋窑标本
1.玉壶春瓶　2.3.4.执壶

盒

子口,腹部出棱,平底。施青白釉,釉面莹润。器内置有三个小盒,灰白胎。

执壶（图三）

盘口,长直颈,折肩,椭圆形长腹,圈足微外撇,长流,宽带状执手。施青白釉,釉色泛青灰,灰白胎。

喇叭口,长束颈,溜肩,圆鼓腹,圈足微外撇。长流,宽带执手。施青白釉,腹部绘褐彩折枝牡丹花,釉色泛灰,灰白胎。盒形盖,子口,桃形盖钮,盖面处有一小孔,灰白胎。

玉壶春瓶

花口,宽沿,长颈,折腹,圈足。施青白釉,釉色泛灰。腹上部压印一周朵菊纹。灰白胎。

二、与景德镇窑的关系

入宋以来,宋朝廷为了扩大税源,把对外贸易税作为政府的重要收入,在福建泉州设置了市舶司,专管外贸船。在朝廷的鼓励下,海外交通事业日益发展壮大。由于国外市场对中国生产陶瓷器皿的大量需求,直接刺激了福建陶瓷手工业的蓬勃发展,闽北地区的陶瓷业犹如雨后春笋拔地而起,到处呈现繁荣景象。此时正是福建陶瓷业大发展的兴盛时期,也是福建陶瓷业的黄金阶段。由于闽北地处福建、浙江、江西三省交界,人员往来交流使得政治、经济、文化相互影响与交融,从而促进闽北的陶瓷业得以迅速成长。其所生产的青瓷器直接受龙泉窑影响,生产的青白瓷受景德镇窑影响,如南平茶洋窑,建瓯小松窑、港垱窑,建阳华家山窑、源头窑,浦城大口窑,武夷山五渡桥窑,光泽茅店窑,邵武洪垱窑、四都窑,顺昌河垱窑、谢屯窑等相继效仿。它们的发展兴起于北宋,南宋鼎盛,元代渐渐衰落[1]。

茶洋窑仿烧景德镇窑的产品有唇口碗、花口碗、鼓腹高足碗、斜壁小底斗笠式碗以及杯、盘、碟、执壶、罐、芒口洗等,器物的形制和釉色上与景德镇窑有许多近似之处,但产品之间相互仔细比较,却有较大的差异。

釉。茶洋窑产品中不乏成功之作,如敞口或撇口、小圈足刻划花纹斗笠盏、盖碗等,白中显青,青白中泛水绿。但大多数产品釉色亦不够稳定,有白釉、卵白釉,有的青白中泛灰,类似青灰或灰青的色彩,施釉厚薄不匀,釉面上有的玻璃质感强,釉面莹润或润泽,也有的釉面浑浊。有的施釉不及底,以及器内涩圈等。釉水呈色不如景德镇窑稳定,但少数精品可与景德镇窑相媲美。

胎。大部分器物胎质细腻坚致,但胎色较杂,有白、灰白、浅灰。景德镇窑同类产品胎色较纯、胎体较薄,而茶洋窑产品的胎体就显粗糙及厚重,南宋晚期以后的产品腹下部常遗留修坯的刀痕或跳刀痕。

从装饰工艺分析,景德镇窑北宋时代器内壁流行牡丹、菊花、莲花、飞凤、水波、篦纹图案,采用一边深一边浅的所谓半刀泥刻手法,形象生动,线条流利,形成了独特的装饰技艺。至南宋时期,刻花、划花并存,早期多刻花,中晚期印花。而茶洋窑的刻花刀法不够深刻,技艺较为简单,划花法使用更为普遍,作风随意而草率,印花图案不如景德镇窑致密,图案题材较少。但是,茶洋窑的蜂猴纹饰,景德镇窑则未见[2]。

三、产品的外销

南平茶洋窑青瓷、青白瓷、黑瓷曾销往国外。茶洋窑烧造的陶瓷产品除在本地古遗址、古墓葬有发现和出土外(如南平市城市改造建设中胜利街出土的瓷枕[3]、来舟镇游地北宋壁画墓出土的青白瓷碗[4],王台镇吴坍村北宋墓出土的青白瓷碗、杯、盏(图四)[5],南平大凤店口宋墓出土的黑釉碗[6]等),绝大部分沿闽江东下,与其他窑口瓷器一样远销海外各国。根据文献记载和国外的考古发现,茶洋窑产品的外销,有下列一些地方和例证。

在日本的镰仓海岸、佐贺唐津市的山麓一带发现的菊花纹绿白釉盒子,有美丽的返银现象,胎骨系瓷土烧成,是日本现藏交趾三彩盒的祖型,也被推定为南平茶洋窑的产品。

在印度尼西亚苏拉威西岛出土的印花凤凰枝纹绿白釉盒子,在坯胎表面还施一层白化妆土。类似的产品在南平茶洋窑也有出土。

▲图四 南平王台吴坍北宋墓部分器物

与在苏拉威西岛出土的菊花纹绿褐釉瓷盒子相同的盒子在茶洋窑也有出土。

在印度尼西亚东爪哇出土的白瓷茶碗，施雪白釉以及温柔滋润的乳白釉，口沿施褐色釉，器底转折处带防止烧成粘连的细砂，圈足内亦满釉，经鉴定为南平茶洋窑的产品。

菲律宾出土的铅釉瓷器，几个折边或平整的碟子，有线条型模印的凤凰图案，有的全釉平底，估计产地是中国江南至岭南一带。此种器物与南平茶洋窑产品极相类似。

在菲律宾内湖出土的模印莲瓣纹白瓷碗，也类似南平茶洋窑产品[7]。

四、结语

综述，对茶洋窑的调查研究，以及国外的考古发现和珍藏茶洋窑产品等资料表明，该窑生产的产品种类繁多，品种亦较丰富，且不缺典型器和上乘之作。窑址的烧造年代，本人始终认为创烧于北宋中期，可能还略早一些，南宋鼎盛，元代以后渐衰[8]。清早期有部分窑工后裔继续烧造少量的日用青花瓷器。

制作工艺大致可分为北宋中期到南宋中期，产品制作规范工整，坯胎修饰整洁美观。南宋晚期到元代，可能因追求产品的数量，制作工艺就较为草率、粗糙，器物表面往往留有修坯时的刀痕，但还是有少量的精品出现。在同一类型、纹样的产品中有的施青白釉，有的则施青釉，还有的施黑釉。这也成为该窑的显著特点。茶洋窑的产品无论是本地墓葬出土的，还是在国外遗址发掘出土的，或是他国视为国宝珍藏的，均为中外经济、文化交流，为我国与世界各国的友好往来搭建起桥梁。

回首过去，从历次的考古调查到这次的部分窑址试掘，每次与茶洋窑零距离的接触，均能感受到它的无穷魅力。相信在"一带一路"倡议的引领下，随着时间推移、研究的深入，茶洋窑终将大放异彩。

茶洋窑历次考古调查情况一览表

时间	调查单位	论文名称	刊物	备注
1980	福建省博物馆 南平市文化馆	福建南平宋元窑址调查简报	福建文博 1983 年 1 期	联合调查
1986	北京故宫博物院 福建省博物馆 南平市博物馆			联合调查
1987	南平市博物馆	福建南平茶洋宋元窑址再考察	中国古陶瓷研究 1987 年紫禁城出版社	调查
1989	南平市博物馆张文崟	南平茶洋窑几个问题的探讨	福建文博 1990 年 2 期	调查
1992	建瓯、邵武、浦城等博物馆			联合调查
1993	中国社科院考古研究所 福建省博物馆 南平市博物馆			联合调查
1995–1996	福建省博物馆 南平市博物馆配合	南平茶洋窑 1995—1996 年度发掘简报	福建文博 2000 年 2 期	考古发掘
1998	南平市博物馆张文崟	福建南平茶洋窑的宋代瓷枕	中国古陶瓷研究 1999 年 5 期	调查
2000	南平市博物馆张文崟	南平茶洋窑几次调查报告概述（待刊）		调查
2002	南平市博物馆张文崟	中国古陶瓷标本·茶洋窑（待刊）	岭南美术出版社	调查
2003	南平市博物馆			调查
2005	南平市博物馆			联合调查
2008	南平市博物馆			调查
2017	福建博物院考古研究所 南平市博物馆 延平区文体新局	试掘报告（待刊）		试掘

参考文献

[1] 叶文程、林忠干:《福建陶瓷》,福建人民出版社,1993 年 12 月。

[2] 张文崟:《南平茶洋窑的蜂猴纹碗》,《福建陶瓷与海上丝绸之路——中国古陶瓷学会福建会员大会暨研讨会论文集》,东北师范大学出版社。

[3] 张文崟:《福建南平茶洋窑的宋代瓷枕》,《中国古陶瓷研究》,1995 年 5 期。

[4] 张文崟:《福建南平宋代壁画墓》,《文物》,1998 年 12 期。

[5] 余鹏:《南平王台发现北宋墓》待刊。

[6] 张文崟:《福建南平店口宋墓》,《考古》,1992 年 5 期。

[7] 叶文程、林忠干:《福建陶瓷》,福建人民出版社,1993 年 12 月。

[8] 张文崟:《南平茶洋窑几个问题的探讨》,《福建文博》,1990 年 2 期(闽北专辑)。

(作者系南平市博物馆副研究馆员)

清流县博物馆
青白釉瓷器简述

林文霞

清流古称黄连,宋元符元年(1098)置县,因清溪环绕,碧水萦回,故名。

清流县位于福建省的西北部,东与永安市毗邻,南与连城县交界,西与长汀县相接,西北与宁化县相邻,东北与明溪县接壤。县域位于闽江上游,主要河流九龙溪上接宁化翠江,下启永安沙溪,由西北往东南,蜿蜒纵跨全境,成为宁化、长汀等客家人聚居地通往省会福州的交通要道。

由于战乱、灾荒等诸多因素,大举南迁的北方中原汉人,几经辗转,沿途陆续选择合适之地栖居,清流成为部分中原汉人的客迁聚居之地。他们带来先进的生产技术和发达的文化,推动了手工业发展。清流人用辛勤的劳动,创造了自己的文明。

清流县博物馆馆藏的宋元瓷器藏品,数量较多,艺术风格简约古朴。本文主要选取馆藏青白釉(部分釉色呈现青黄或青灰色釉)瓷器精品,对清流宋元青白釉瓷器的造型和文物特征等做简要的说明。

1.宋青白釉堆贴龙虎人物纹带盖魂瓶

图 1–1,通高 40 厘米,口径 8 厘米,腹径 11.8 厘米,底径 7.5 厘米,质量 2.157 千克;图 1–2,通高 40 厘米,口径 8 厘米,腹径 11.9 厘米,底径 6.8 厘米,质量 1.926 克。两瓶盖呈多层塔刹状,顶部饰一朵含苞的莲花,盖内露胎,子口,瓶

▲图1-1   ▲图1-2

▲图2-1   ▲图2-2

洗口,直唇微束,细长颈,斜肩,凸翘沿一周,直腹下收,圈足外撇。图1-1颈上部堆贴一条张牙舞爪龙纹,图1-2堆贴一虎纹,周围缀饰螺旋状流云,流云之间堆贴一圆珠如太阳(另一如月亮)。两瓶颈肩处堆贴十二立人,通体施青白釉,腹部釉面厚薄不匀,开小片纹,足跟露胎,胎粗糙,灰白,坚致,厚重。此类盖瓶俗称魂瓶,又称皈依瓶,出土时往往成对出现,各堆贴一龙一虎,故又称龙虎瓶。作为明器,其多出现在宋元时期的墓葬里,在福建省闽北地区和江西尤为多见。除上述器身装饰,还见有在瓶盖顶部堆塑展翅立鸟,颈肩部位贴有龟、蛇、鸡、犬等动物形象,还伴随出土有四神俑、伏听俑、仪鱼俑等。根据出土实物资料观察,宋代的造型一般比较矮小瘦长,到元代以后的器身逐渐加高加大,通高可达1.2米以上,堆贴装饰也更加繁复立体。入明以后,此类盖瓶极少见。

考古发掘资料表明,有的魂瓶内装有谷物类粮食,可见此类盖瓶亦兼有谷仓功能。此两件魂瓶盖钮装饰的莲花为佛教的圣花,可见其融入了佛教信仰;谷仓反映古人视死如生的观念,体现了儒家尊祖敬宗的孝道精神;在堆贴的纹饰中,如日月、四神、十二生肖,及各种俑类明显带有浓厚的道教色彩。这表明了在南宋到元代儒、释、道三教已经进一步融合。通过魂瓶的装饰特征和随葬习俗,也可看到宋元时期宗教历史痕迹及其对民间丧葬风俗的深远影响。

2.元青黄釉瓷皈依瓶

图2-1,口径10厘米,腹径8.9厘米,底径11厘米,高25厘米,质量0.442千克;图2-2,口径5厘米,腹径8.9厘米,底径6.1厘米,高25厘米,质量0.35千克。两瓶盂口内敛,长颈上部堆贴一蟠龙和太阳纹,颈下周贴6个立人;溜肩,鼓腹,斜收,通体施青黄釉,釉厚薄不匀,开细片纹,圈足外撇,器内与近底以下露胎,胎灰白粗糙。

3.宋青黄釉硬山顶谷仓

图3,谷仓通高18.3厘米,口径11.5厘米,腹径11.6厘米,底径7厘米,质量864克。谷仓顶部呈屋顶状,双面斜坡,屋脊两头微翘。器身呈圆筒形,正面开一长方仓口,周边堆贴6个半圆形条状装饰带,通体施青黄釉,釉厚薄不匀,圈足以下露胎,胎质粗糙,坚实厚重。

▲图 3

▲图 4

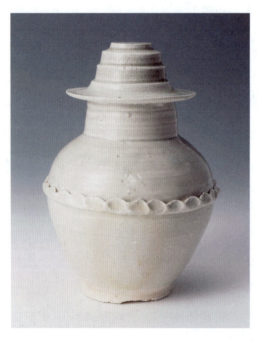

▲图 5

▲图 6

4.宋青黄釉带盖谷仓

图4，谷仓通高30厘米，口径38.5厘米，腹径16.9厘米，底径8.2厘米，质量1.819千克。该器物盖与器身相粘连，盖钮呈大宝珠状，下承圆形台座，盖面呈斜坡状，对称堆贴4条瓦当形纵脊，下堆贴1周波纹装饰带，器身丰肩，鼓腹下渐收，肩贴波纹带一周，腹壁堆贴5道竖条纹，腹正中在2道竖条纹间开一长方形仓口，口上下各贴1个半圆形条框，框上加贴6个小圆点，通体施青黄釉，釉匀净润泽，圈足以下露胎，胎灰白坚致。

5.宋青白釉堆贴波纹盖罐

图5，通高21.5厘米，口径7.5厘米，腹径15.1厘米，底径8.2厘米，质量872克。该器物盖沿微磕损、冲口，盖圆形呈4层台面，由下至上渐收，平顶盖沿微翘，盖内露胎，子口，内凹，罐身直口，筒形，溜肩，鼓腹下收，腹中堆贴一周波纹带，通体施青白釉，近底以下露胎，圈足，平底，胎灰白坚实，修胎粗糙，装饰简朴大方。

6.宋青黄釉堆贴波纹盖罐

图6，盖罐通高35厘米，口径12厘米，腹径26厘米，底径12厘米，质量3.918千克。该器物蕈形盖钮，盖面呈坡状拱起，堆贴2周同心圆装饰带，带沿分别饰5个起翘花边，如同2片风动的荷叶，罐身双唇口，里高外低，弧形肩，肩腹间堆贴水波纹1周，腹上鼓、下渐收，腹下凸贴一周装饰带，平底满釉，通体施青黄釉，釉水厚薄不匀，器表布满螺旋痕，胎质灰白，粗糙坚硬。

7.宋青白釉双耳三足炉

图7，通高9.3厘米，口径8.3厘米，腹围27厘米，底径8厘米，质量209克。该器物一耳粘结，基本完整，炉筒形，直口，口面凹槽，上竖立双方框耳，平底露胎，下承三弯足，足沿向外卷翘，通体施青白釉，釉均匀开细片纹，器物内与外底带螺旋纹，一耳断接。

8.宋青白釉点彩瓶

图8，通高11.5厘米，口径5.5厘米，腹围25厘米，底径5厘米，质量135克。该器物磨损，腹底磕裂，基本完整，广口，方唇，颈部微束下斜，中饰弦纹1周，垂腹内收，圆饼足，颈腹间分别饰7组褐色彩点，器内无釉，通体施青白釉，釉开细片纹，局部利落，近底部以下露胎，胎粗糙坚实。

▲图 7

▲图 8

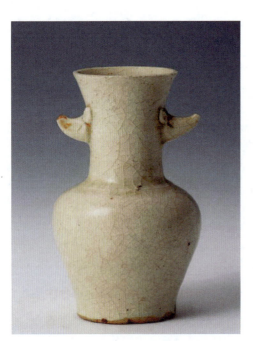

▲图 9-1

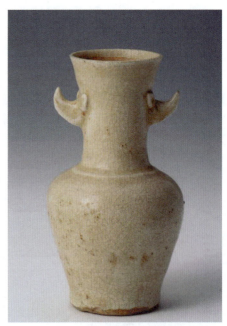

▲图 9-2

9.宋青白釉双兽耳瓶

图9-1,通高11厘米,口径4厘米,腹围18.7厘米,底径3.8厘米,具体质量111克。图9-2,通高11厘米,口径3.8厘米,腹围19厘米,底径4厘米,质量121克。该器物釉面磨损,底窑粘,基本完整,敞口,长颈微束,颈间贴饰双兽首状尖耳,斜肩,腹上鼓、下斜收,近底微束,通体施青白釉,釉白中闪黄,器内无釉,釉开小片纹,底沿外削1圈,平底露胎,胎粗糙坚实。

10.宋青白釉盘口执壶

图10,通高14.3厘米,口径6厘米,腹径9.2厘米,底径5厘米,质量345克。该器物盘口微侈,圆口,短束颈,丰肩鼓腹下收,实心饼足,肩附长流,颈肩附双条状錾,口部及腹下施青白釉,釉均匀开鱼子片纹,器内及近底以下露胎,胎质灰白坚致,造型简朴、典雅,器型完整,为宋代晚期常见。

11.宋青白釉托杯

图11,杯口径8.5厘米,高5.5厘米,底径4.9厘米,托盘口径10厘米,底径4厘米,高2.5厘米,质量266.5克。该器物口沿磕损,土蚀,基本完整,整体由杯与托盘组成。杯敞口,圆唇,深腹斜收,内壁带螺旋痕,外壁间饰3周双弦纹,大圈足,托盘圆唇,宽平沿,坦腹,内折,浅圈足,托杯通体施青白釉,釉水肥厚不匀,开小片纹,釉层局部剥落,近底以下露胎,胎质灰白厚实,修胎粗糙。托杯制作欠精致,但器型与托盏不同,在宋代实为少见。

12.宋青白釉盏托

图12,盏托通高7厘米,口径5.7厘米,腹径11.1厘米,底径5.2厘米,质量252克。该器物盏托呈五瓣花口浅盘形,中心凸起杯状承盏座,深圈足,足底露胎,通体施青灰釉,修胎粗糙,带螺旋痕,破损粘补,窑裂,釉青中闪灰,匀净润泽,胎质灰白坚致。

13.宋影青白釉划花婴戏瓷碗

图13,通高6厘米,口径19.2厘米,底径5.7厘米,质量183克。该器物釉面磨损,口沿窑粘,基本完整,敞口,口沿露胎(原有镶银边,已脱落),斜壁下收,浅圈足,内壁划刻双婴于花卉间追逐戏耍,内心波涛翻滚,线条洗练,生动有力,构

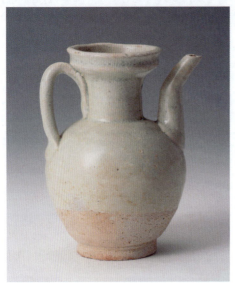

▲图 10

▲图 11

▲图 12

▲图 13

▲图 14

图饱满,富有生活情趣,通体施青白釉,釉色白中闪青,莹润均匀,修胎规整,胎较薄,洁白坚致,为民窑精品。

14.宋青釉坐猴

图 14,宋青釉生肖瓷猴,通高 7.7 厘米,通宽 3.2 厘米,通长 6 厘米,质量 182 克。该器物釉面磨损,土蚀,猴凸额、大耳、鼓腮、尖颏、凹眼、凸睛、隆鼻、阔嘴、前臂抱握膝前,弯腿曲膝,脚掌前伸,长尾高翘,蹲坐长方座上,神情怡然自得、憨态可掬,十分逗趣,通体施青釉,釉面开小片纹,带玻璃质感,底面露胎,胎质粗糙坚硬。

清流在宋代经济发达,留下了同时代的众多遗物,但是在此前的历次文物普查中,早期的瓷窑址均未发现,说明以前的清流主要是转运、销售并使用周边各县的陶瓷器。以上介绍的清流县博物馆馆藏宋元瓷器多数来源于个人捐献和民间征集,有关清流古代陶瓷生产和销售的情况尚不清晰,有待于日后的深入研究。

(作者单位:清流县博物馆)

福建仙游游洋窑的青白瓷简述及其年代探讨

茅玉香

游洋窑地处福建省仙游县游洋镇梧椿村东山南坡。近年来，村民在基建过程中陆续挖到古代瓷片和窑具。仙游县博物馆极为重视，多次派员前往调查，采集到各种瓷器标本，丰富了馆藏，并整理发表了调查报告[1]。该窑址面积达 5~6 万平方米，地表上散布有大量的瓷片标本，并有多处窑炉遗迹出露，保存较好，产品有青瓷、白瓷、青白瓷、黑釉瓷等，独具地方特色。本文仅就游洋窑的青白瓷问题作一初步探讨。

一、窑址概况

窑址地处游洋镇梧椿村当地俗称"东山头"的山坡上。山脚下的小溪流向大漳溪，汇入闽江。游洋镇唐代设镇，宋、元、明时期为兴化县邑，别称古邑县，已有数百年的历史。这里拥有烧造瓷器的得天独厚的条件，燃料、水力资源、瓷土极为丰富。

东山是一座陡峭的高山，南坡延伸出多组平缓的小山坡，窑群就分布在这些山坡上。窑炉依山坡建造，多为东向或东南向。废品堆多达 10 处以上，局部堆积厚达 2 米以上，散布面积约 5~6 万平方米（图一）。有些窑炉保存尚好，窑壁尚存。其中一座窑炉内还保留有大量的完整的匣钵柱，匣钵内尚有未取出的瓷器（图

二、三、四）。在窑址西部约 300 米处有矿坑、炼泥池等遗迹（图五）。总之，这是一处保存完好、遗迹齐全的宋代窑址，有待深入考察、研究。

▲图一 地表散布的瓷片

▲图二 遍地匣钵

▲图三 窑炉遗迹

▲图四 堆积情况

▲图五 瓷土矿

二、青白瓷器的种类

游洋窑青白瓷种类有碗、钵、盘、碟、罐、执壶、杯、托盏、四系罐、五管瓶、长颈瓶、束颈瓶、扑满等,胎质细腻,釉色莹亮,制作规整。

碗

Ⅰ式卷沿,侈口,斜壁,浅腹,矮圈足。采:11,灰白胎,外壁有明显的轮痕,施青白釉,釉不及底,内口沿粘砂,口径 12.2 厘米,底径 4.2 厘米,高 4.2 厘米(图六,1;图十一)。采:12,口径 12.2 厘米,底径 4 厘米,高 4 厘米(图六,2)。采:13,口径 13.2 厘米,底径 5.2 厘米,高 3.6 厘米(图六,3)。

Ⅱ式卷沿,曲壁,深腹,圈足较高,足跟斜尖。采:16,灰白胎,内外施釉,足底

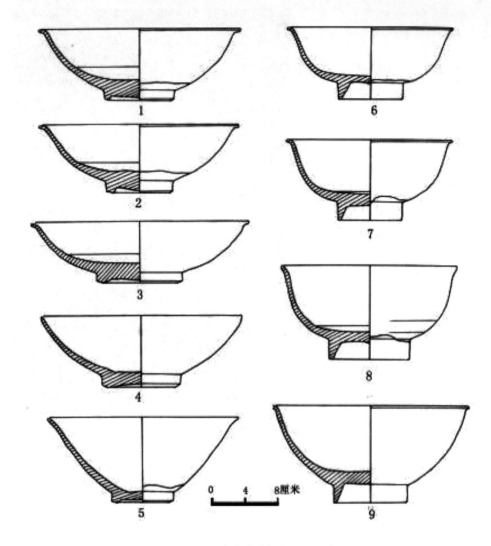

▲图六 青白瓷碗(采:11~19)

露胎呈黄褐色。口径10厘米,底径3.8厘米,高4.2厘米(图六,6)。采:17,釉面有冰裂纹,足墙流釉。口径10厘米,底径3.8厘米,高4.7厘米(图六,7;图十二)。采:18,口径10.6厘米,底径4.8厘米,高5.5厘米(图六,8)。采:19,口径12厘米,底径4.4厘米,高5.7厘米(图六,9)。

Ⅲ式敞口,斜腹,挖足较浅。采:14,口径12.2厘米,底径4.8厘米,高4.2厘米(图六,4)。采:15,口径11.6厘米,底径3.8厘米,高5厘米(图六,5)。

此外,窑址中还采集有各类印花碗、唇口碗(图十三~十六)。

▲图十一 青白瓷碗

▲图十二 青白瓷碗

▲图十三 青白瓷碗

▲图十四 青白瓷碗

▲图十五 青白瓷碗

▲图十六 青白瓷碗

盘

Ⅰ式花口,弧壁,浅腹,平底。采:2444,口径9.8厘米,底径3.6厘米,高3.2厘米(图七,1);采:2442,口径10.4厘米,底径3.8厘米,高3.6厘米(图七,2)

Ⅱ式敞口,弧壁,浅腹,圈足。采:2441,口径11厘米,底径3.9厘米,高4.7厘米(图七,3)。采:2440,口径12.8厘米,底径5.2厘米,高4.3厘米(图七,4)。采:

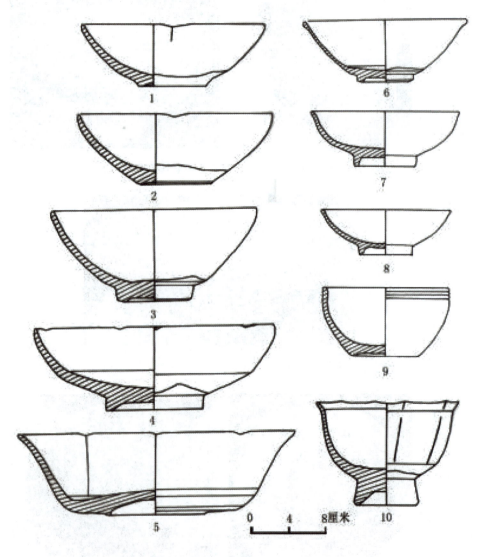

▲图七 青白瓷盘、钵、杯

1-8.盘(采:2444、2442、2441、2440、2446、28、29、30)

9.钵(采:32) 10.杯(采:2436)

28,釉层稍厚,口径 17.6 厘米,底径 6 厘米,高 6.5 厘米(图七,6)。采:29,灰白胎,施青白釉,口径 10.6 厘米,底径 6.6 厘米,高 5.6 厘米(图七,7)。采:30,与上件略同,口径 14 厘米,底径 5.6 厘米,高 4.6 厘米(图七,8)。

Ⅲ式敞口外侈,折腹,凸底,卧足。采:2446,花口,白胎,内外施青白釉,足内露胎,口径 16.4 厘米,底径 5.8 厘米,高 4.6 厘米(图七,5)。

Ⅳ式卷沿,折腹,平底。采:31,灰白胎,施青釉,盘心模印菊梅纹,口径 15.2 厘米,底径 4.9 厘米,高 2.8 厘米(图十七)。

钵

Ⅰ式采:32,圆唇,直口,弧腹,平底,挖足较浅,外口沿饰有数道弦纹,灰白胎,施青白釉,釉面莹亮,有冰裂纹,足内露胎,口径 13.6 厘米,底径 7.2 厘米,高 7 厘米(图七,9)。

Ⅱ式采:1000,造型似匣钵,直口,折腹,平底,胎壁厚重,通体施釉,内施青白釉,外施青釉,釉面有冰裂纹,口径 15.7 厘米,底径 9.2 厘米,高 11 厘米(图三十九)。

杯

Ⅰ式敞口,弧壁,小圈足。采:33,灰胎,施灰白釉,口径 7.8 厘米,底径 3.3 厘米,高 5.2 厘米(图八,1)。采:34,釉面生烧,口径 7 厘米,底径 3 厘米,高 5.4 厘米(图八,2;图十八)。

图十七 印花碟 ▶

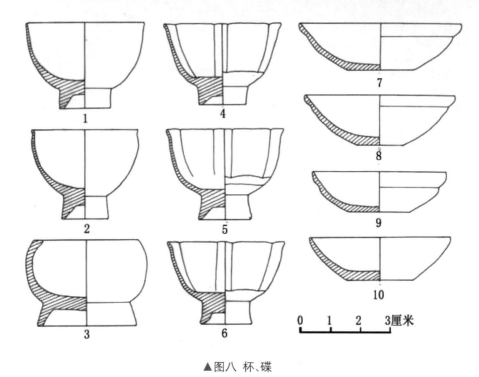

▲图八　杯、碟

1—6.杯(采:33—38) 7—10.碟(39—42)

Ⅱ式束口,扁圆腹,大圈足,采:35,平沿,内外施灰釉,口径 6.9 厘米,底径 6.5 厘米,高 5.2 厘米(图八,3)。

Ⅲ式五瓣花口,斜直壁,圈足,采:36,外壁压印有五道瓜棱形,挖足较浅。口径 7.6 厘米,底径 3 厘米,高 4.9 厘米(图八,4;图十九)。采:37,口径 7.6 厘米,底径 3.4 厘米,高 5.5 厘米(图八,5;图二十)。采:38,灰胎,烧成温度较低,口径 7.6 厘米,底径 3.2 厘米,高 5 厘米(图八,6;图二十一)。采:2436,口径 7.6 厘米,底径 3.4 厘米,高 5.3 厘米(图七,10)。

碟

敞口,浅弧腹,平底。采:39,唇口,内外施釉,足部露胎呈红褐色,口径 10.6 厘米,底径 4.4 厘米,高 2.8 厘米(图八,7)。采:40,生烧品,足部露胎,口径 9.8 厘米,底径 3.2 厘米,高 3 厘米(图八,8;图二十二)。采:41,外口沿有一道弦纹,口

▲图十八 青白瓷杯

▲图十九 青白瓷杯

▲图二十 青白瓷杯

▲图二十一 青白瓷杯

▲图二十二 碟

▲图二十三 碟

径8.8厘米,底径2.4厘米,高4厘米(图八,9图二十三)。采:42,口径9.2厘米,底径4.4厘米,高2.6厘米(图八,10)。

执壶

均为较大型瓷器,高在30厘米以上,敞口,长束颈,曲流,单把(图二十四~二十六)。采:43,仅余口部,颈部饰有两道弦纹,口径9.5厘米,残高9.2厘米(图九,1)。采:44,仅余腹、底部,圈足,底径7厘米,残高10.5厘米(图九,2)。采:45,卷外沿外翻,颈部饰有弦纹,肩部贴附一对桥形系,灰白胎,施青白釉,口径13.6厘米,残高13.4厘米(图九,4)。采:46,腹部呈瓜棱状,底径4.4厘米,残高12.8厘米(图九,5)。

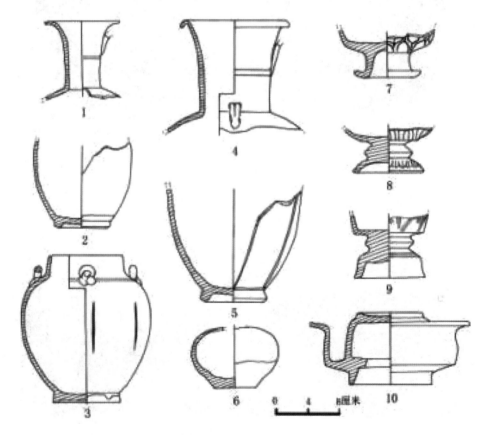

▲图九 执壶、四系罐、扑满、豆、盏托

1.2.4.5.执壶(采:43-46) 3.四系罐(采:47)
6.扑满(采:48) 7.8.9.炉(采:49、50、51) 10.盏托(采:52)

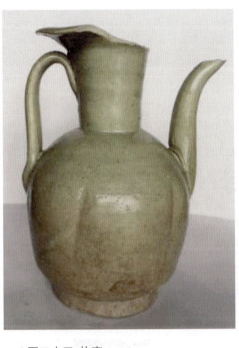

▲图二十四 执壶

▲图二十五 执壶

▲图十六 执壶

▲图二十七 四系罐

▲图二十八 豆

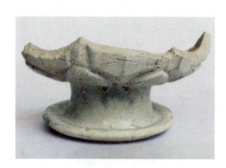

▲图二十九 豆

▲图三十 盏托

采:103,把手、流已残,束颈,垂鼓腹,圈足,白胎,施青白釉,釉面莹润,颈部有两道凹弦纹,口径 4 厘米,底径 9.5 厘米(图三十八)。

四系罐

微束口,短颈,深腹,圈足,挖足较浅。采:47,肩部饰有两道弦纹,贴附对称四系,外腹部呈瓜棱形,灰胎,施青釉,胎釉结合良好,口径 9.2 厘米,底径 8.4 厘米,高 18 厘米(图九,3;图二十七)。

扑满

采:48,扁圆形,平底,灰胎,施青白釉,底径 5.7 厘米,高 7.4 厘米(图九,6)。

炉

均余器底,器壁厚重,外刻莲瓣纹。采:49,折腹,平底,高圈足,足底外卷,外壁刻有重瓣仰莲纹。底径 8.4 厘米,残高 5.8 厘米(图九,7;图二十八)。采:50,浅弧腹,喇叭形足,竹节状豆把,底径 8.8 厘米,残高 5.5 厘米(图九,8;图二十九)。采:51,折腹,平底,高圈足,底径 7.6 厘米,残高 8.8 厘米(图九,9)。

盏托

采:52,卷沿,折腹,圈足,中心置一盏台,灰白胎,施青釉,釉面有冰裂纹,口径 10 厘米,底径 5.2 厘米,高 4.4 厘米(图九,10)。采:56,五瓣花口,宽平沿,沿面模印缠枝花卉纹(图三十)。

器盖

子母口,弧壁,平顶,盖面中心贴附钮系。采:2447,圆饼钮,盖面饰有数道弦纹,口径 7.4 厘米,外沿 10.4 厘米,高 4 厘米(图十,1)。采:2449,盖顶贴附绳索状

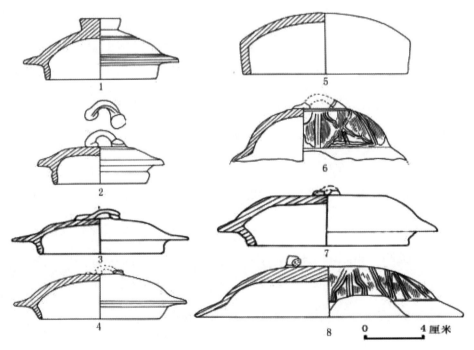

▲图十 出土器盖

1-8(采:2447、2449、53、2448、2439、2443、54、55)

▲图三十一 器盖　　　　　　▲图三十二 器盖

▲图三十三 器盖　　　　　　▲图三十四 器盖

钮,口径 6.2 厘米,外沿 8.4 厘米,高 3.5 厘米(图十,2;图三十一)。采:53,子口,盖顶饰有两圈弦纹,贴附一桥形钮。灰胎,盖面施青釉、器内露胎,口径 8.4 厘米,高 3.8 厘米(图十,3;图三十二)。采:2448,钮残,口径 8 厘米,外沿 11.6 厘米,高 2.9 厘米(图十,4;图三十三)。采:2439,直口,圆弧形盖面,口径 11 厘米,高 4 厘米(图十,5)。采:2443,盖面刻划莲瓣纹,口径 9.6 厘米,高 4.9 厘米(图十,6;图三十四)。采:54,与上件近似,钮已残,口径 5.2 厘米,高 2.2 厘米(图十,7)。采:55,盖面刻划莲瓣纹,口径 12 厘米,高 2.7 厘米(图十,8)。

五管瓶

从窑炉的匣钵柱中取出。圆口,唇缘外翻,短直颈,宽斜肩,腹下微敛,圈足,肩上立有 5 个细直圆管,管内中空,与腹相通,腹壁削刻重瓣仰莲纹,灰白胎,施青白釉,足底露胎,釉面有冰裂纹,釉厚处呈青绿色,口径 5 厘米,底径 8 厘

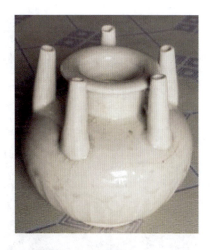

▲图三十五 五管瓶

▲图三十六 束颈瓶

▲图三十七 长颈瓶

米,高 15 厘米(图三十五)。此种肩上竖立数个圆管的瓷瓶,是两宋时期龙泉地区常见的一种生活用品,其用途有烛台、花插或类似"谷仓"之说,也在窖藏和沉船中发现。

束颈瓶

卷沿外翻,束颈,深腹,圈足。采:101,灰胎,施灰白釉,釉面有冰裂纹,肩颈部饰有 2 道凹弦纹,口径 5.6 厘米,底径 9.5 厘米,高 24.9 厘米(图三十六)。

▲图三十八 执壶

▲图三十九 钵

▲图四十 刻划纪年铭文素胎瓷碾

长颈瓶

束口,长颈,圆鼓腹,圈足,外腹部作瓜棱状,灰白胎,施青白釉,釉层较厚,口径 4 厘米,底径 9.6 厘米,高 24.4 厘米(图三十七)。

三、游洋窑生产年代

(一)游洋窑未见史料记载和文物部门调查登记,因此属于考古新发现。从采集的标本分析,产品的造型、纹饰、胎釉明显受同安汀溪窑系、德化窑系、湖田窑系、龙泉窑系的风格与影响。如主要产品青釉碗,装饰技法多样,有刻花、印花和划花,纹饰有直线纹、篦点纹、卷草纹和菊瓣纹等多种。外刻直线,内刻划卷草,花卉间饰篦梳、篦点纹,其造型、纹饰与同安汀溪窑如出一辙,就是日本出土的"珠光青瓷",应属于南宋时期。[2]

(二)窑址中出土的五管插瓶,肩上竖立 5 个圆管,是北宋中晚期至南宋时期龙泉地区常见的一种生活用品,显然是受龙泉窑的影响。[3]从整体面貌看,游洋窑址年代应属南宋时期。

(三)近期当地文物工作者在田野调查中,采集到一件素胎瓷碾,在器物底部刻有"时嘉定年四岁在壬申九月圆日记耳"(图四十)。楷书,竖写 4 行,共 15 字。嘉定是南宋皇帝宋宁宗的最后一个年号,嘉定四年即 1211 年。这件刻铭瓷器,是难得的资料,对于探讨游洋窑的生产年代有重要的参考价值。

参考文献

[1] 仙游县博物馆:《福建仙游县游洋宋代窑址调查简报》,《福建文博》,2017年 1 期。

[2] 陈万里:《调查闽南古窑址小记》,《文物参考资料》,1957 年 9 期;《厦门同安汀溪窑发掘》,《福建省文物志》,方志出版社,2002 年 9 月。

[3] 闪淑华:《北宋龙泉窑五管瓶》,《收藏家》,2011 年 4 期。

(作者单位:福建省仙游县博物馆)

仙游县宋元古窑址略考

林志斌　岳文杰

20世纪50年代陈万里先生到福建同安考察时，将宋元时期与汀溪窑风格类似的仿龙泉青釉刻划花间篦点、篦线纹的福建窑统称为"同安窑系"，也亦是收藏界所说的"土龙泉"。其实其应该归属于青白瓷。

"土龙泉"概念既有别于龙泉当地大窑、金村、溪口、竹口等窑的产品，也区别于庆元、云和、遂昌等外围龙泉窑的青瓷。根据目前已知的江西景德镇、福建同安汀溪等地的仿龙泉窑址发掘报告，同安汀溪窑系列有浦城窑、建阳窑、莆田窑、仙游窑、南安窑和漳浦窑等，受到浙江龙泉窑的影响，产品工艺特征大同小异。其胎骨呈灰白、浅灰，乃至青灰色，质地比较坚硬，釉层较薄，一般玻璃质感较强，有光泽，胎釉结合紧密，有的厚薄不匀或釉水垂流，釉面开细小冰裂纹，也有少量不透明的，釉呈青黄、黄绿和青灰色，也有少量青绿莹润的釉层略厚，莹润如粉青、梅子青的一类，与近年来青白瓷的概念有所契合。因此，我们认为"土龙泉"，应该归属于"青白瓷"。

仙游地处木兰溪中、上游，东与莆田城区相邻，西与永春、德化相接，南与泉港、南安、洛江相连，北与永泰相靠，东南濒临湄洲湾，紧临天然良港秀屿港、肖厝港。仙游县地处戴云山脉东坡，境内以中、低山及丘陵为主，盆地、河谷错杂其间，有着同德化、永春一样的丰富瓷土矿资源，发源于西苑的木兰溪为制瓷业提供了丰沛的水源,境内森林覆盖率达到 80% 以上,为生产瓷器提供了资源保证。

4000 年前,仙游就有先民从事手工制陶业。仙游的园庄土楼村溪尾山上,曾采集到刻划纹、网纹、方格纹的软陶壶、陶罐等,经考证为新石器时代晚期遗址。榜头后坂村、钟山鸣和村、龙华灯塔村、大济坑北村、游洋梧椿村、度尾钟峰村等地均采集到各种纹饰的各种陶片,被鉴定为商周时遗址。宋元时期,仙游制瓷业已达一定规模,多处宋元古窑址可以充分证明。当时器形以碗、盘、杯、洗、碟、罐等日用器皿为大宗,与同时代的龙泉窑、景德镇窑等名窑相比,产品质量尚欠精致,工艺简便、粗率,规模较小。其一方面满足县内居民的日常使用,另一方面用于出口。

仙游县境内约有宋元时期古窑址 7 处,包括龙华新塔窑、赖店古洋窑、度尾潭边窑、云居破碗窑、鲤南圣山村窑、园庄九龙山窑、游洋梧椿东山古窑等。其中以度尾潭边窑的质量最优,度尾云居破碗窑的规模最大。各处窑址堆积范围5000 多平方米,堆积层厚达 3～6 米。度尾云居破碗窑的南山坡断崖暴露一座窑基遗迹,斜度 30°,残长 10 米多,堆满各种青瓷碗片和大量残器,堆积层厚达 5米多,上下层的器形变化不甚明显。采集标本主要有碗、洗、碟、盅、盖、罐、炉、器盖、印模、匣钵、垫柱、垫饼等。

一、古窑址概况

1.龙华新塔窑址

位于龙华镇新塔村东南约 1 公里的山坡上,窑址规模不大,烧窑时间不长。从其散落的瓷土和残器上看,堆积层厚 1～2 米,窑具以匣钵为主,以烧造日用碗、碟类,器皿粗劣,基本无装饰。现场采集标本多为细小瓷片,说明当时以生产小型器物为主。

2.度尾潭边窑址

位于木兰溪旁,依山傍水,瓷土资源丰富,窑址残存。《兴化府志》记:"近仙游县万善里潭边有青瓷器,烧造器皿颇佳……"从其残片堆积层看,半个山坡满是残片,一部分残片已埋入土中,器皿以碗为主,偶见碟、炉等,器皿胎骨白色闪青,

▲图1 度尾潭边窑底部

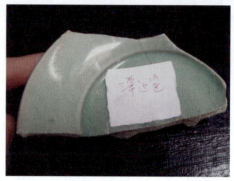

▲图2 度尾潭边窑正面

▲图3 度尾潭边窑正面

▲图4 度尾潭边窑背面刻划图案

▲图5 度尾云居破碗窑背面刻划图案

▲图6 度尾云居破碗窑正面

细嫩坚硬,发色青绿、青白为主,间或青黄色,釉面光滑晶莹、施釉匀称,碗心常有乳突状,少量印有"福"字,器身外刻划工艺精细熟练,花样以莲瓣为主,还有篦

▲图7 度尾云居破碗窑刻划花图案

▲图8 度尾云居破碗窑底部

▲图9 度尾云居破碗窑器型丰富多样

▲图10 度尾云居破碗窑釉面

▲图11 度尾云居破碗窑刻划花图案

▲图12 莆田庄边窑

点、双鱼、几何形等纹样,但量不大,胎体厚重,修足如龙泉窑。现场采集发现了一种比较少见的平底洗。(图1-4)

▲图 13 莆田庄边窑底部

▲图 14 度尾云居破碗窑采集的青花瓷片

3.云居破碗窑址

位于度尾镇,当地居民称有九十九窑。窑址及残片遍布整个山包,山体不大,高度仅为十几米,但却是整个仙游县境内规模最大的一个窑址。其工艺制作方法受景德镇湖田窑、北方定窑等的影响,大部分使用垫饼支烧,釉水青中闪黄,釉水虽薄却阔,同定窑、湖田窑类似。(图 5-11、14)

4.赖店古洋窑址

位于古洋水库旁,现场发现、采集到了大量精美瓷器标本和匣钵,并发现一些明代仿龙泉青瓷标本。其胎骨厚重,最厚度处有 10 厘米,釉面肥厚,施釉处玉质感强,为多次上釉,器形有碗、碟、盆,也有档次较高的炉。从本次采集的青花瓷片来看,胎骨为古洋本地瓷土,釉面类似德化青花,说明当时仙游的烧瓷技术已经与德化同步。本次发现填补了仙游县烧造青花瓷的历史空白。现场采集标本未发现等级较高的炉制品,推测当时可能只生产青花民用瓷器。

5.游洋梧椿东山窑址

2016 年采集了大量精美的青瓷片,规格等级较高,有茶盏、茶托、执壶、灯盏、盘口罐,其中还有花纹精美的莲花瓣纹瓷器。

此外还有鲤南圣山村窑址、园庄九龙山窑址等,由于瓷片采集不足,这里不作细述。

二、制作工艺

1.仙游县窑址烧造工艺

潭边窑、破碗窑、古洋窑烧造工艺基本相似,采用仰烧和涩圈叠装正烧的装烧方法。烧造粗青瓷为主,胎粗质坚,色泽青闪灰、青泛黄和灰白色等。在采集的陶瓷器标本中,变形、裂纹、气孔、泛黄、粘釉、起泡、火刺和脱釉等现象比较严重。其中以破碗窑、潭边窑的质量为佳,几可与龙泉窑媲美。

2.施釉技术

一般采用一次性蘸釉方法,器皿底足普遍露胎;也有采用荡釉方法,故出现挂釉不匀的现象。通过采集到的标本可推测破碗窑、潭边窑质量上乘者也采用二次蘸釉方法,釉面肥厚,玉质感强。除潭边溪口碗窑外,碗边窑、云居窑和古洋窑的瓷器,胎体坚厚,含有少量的细砂,质量明显粗糙而厚重,多呈灰色、青黄色和灰白色,釉层厚,有青灰、青黄、淡青等多种,器物多施半釉,釉层厚薄欠均匀,个别器物全部或局部冰裂开片。(图1)

3.器型装饰

器形以小件的实用器具为主,采集标本有规格比较高的水滴、水洗、高足杯。装饰有刻花、划花、印花,其中以刻划花常见。划花线条简单自如,用简单数笔勾勒出花草画面,碗碟多见随意划出篦点纹、莲瓣纹装饰及几何形双鱼图案,装饰粗率,布局疏朗,碗盘外壁腹周边常见明显轮旋痕迹,挖足多草率。其中潭边窑、云居破碗窑、古洋窑产品多见刻划花,装饰粗糙,布局简单,纹样有莲瓣、牡丹、篦点纹、线条纹,以及几何形图案等。器型富于变化,每一类器物都有多式造型,碗有敞口、直口、折沿、侈口等,腹部深浅不同,底足有高低之分,碗壁有弧、直、斜等不同形制。

三、烧造年代

仙游古窑址据田野调查,初步认定其宋元达到高峰。据宋黄岩孙撰《仙谿志·货殖》载:"磁,白磁器出仁德里。"宋"仁德里"现为龙华、度尾二镇。弘治《兴化府志·卷十二·货殖》载："瓷器……近仙游县万善里潭边有青瓷器,烧造器皿颇佳……"明万善里,即今度尾和大济两镇。潭边溪口碗窑埠所采集的青瓷器皿中,胎骨白色,坚薄细嫩,釉面光滑晶莹,刻划花工艺精细,烧造技术高,完全称得上"烧造器皿颇佳"。

根据度尾潭边窑、云居破碗窑、古洋窑出土大量漏斗形匣钵和垫饼,且所烧制的瓷器以青灰釉为主,釉质颗粒粗,釉层带沙眼不匀,烧制火度不高,胎骨厚重等,可推断这三处窑址的烧造年代应在北宋晚期至南宋早期。

综上所述,仙游古窑址宋元为高峰期,明清走向衰落。产品主要仿浙江龙泉窑,胎质相对更坚挺,这主要取决于仙游县境内丰富的瓷土资源。

(作者单位:仙游县博物馆)

浅谈德化窑青白瓷的时代特征与外销

陈丽芳

德化窑，因位于福建省中部、著名的东亚文化之都——泉州西北部的德化县而得名。德化县东邻永泰县、仙游县，南接永春县，西连大田县，北毗尤溪县，30万人口，以汉族为主，有畲、回、壮、满、高山等11个少数民族。

德化窑是中国南方重要的民窑之一，制瓷历史悠久，工艺精湛，久负盛名。德化与江西景德镇、湖南醴陵并称为三大古瓷都，有数千年的制瓷历史，窑火不熄，陶瓷文化传承千年，其独特的艺术成就在中国乃至世界瓷坛上拥有重要的地位和影响，深受世人喜爱。

宋元时期，随着"东方第一大港"——泉州港的崛起，德化瓷成为"海上丝绸之路"的重要输出品，瓷业应运崛起，是中国陶瓷走向世界的一面旗帜，成为后人追随的——"丝路使者"。

宋代人们对玉器极其崇尚，热衷寻找那种雨过天晴的清新明快的感觉。正是这样的社会形态，渗透到生活的方方面面，潜移默化地影响着世人对瓷器的追求。为迎合时代审美需求，北宋的白瓷逐渐向南宋的青白瓷发展。

青白瓷，覆于坯体上的是介于青、白二色之间的一种釉色，由含铁量低于1%的釉料在1200摄氏度高温还原焰中烧制而成，白度达70%。其特点是胎薄质坚，釉色青中泛白、白中闪青、莹润透亮，具有天然青白玉效果。由于这种瓷器的透光度较好,若仰光透视,其胎上所印、刻花纹可内外影见,又称"影青瓷"。青白釉始见于北宋初期,宋、元两代极为流行。青白瓷一诞生就风靡全国,且远销海外。

一、自然和人文环境得天独厚

德化,山多、水足、矿富。境内群山环绕,森林茂密,"闽中屋脊"——戴云山脉横贯东西,正是大自然的造化为陶瓷生产提供了足够的燃料。境内河流、溪流纵横,以闽中屋脊戴云山为中心,向四面蜿蜒分流,流入闽江和晋江流域。古代动力设备不是很发达,先民选择小溪、山沟、水道,或人工从河流中筑小渠引水,或利用水流落差冲击水车转动的原理,来加工粉碎瓷土矿。丰富的水力资源,为陶瓷生产提供了动力来源。境内矿藏丰富,已发现的矿藏达 29 种,其中金属矿藏 13 种、非金属矿藏 16 种。境内已发现有 92 处高岭土矿产地、127 个矿点,分布在以观音岐山为主的城关矿带、以金竹坑为主的美湖周边环形带和以桂林为主

▲水车带动水碓粉碎瓷石

的上涌周边环形带,总储量1亿吨以上,遍及全县的18个乡镇。

德化瓷土矿的开采历史悠久,3700多年前的商周时期,三班辽田尖山的先民们已懂得取土烧陶,并逐步尝试了用低矿石做釉,生产早期的原始青瓷,并取得成功。唐代,三班泗滨村和美湖阳田村墓林的先民们已采用高岭土烧制青釉瓷。宋元时期,德化周边的城乡大量开采瓷土矿生产瓷器,并源源不断地从刺桐港外销到"海上丝绸之路"沿线各地。明清时期,瓷土矿的开采规模更大,城乡窑场遍地,烟囱林立,窑烟袅袅。清末民国时期,由于社会动荡,各行各业走向低谷,陶瓷业也不例外,风风雨雨,唯德化瓷仍在国内外的瓷坛上扮演着重要的角色,并赢得世界的赞誉。中华人民共和国成立后,德化的瓷业得到了长足的发展,除充分利用本地开采的矿藏资源,还购买外地瓷矿,与本地矿藏进行拼配寻求最佳配方,为陶瓷生产提供最佳的原材料。

总之,德化境内十分丰富的森林、水力以及瓷土矿藏资源,远远超过其他产区。得天独厚的资源强势,为德化千年瓷都的形成和发展,并奠定世界影响力提供了重要的先决条件。

二、窑址分布与调查

20世纪50年代以来,我国考古事业得到重视,德化窑址的调查,在一批又一批考古工作者的努力下,取得了一次又一次的重大收获。据考古调查,德化窑遗址主要分布在戴云山脉东南坡的低山、丘陵地带。浐溪及其支流碗窑溪自西北向东穿流而过,之后折向东北流入闽江支流大樟溪。宋元窑址主要分布于县城周边的龙浔、浔中、三班、盖德一带,窑址一般选择建在较平缓的山坡上,并且附近有充足的水源。宋元德化窑址发掘的有盖德的碗坪仑窑和城关的屈斗宫窑、祖龙宫窑,反映了当时的烧窑技术水平。

1966年2月文物普查时,在距县城约5公里的盖德乡盖德村的碗坪仑山丘上发现了一处烧造青白瓷的窑址,后定名为"碗坪仑窑"。1976年6月9日至7月16日,福建省博物馆、厦门大学历史系考古专业和德化县文物管理委员会联合组织该遗址的发掘,因堆积年代久远和地理环境的变迁,以及人们生产活动的影响,对窑址产生严重破坏,选择大小不同的3个探方,总发掘面积87.25平方

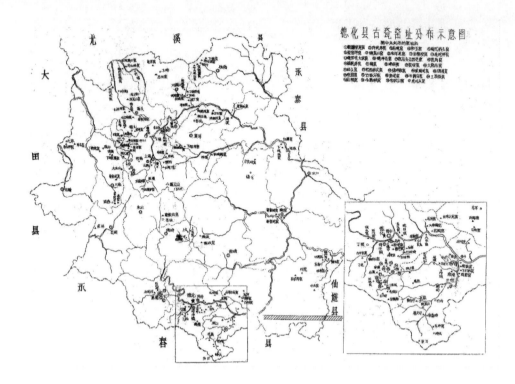

▲德化古窑址分布示意图

米,出土各种瓷器和窑具 1711 件。

碗坪仑窑地层堆积分上、下层,分别代表了两个不同时期的文化层,下层堆积的是北宋白瓷,上层堆积的是南宋青白瓷,这两个文化层的瓷器既有区别又有传承关系。出土的标本主要是日用生活器皿,有碗、盘、碟、洗、瓶、盒、罐、壶、军持等。尤其军持、粉盒、瓶类产品,在古代"海上丝绸之路"沿途的国家和地区均有发现。军持是个音译,学名叫"净瓶",专为东南亚等地的宗教国家生产和营销。2007 年轰动一时的"南海 I 号"沉船,打捞出水的陶瓷器有二分之一以上产自该窑,均为青白瓷。这说明该窑在宋代曾经是一处重要的生产外销瓷的窑址。

1976 年 4 月 25 日至 7 月 26 日,由福建省博物馆、厦门大学历史系考古专业、德化县文物管理委员会等单位联合组织,对坐落于城东浔中镇宝美村破寨山南坡上的屈斗宫窑址进行考古发掘。总揭露面积 1015 平方米,清理出分室龙窑一座,残长 57.1 米,宽 1.4～2.95 米,有 17 间窑室,窑床坡度在 12°～22° 之间。出土不同类型的器物标本 6793 件和 800 多件的窑具,大部分为残件,少部分为完整器。出土的标本有碗、盘、碟、洗、瓶、粉盒、罐、壶、高足杯、军持等。器物皆为白釉和青白釉,胎质洁白、细腻、坚致。白釉细腻温润,有的呈乳白色,已开明代建白瓷之先河;青白釉呈水清色,釉厚处呈淡绿色,光泽感强,清雅美观。有的器物呈色,或灰或黄,或深或浅,色调不匀,此均为在焙烧过程中未烧熟或生烧所造成的败色。

　　屈斗宫窑窑炉遗迹结构较完整,伴随出土的大量瓷器和窑具标本,对德化瓷史的研究,尤其是对德化窑炉的结构、类型及其发展演变进行科学研究,提供了极其重要的资料,具有极为重要的价值和意义。1988 年 3 月,德化屈斗宫窑址被国务院颁布为第三批全国重点文物保护单位;2005 年被列为"十二五"规划的全国 100 个大遗址保护项目。

▲碗坪仑窑窑床后的打破坑与探方内的白瓷残器的堆积情形

▲宋青白釉碗

（德化碗坪仑窑出土）

▲宋青白釉花口碗

（德化碗坪仑窑出土）

▲宋青白釉执壶

（"南海丨号"打捞出水）

▲宋青白釉瓶

（"南海丨号"打捞出水）

◀宋青白釉四系罐

（"南海丨号"打捞出水）

宋青白釉印花军持▶
（德化屈斗宫窑出土）

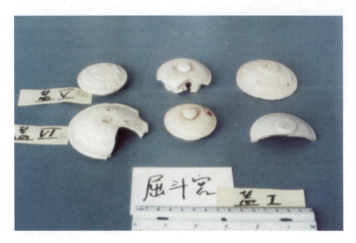

◀宋青白釉器盖
（德化屈斗宫窑出土）

  2004 年 2～4 月，福建博物院文物考古研究所、德化县文物管理委员会办公室和德化陶瓷博物馆联合组织，对位于浔中镇宝美村破寨山东南侧、与屈斗宫窑址相邻的祖龙宫窑址进行考古发掘，发掘面积 200 多平方米，揭露有叠压打破关系的元明窑炉遗迹 3 座。

  出土的器物主要有瓷器、窑具和制瓷工具。瓷器有青白瓷和白瓷。青白瓷器形有铜锣盘、折腰碗、盒、洗、墩子碗等。白瓷器形有碗、盘、杯、盒、洗、瓷雕塑像等。窑具以支圈为主，出土的匣钵和垫座较少，其中有 30 多个凸底匣钵的外底印有阳文反书"丁未年"三字。制瓷工具有模具、轴顶碗和瓷刀等。根据揭露窑炉叠压打破和地层的关系，以及出土的器物判断，上层为明代，中间和下层为元代。

三、崛起的刺桐港赋予机遇

北宋是泉州港承上启下的关键时期。元祐二年(1087),朝廷把福建路市舶司设置在泉州,这是泉州海外交通史上具有划时代意义的重大事件,直接推动了泉州社会各行各业的迅猛发展,奠定了泉州最终成为东南沿海经济重心的基础。

随着宋室的南渡,北方许多著名窑场的能工巧匠纷纷赶赴南方各窑,带来了当时北方先进的制瓷工艺,使江西和福建的制瓷技术迅速发展。景德镇因出产青白釉瓷器而闻名于世,闽南窑场竞相模仿制造,并通过泉州港通达海外,成为当时风靡世界的畅销货,其时瓷的卖价几乎与黄金相等。元承宋制,重视发展对外经济,鼓励海运和国际贸易,促进了手工业发展。历史给德化制瓷业的发展提供了一个良好的机遇。

这一时期,蓬勃发展的德化制瓷业具有以下鲜明特征:

1.窑址数量多,地点分布相对集中

泉州地区发现的宋元窑址共有 74 处,德化独占 42 处,在闽南地区同时期的窑址中首屈一指。

按照窑址分布和彼此之间风格密切程度, 将之大致分为盖德窑群（碗坪仑窑、碗洋坑大坂内窑、碗洋坑大坂外窑、宫后头公田仑窑、后坑垄窑、后垄仔窑）,浔中窑群(边鼓垄窑、东头外窑、风阳陶铸坑窑、初溪窑、后所大草埔窑、祖龙宫窑甲址、拱桥垄窑、公婆山窑、寨后窑、五斗垄窑、后深垵窑、后店仔窑、后窑、石排岭窑、岭兜前欧窑、太平宫窑、庠柄山窑、蜈蜞垄窑、蜈蚣牙窑、屈斗宫窑甲址),三班窑群(窑垄山窑、大垄口窑甲址、大垄口窑乙址、尾林窑甲址、内坂窑、乌鲁坪窑、东坪窑、佳春岭窑、邱尺仔窑、碗窑溪窑、湖枫林窑、碗窑),上涌窑群(潭仔边窑、尾桥下窑),以及杨梅窑群(下仓尾窑、西墓圹窑)。这些宋元窑址出土的器物,大多数是专供外销的产品,远销东北亚、东南亚、印度洋沿岸、阿拉伯地区,以及东非沿岸。

2.重要窑址规模较大,延续时间长

上述 42 处宋元窑址的烧造时间多数超过百年以上, 通过考古发掘信息推

宋伞状支烧具▶
（德化碗窑溪窑出土）

▲宋青白釉刻划水波纹大口碗
（"南海Ⅰ号"打捞出水）

▲宋青白釉刻划菱纹盖碗
（"南海Ⅰ号"打捞出水）

宋青白釉刻划鱼纹碗▶
（德化尾林窑出土）

断,碗坪仑窑和屈斗宫窑有400年左右连续烧窑的历史,而窑垄山窑、尾林窑甲址更跨越了宋元明三个朝代。窑场范围大。以屈斗宫窑为例,该窑出土了6000多件各式器物,产品在日本、东南亚地区等地均有发现。瓷窑规模的扩大,标志着制瓷业利润很大,提供大量的外销瓷,适应海外市场需求。

3.装饰丰富,产品种类多

随着刻花、印花、划花、贴花,以及模印等多种装饰新方法的传入,德化窑的装饰内容丰富多样,水平不断提高,呈现出较强的艺术性。北宋的装饰纹饰多姿多彩,主要有云纹、雷电纹、竹篦纹、牡丹纹、卷草纹、云水纹、团花纹、莲瓣纹、流云纹、莲花纹、菊花纹、兰花纹、马兰花纹、浮萍纹、草花纹、花鸟纹、蜜蜂纹、鱼纹、花心卷草纹、字款纹等。南宋除了沿袭北宋的装饰风格外,在宗教艺术的表现形式上有了新的突破,如荷口瓶、莲瓣碗、军持等,这些器物的装饰都突出荷、莲的宗教艺术意境。元代造型艺术体现在棱角分明,装饰艺术除了体现各种花卉、飞禽外,又出现了"福""寿""金玉满堂""长寿新船"等吉祥语和与佛教有关的"卐""般"等。在各种花卉中以莲花为主要题材,反映了装饰艺术与宗教艺术的有机统一。产品受到海外市场的欢迎。

四、丝路使者

宋元时期是泉州港的辉煌时代,也是德化制瓷业蓬勃发展的大好时期。

20世纪末发现并翻译出版的意大利犹太商人雅各·德安科纳1271年8月25日至1272年2月24日在刺桐的见闻手稿中,多处提到泉州的优质瓷器。他说这里的瓷器,"像玻璃酒壶一样精致。这些是世界上最精美的瓷器……这种货物将会让我发财的",而且只要用200个格罗特就可购买600件精美的碗。当雅各带着大量的泉州瓷器等珍贵的海外畅销物品,离开刺桐返航后,赚取了大笔的财富。[1]摩洛哥人伊本·白图泰在游记中也写道:"中国瓷器则只在刺桐和隋尼克兰(指广州)城制造……这种瓷器运销印度等地区,直至我国马格里布。这是瓷器种类中最美好的。"尽管他们对瓷器的出产地没有明指泉州的具体地方,而通称泉州瓷器,但其中德化窑的产品必定占相当数量。从宋元开始,德化窑外销瓷的生产具有持续性,产品在国际上畅销不衰,延续了几个世纪,像军持、碗、碟、盘、龙瓮等,一直畅销于东南亚市场。

德化窑外销瓷的生产和运销如此兴盛不衰的原因,除了依托刺桐港得天独厚的海外交通条件和海外市场需求扩大对生产的刺激外,还有两个因素:

1.面向海外市场,产品适销对路

宋元时期,广大的东南亚等地区尚不能制造瓷器,其生活水准、生活方式和文化信仰又截然不同,于是面向海外市场成为这一时期德化制瓷业发展的机缘。宋元德化外销瓷生产规模之大、数量之多,已成为此时期东南沿海外销瓷生产的重要基地之一,主要产品种类有军持、盒、瓶、小瓶、小口瓶、飞凤碗、莲瓣碗、墩仔

宋青白釉刻划纹碗▶
(德化碗坪仑窑出土)

宋青白釉莲瓣纹军持▶
(德化碗坪仑窑出土)

式碗、盖壶、罐形壶、钵、弦纹碗、高足杯等。许多器型器物都是专为海外市场的不同需求而设计的。

当时东南亚人"等待中国船舶到来,交换中国船舶所运载来的丝织品、瓷器、铁锅等货物。他们交换的瓷器,随需要的不同而异。惟大多是大盘、大小碗、酒海、小罍、水瓶及储水用的陶瓷、缸等,尤以大盘最被重视。因为东南亚宴会时,没有椅桌,用大盘盛黄姜饭放在地上的席中,看盘的大小,来定食客的多少,四人或八人,席地围坐,以手撮团饭而食。不过这种大盘,多数在头人手中,平民宴会时借用,宴后归还,所以在东南亚各国出土的瓷器,以大盘小碗居多"。为适应当时东南亚人以大碗大盘作为主要餐具的要求,闽南一带的不少瓷窑便设计出各类超大型碗、盘。碗坪仑窑生产的大型海碗,口径在 25~30 厘米之间,大型盘的口径也在 25 厘米以上,为国内各窑所罕见,而这些产品均为这一地区的行业大排档所需生产。

◀印尼雅加达传统大排档
用德化大海碗堆叠

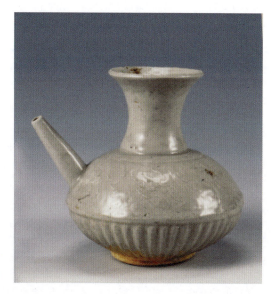

宋青白釉军持▶
（德化碗坪仑窑出土）

　　碗坪仑窑和屈斗宫窑等还生产大量精美的外销陈设瓷，如青白瓷印花盒。陈设瓷是一种高雅的装饰品，一般是供富贵人家使用，市场价位较好，器形以瓶类为主，还有作为包装装饰用的外销瓷盒。宋代外销的印花瓷盒有大有小，有各种不同的用途，早期的市场主要在东南亚菲律宾的马尼拉、印尼的爪哇等，当地人有的用于盛装香料，有的装妇女化妆用品，如敷脸用的粉、画眉用的黛、抹唇用的朱玉等。到南宋中后期至元初，青白瓷盒的外销区域不断扩大，在日本平安时代后期到镰仓时代的经冢中，出土了大量德化碗坪仑窑系的宋代瓷盒，在长崎县、佐贺县、爱媛县、德岛县、山口县、大阪府、京都市、和歌山县、静冈县、长野县、神奈川县、崎玉县等地经冢都有发现，分布很广，可见当时在日本是一种畅销商品。德化的设计师们根据不同的用途，设计出大盒、中盒、小盒、子母盒（大盒之中带3个小盒）等多种器型，在款式上，则有圆式、八角式、瓜棱式等多种，盒盖上的纹饰非常丰富，达100多种。

　　除日用瓷和陈设瓷之外，大量外销的还有宗教用器，特别是军持。军持原是印度佛教僧侣所用的器物，南宋以后，使用范围扩大到伊斯兰教信众中，在东南亚一带有很大的需求量。宋元德化、磁灶诸窑专门设计生产这种特殊的器物。

德化窑生产的军持,纹饰通常为莲瓣、盘龙(螭龙)、芭蕉、水波(云气)等等,其纹饰是根据当地人的喜好而定的,可以看出带有浓郁的宗教色彩。军持上常见莲瓣纹,这是佛教常用的装饰。莲与荷通称,意味着清净高洁。用莲瓣作军持净水瓶的装饰,体现了信徒的虔诚与纯洁。汉代以来,随着佛教的传入,佛教文化中的佛像、菩提、忍冬和莲瓣,后来都成为瓷器上的常见装饰题材,特别是佛座莲盘的莲花,除划纹、印纹外,还有浮雕、堆贴等技法加以装饰,莲瓣有尖有圆,有仰有覆。到了宋代,莲花的寓意更泛,成为美好人格的象征。螭龙与水波等装饰,显示的是"神"与"法"的权威。巴东马来人搜集的"浮雕螭龙"和雅加达博物馆收藏的"饰以浮雕螭龙,且盖绿色之釉,显然为中国输来之器",其造型风格在德化碗坪仑窑也有发现。"芭"古时亦称香草,佛家所用之物。带有芭蕉图案的装饰,既反映了佛教法宝又具有亚热带的地方特色。当东南亚人民崇信伊斯兰教后,阿拉伯文字也很快在军持、瓷盘上出现,既表达了穆斯林的虔诚,也不失为美丽的装饰。在雅加达博物馆收藏有三件德化窑军持,上面有阿拉伯文字。该博物馆还收藏两件书写阿拉伯文字的釉外云彩大盘,文意是赞美真主安拉和先知的颂词。这些均为适应东南亚穆斯林的需要而生产的。这些外来文化因素与中国传统艺术文化紧密结合,是中外经济文化交流的象征。

如上所述,德化窑生产的器物很多是订烧器,专门服务海外市场。由于是根据东南亚市场的需要而设计生产的,因而具有实用性,容易适销对路。像军持这种流行于东南亚的宗教用器,当时的广州西村窑也生产,但其器物高度仅在10厘米左右,不大实用,而德化生产的高度一般在20厘米上下,更为适用,所以行销数量倍增。

2.产品实用,价格低廉,普通人都用得起

物美价廉的商品历来在市场上都具有较强的竞争力。为了生产价廉物美的瓷器,只有力求降低生产成本,提高产品的实用性。德化窑生产的出口瓷器中,有不少精品,如精美的瓷盒,但更多的却是装饰简单大方、胎体厚重的粗瓷,这些粗瓷恰好满足海外一般百姓日常生活所需,而且制作成本低,故能做到价格低廉。马可·波罗在其游记中,夸赞德化瓷器的物美价廉,"大量的瓷器是在城中出售,一个威尼斯银币能买到八个瓷杯"。当年马可·波罗带走的德化白瓷,尚存于威尼斯的圣马可陈列室和意大利博物馆。

北宋中期以后,由于铜钱大量外流而发生钱荒,朝廷严禁金、银、铜等出海外运,瓷器成为出口的主要商品之一,也是商船的理想压舱物。"舶船深阔各数十丈,商人分占贮货,人得数尺许。下以贮物,夜卧其上。货多陶器,大小相套,无少隙地。"适应这种新形势,德化大量生产与出口外销瓷器,其运销范围遍及当时闽商所能抵达的地区。换言之,海外交通开拓到哪里,德化瓷器就输送到哪里。

南宋赵汝适在任职福建路市舶司提举时撰写的《诸蕃志》(1225)和元代汪大渊撰写的《岛夷志略》(1349),不仅是反映宋元海外贸易的重要文献,而且是研究中国古陶瓷外销历史弥足珍贵的文献资料。书中虽然没有记载外销瓷器的具体产地,但从德化发现的 42 处宋元窑址,以及海外分布广泛的德化窑出土文物和传世藏品,足以让人们遥想当年德化瓷外销的盛况。

五、结　语

总而言之,大自然的恩赐、历史变迁中的人文活动,加上有利的国家政策、周边港口的兴起,以及海外市场的需求,共同促进了德化制瓷业的迅速发展。宋元时期,德化陶瓷生产完成了从青瓷、白瓷向青白瓷转变的过程,规模不断扩大,逐步形成德化窑独有的特色。吃苦耐劳的德化人在山海的碰撞与交融中,兼容并蓄,以开放豁达的胸怀不断吸纳不同国家、不同民族、不同习俗、不同宗教信仰的多元文化,深具海洋文明特征——开放性、文化多元性、开拓创新性的陶瓷文化生生不息。诸多因素使古代的德化人选择发展制瓷业为传统产业。随着制瓷业规模的扩大,农瓷并举,这是德化古时许多家庭的生活经营方式。这提高和充实了人们的实际生存空间,这种模式一直传承至今。这些都为德化瓷的长期外销奠定了坚实的基础,使其成为闽南地区最具影响的重要制瓷产地。德化瓷是"海上丝绸之路"历史最久、品种最齐、数量最多、影响最大的陶瓷产区,在中国,乃至世界制瓷史上占有一席之地,承载着整个中华民族的光辉与荣耀。

[1] 曼纽尔·科姆罗夫,陈开俊等译:《马可·波罗游记》第八十二章"泉州港及德化市",福建科学技术出版社 1981 年 。

[2] 福建省博物馆编:《德化窑》,文物出版社,1990 年。

[3] 德化县地方志编纂委员会编纂:《德化陶瓷志》,方志出版社,2004 年。

[4] 德化县地方志编纂委员会编纂:《德化县志》,新华出版社,1992 年。

[5] 乾隆《德化县志》卷四《山川志·货之属·磁器》。

[6] 唐·纳利著,吴龙清译《中国白——福建德化窑》,福建美术出版社,2006 年。

[7] 《德化瓷研究文集》,华星出版社,1993 年。

[8] 宋伯胤:《谈德化窑》,《文物参考资料》,1955 年 4 期。

[9] 轻工业部陶瓷工业科学研究所:《中国的瓷器》(修订本),轻工业出版社,1987 年。

[10] 朱培初:《"中国白"——福建德化瓷器》,《明清陶瓷和世界文化的交流》,轻工业出版社,1984 年。

[11] 朱培初:《明清陶瓷和世界文化的交流》,轻工业出版社,1984 年。

(作者单位:德化县陶瓷博物馆)

简析德化窑宋元时期青白瓷器

连明森

德化，是"世界瓷都"，是中国历史上著名的重要产瓷区之一，早在夏商时期就开始制瓷。宋元时期，这里的瓷器就远销国外，遍及世界各地。它的外销范围非常广，目前发现的有亚洲、非洲和欧洲各地，其中以销往东南亚各国和日本等地为多。这些外销瓷的发现，为研究中国古代海外交通、对外贸易及泉州港的发展具有深远的意义。

德化窑，宋元以来，与浙江龙泉窑齐名。德化又与湖南醴陵、江西景德镇并称为中国三大古瓷都。德化窑的烧造技艺历史悠久，窑业兴盛，产品内涵丰富，工艺技术高超，历来以生产白瓷著称于世；所产白瓷驰名中外，被誉为"中国白"；瓷雕艺术，独树一帜，享有"东方艺术"之誉。

德化瓷器的外销同中国海外交通的发展和海外市场的需求是密切相关的，其产品除了满足国内需求外，大部分是为专供外销而烧制，由此而形成自己的艺术特色。德化窑是"海上丝绸之路"重要输出商品的主要产地。本文拟在有关考古发现和历史文献记载等资料的基础上，对德化窑宋元时代青白瓷器的贸易情况、艺术特色进行浅析。

▲图1 海上丝绸之路宋元时期外销航海图

宋元时期的贸易情况

宋代，由于国家极力提倡海外贸易，加上造船技术的精进、指南针的发明，海外贸易有了巨大的发展。当时，广、泉、明、杭等州，皆设市舶司管理海外贸易，陶瓷已大量附舶运销国外。在《宋史·食货志》、赵汝适所著《诸蕃志》、朱彧所撰《萍洲可谈》等中都记述了宋代中国瓷器畅销大食、古逻、阇婆、占城、渤泥、麻逸、三佛齐、真腊、单马令、凌牙斯加、佛啰安、三屿、薄哩喽等国家的盛况。这些国家包括现在的中印半岛、马来半岛、东印度群岛、菲律宾等地，可见宋代我国陶瓷出口外销之盛。泉州是宋元明时期对外贸易的大港。北宋泉州港南通占城诸国，北通朝鲜诸国，作为中国重要商品的陶瓷也从泉州港大量输往国外。由泉州港输出的陶瓷器除国内其他各窑产品，泉州附近的闽南地区（包括德化）瓷窑的产品占着相当大部分（图1海上丝绸之路宋代外销航海图）。

元代，海运成为国家要政，对外贸易又有新的发展，陶瓷外销范围进一步扩大。汪大渊的《岛夷志略》、周达观的《真腊风土记》、《马可·波罗行记》等书都记载当时中国瓷器外销的事实。特别是《岛夷志略》记载销售的国家更为详细,有越南的占城、泰国的戎、缅甸的淡貌、柬埔寨的真腊、马来亚的丹马令、新加坡的龙牙门,菲律宾的三岛(三屿),婆罗洲的薄奔、勾栏山,苏门答腊的日丽、三佛齐、啸喷、旧港、班卒、假里马打、花面、淡洋、喃巫哩,爪哇的遏物、爪哇、文诞、东淡貌,以及摩鹿加群岛的文古老。有的文献还记载中国瓷器远销到非洲的摩洛哥和欧洲的意大利。当时,泉州港已成为世界最大商港之一。"亚历山大或他港运载胡椒诸船赴诸基督教国,乃至此刺桐港者,则有船舶百余。""印度一切船舶运载香料,及其他一切贵重货物咸藏此港。"在这种情况下,可以预计,当时我国外销瓷器大多数是经过泉州港出口的(图2)。

德化的瓷器在元代有了新的发展。"德化元朝瓷雕佛像就很盛行""白瓷出德化,元时上供"证实当时德化的白瓷已成为上供朝廷使用并有大量瓷雕佛像的生产,反映了当时瓷器工艺的高度成就。瓷器外销国外也受到好评,意大利旅行家

▲图2 宋代印花小瓶

▲图2 宋代油灯盏

马可·波罗来泉州住过一个多月,曾高度赞扬德化瓷器:"并知刺桐城附近有一别城, 名称迪云州制造碗及瓷器既多且美……购价甚贱。""此城之中瓷市甚多,物价齐亚钱一枚,不难购取八盘。""……作各种大小瓷碟子,品质皆是可想象的那样最美丽……这里制造很多,价极便宜。一个威尼斯格罗梭币可以买三个碟子,並且皆是顶好的,比那再好是你们想不到的了。"(冯承钧认为迪云州就是指德化,我们认为是有道理的。因为戴云山就在德化境内,"戴云"与"迪云"的音相似,同时"德"与"迪"的音亦近似,再加上德化已发现规模宏大、全国罕见的元窑,元代德化瓷业之繁荣是有充分根据的。)马可·波罗高度评价德化瓷。当他于1292年回国时,"从福建带回中国白色瓷器与彩色青瓷存于威尔斯市之圣马可宝藏所"。其中把德化瓷器也带回意大利是完全可能无可非议的(图3)。

元代德化外销瓷品种,除沿袭宋代的盒、军持、碗、瓶之外,还增加了许多新

▲图3 元代马可·波罗瓶

▲图4 长寿新船款粉盒

▲图4 元代高足杯

的品种,其中以折腰弦纹碗、墩子碗、高足杯、铜罗盘最为特色。值得注意的是在有器物表面还印有"长寿新船"等具有明显外销特色的文字。从文字中可以看出当时制瓷工人对瓷器外销和中外人民友好往来的深情寄托,祈望外销一帆风顺和中外经济文化交流、友好往来长期得到不断的发展。但是,元代统治者为了从对外贸易中获得高额的收入,在泉州港"征收课税甚巨"。元朝皇室和蒙色权势为独占对外贸易,还曾禁止人民(实则限制汉人)往海外贸易。但汉人多私自出国,并有不少人口逃往南洋各地。在南洋一带发现的元代德化瓷,很可能一部分是欧亚商人所交易的,一部分是由汉人携带出国的(图4)。

青白瓷的主要器物造型

从宋代窑址采集的器物分析,宋代产品以白釉、青白釉为主,还有少数黑釉。碗坪仑窑的黑釉盏具有宋代黑建之风。主要产品有碗、盘、壶、瓶、杯、洗、盏、盅、盒、军持、盖缸、勺等。这些产品,除一些供国内生活需要的日用品外,就其器形和特点,大量还是为外销特制的。其中如盒、洗、瓶、军持、盖缸就是大量外销的产品(图5)。

▲图 5 宋代青釉盏

▲图 5 宋代青釉刻花瓶

青白瓷的装饰方法

德化陶瓷装饰源远流长,新石器时代有印纹陶,夏商时期就有原始青瓷,魏晋时代有青釉陶,唐、宋、元时代有篦划、印花、刻花,明、清时代有浮雕、通花、青花、贴花,民国时期有古彩、新彩,以至当代的喷花和艺术釉等,制工精细,色彩艳丽,具有朴实豪放的特点。

从已有发现的标本看,德化窑早期瓷器即青釉器的装饰方法,主要是采用印制方法。这时期器物花纹的装饰上也采用刻划方法,但在应用上没有印制方法那样广。发现为数较多的军持、盒等类器物的装饰花纹,都是模印的。印制花纹的种类有龙纹、莲花瓣纹、缠枝花纹等。尽管种类不多、变化不大,但在图案的组成上都显得纹样清晰、线条流畅、朴素大方、实用美观。由于这些器物造型上所具有的优美特点,再加上花纹的选择、安排、组合和处理恰当,印制技术的匀称、自如、协调,使人具有一种清新明快的感觉(图6)。

宋元时期德化窑粉盒盖上印制的花纹,无论是在图案的组成,还是在纹饰的采用上,都不是太繁复,但却是富于变化。盒盖花纹一般是选用简单的花卉,如牡丹、莲花、菊花、荷花等。盖心饰以一朵花,周边以简单的花纹做陪衬,形成庄重、协调、大方的特点。这在装饰技法和装饰艺术上不能不说是风格独树一帜(图7)。

▲图6 宋代印模小碗

▲图6 宋代青釉小碗

▲图7 宋代粉盒

▲图7 元代印花粉盒

图7 宋代印花粉盒盖▶

▲图 8 宋代划花白釉大盘

▲图 8 宋代划花青釉盘

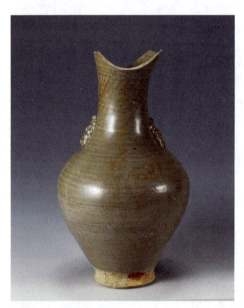

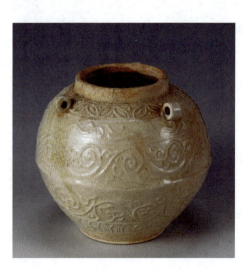

◀图 9 元代堆贴青釉兽头瓶

◀图 10 宋代印花三系罐

德化窑宋代早期大型碗、盘的装饰,则是采用刻划的方法。刻划方法是中国陶瓷工艺上广泛采用的。它的做法是用竹笔、篦梳在瓷器的坯体上刻划花纹。根据德化窑出土的早期盘、碗标本看,刻划和刷出的花纹的特点:线条流畅、朴实大方(图8)。

青白瓷的装饰方法,也有采用印制的。这时除了花纹的印刷外,甚至连器物表面的文字也是采用印刷的方法,都是印着阳文正体字或反体字。一般的日常生活用器,如碗类器、盒类器和洗类器,都是采用这种装饰方法的(图9)。

从出土印模制作的精细程度看,利用模印制做出的瓷杯,花纹一定是清晰美观的。其他如白釉八仙杯、瓷印盒等器物花纹的印制,也都达到相当自然逼真的程度,具有很高的水平。

值得注意和重视的是,德化窑印花装饰所用的图案,有仿铜器的传统花纹,如夔龙纹、饕餮纹、云雷纹等,都是继承传统的技法和艺术,在博物馆的传世品中都能看到的,诸如双耳印花夔龙雷纹鼎、双兽耳印花龙雷纹炉,双兽耳饕餮纹簋形炉和白瓷花觚等。当然,其他一些印花纹样上,也有使用传统技法的(图10)。

堆贴技法的应用,在许多器物上都能看到。堆贴花纹的图案种类尽管不多,但却能体现其装饰技法的独特处。如在爵形杯上,堆上梅花枝,底周再附上一笔架形的梅花树杆,有的是堆贴梅花、玉兰,有的是堆贴梅花、动物。这些装饰图案虽简单,但却能达到装饰与造型之间的匀称协调,从而增加了造型的美。再如在胆瓶上堆贴梅花枝,或者堆贴螭虎纹,或者在案屏上堆贴的达摩渡江像等。这种堆贴技法的运用,也是具有特色的。装饰花纹和器物的结合,都恰到好处。

刻划技法的使用,也有其独到的地方。在瓷器的坯体上刻划花纹是常见的,但在用刻划手法书写文字题记,作为器物上的装饰,这倒是德化窑较特别的,如刻字划花瓶和茄形刻字划花壶等(图11)。

德化窑白釉瓷器的装饰,还有一种应该特别提到的是透雕技法。这种方法的采用,可能在时代上是较晚的,但却算是后起之秀。透雕套杯、透雕瓷熏炉、

▲图 11 宋代青釉军持

▲图 12 元代茶壶　　　　　　　▲图 12 元代芒口莲瓣碗

透雕笔筒和透雕的瓷狮子等,非常别致,是不可多得的艺术精品,应是德化瓷器烧制技术和装饰技法的一项新成就(图 12)。

小 结

德化陶瓷生产历史悠久,早已有人类在这片热土上繁衍生息,留下印纹陶器、原始瓷等足迹,一直到今天千年炉火从未中断,几千年文化流传有序,实为奇迹。它面向大众,品种繁多,把中国的传统绘画、书法技艺与陶瓷工艺结合起来,创造了新的艺术天地,开拓出古代陶瓷美学新境界。

　　德化陶瓷作为中国著名陶瓷的代表,以民间大众淳朴的艺术风格和简练的工艺特点,博得了国内外收藏家的喜爱,世界各大博物馆均有德化陶瓷的精品珍藏。德化制瓷业用独有原材料生产的瓷产品以其独特的品质打出了"世界瓷都"品牌,提升了这一山区小县在世界的知名度。德化陶瓷在中国陶瓷历史上留下了辉煌灿烂的印迹,为世人留下了丰富而宝贵的文化艺术财富。因此,深入研究德化陶瓷艺术,对继承和弘扬中国古代陶瓷传统艺术,推动中国陶瓷艺术与世界的交流具有重要意义。

(作者单位:德化县文物管理委员会办公室)

明代德化
瓷器贸易
与福州

黄 敏

福建德化从夏商时期就开始生产原始瓷器，距今已有 3000 余年的历史。它与江西景德镇、湖南醴陵（另一说是广东潮州）并称为中国"三大瓷都"。明代是德化瓷器发展的巅峰时期，这时期德化瓷器逐渐开始形成自己的生产技术和艺术风格，在中国古代制瓷技艺中独树一帜，其生产和贸易都达到了前所未有的繁荣。

虽然对古代德化瓷器的生产和贸易研究越来越深入，但至今仍没有对德化瓷器与福州的贸易情况进行系统研究。本文拟对明代德化瓷器与福州的贸易情况做粗浅探讨。

一、德化与福州的历史渊源

历史上德化曾一度隶属于福州管辖。"晋，太康三年，属晋安郡（今福州）"[1]；唐开元二十九年（741），"析福州都督府侯官等县部分地置尤溪县。永泰元年（765），析侯官县西乡地和尤溪县东乡地置永泰县。贞元年间，析永泰县归义乡置归德场"[1]，场址设今德化县城，辖今盖德、三班、霞碧、浔中、雷峰、南埕、水口等乡镇，隶属永泰县，初具德化县雏形。"五代后唐长兴四年、闽龙启元年（933），闽王王延钧令升归德场为德化县。隶属长乐府（今福州），辖盖德、永宁、集贤 3 个乡。

后晋开运二年、闽天德三年(945),德化县隶属闽国东都(今福州)。"[1]

德化在宋朝以前大部分时间都属福州管辖,直到后汉乾祐元年(948),才开始隶属于泉州。"后汉乾祐二年,南唐升泉州为清源军,割尤溪之常平、进城二乡益德化,归清源军。"[1]至此,德化一直隶属于泉州,不再改变。因此,从历史上看,德化县与福州还是有很深的历史渊源。

福州位于闽江的出海口,是古代闽越地区政治中心和经济中心,也是德化瓷器贸易的重要对象。同时福州港也是历代德化瓷器对外贸易的重要港口之一,明朝也不例外。明朝中后期,受郑和下西洋的影响,福州港更是成为了德化对外贸易的主要港口。明成化十年(1474),受明朝政府将市舶司由泉州搬到福州的影响,德化瓷器通过福州港出口的情况表现得更为明显。

二、德化瓷器运到福州的途径

德化地处深山,交通不便,外运瓷器主要有水、陆两种方式。在 1965 年泉州至永安公路(305 线)开通以前,德化陶瓷产品在本县、邻县的销售,都是靠陶瓷小贩肩挑走村串户叫卖,外销就雇用人工肩挑至邻县,然后用畜力车外运到福州等福建沿海港口,然后转运世界各地。宋至清,西北部的杨梅、葛坑、上涌、汤头、春美等窑场的产品,都是先用人工将瓷器挑到尤溪古迹口(苦竹口)、廿九都等渡口水运至福州;东部的三班、城关、盖德等窑场的产品则用人工挑到永春、仙游,再转运到福州等地;南埕、水口窑场的瓷器肩挑至大樟溪上游,再转运至福州。

(一)陆路

1.永泰线

据《德化县志》记载:"由德化县城经雷锋、南埕、水口过张地格入永泰,最后到达福州。"[2]德化瓷器陆运到福州的方式大都是先用民夫肩挑到永泰,再用畜力车运到福州,再由商贩挑至乡下去销售。

2.尤溪线

据德化陶瓷博物馆馆长郑炯鑫介绍,古代德化西部的部分地区,如上涌、杨梅、葛坑等地,瓷器外运有部分是先由民夫用肩挑到尤溪,然后用畜力车经莆田运到福州进行贸易。

3.永春线

据当地部分老人介绍,德化东部靠近永春的地区,以前有人白天将瓷器经永春、莆田挑到福州,第二天换取盐挑回德化。

(二)水路

德化到福州的水路主要是通过闽江的几条支流,如涌溪、大张溪、浐溪、下旬溪等,古时候这几条支流一直都有放排前往福州。

1.涌溪

涌溪是德化西部地区的主要水路,流径上涌、涌口等地,最后与浐溪合流汇入大樟溪,注入闽江,最终到达福州。"入永福,达乌龙江。"[3]

2.大张溪

大张溪水路从大铭乡琼英起,流经汤头乡格中、春美乡尤床至大溪口入尤溪县,最后到达福州。在吉产公路通车前,大铭、春美、汤头还有大量的木材由此漂到大溪口装排运到福州销售。大铭乡、汤头乡、杨梅乡、葛坑乡等乡镇到福州的主要水路就是大张溪。

3.浐溪

浐溪是德化县内主要水路,全长101公里,属于大樟溪支流。用来放木排、竹排的溪段是从霞碧乡碧坑起流经塔兜、南埕、石柱、村场、摘锦、湖板、溪头至水口乡涌口汇涌溪入大樟溪,经永泰县入闽江到达福州,距福州230公里。"据南埕当地口传,明朝洪武年间,南埕木船可沿浐溪入大樟溪进而通向闽江,最终到达福州。""民国七年(1918)前,福州帆船可至水口。"[4]浐溪是古代德化县水路交通利用最多的一条水路,德化瓷厂有很大的一部分就在浐溪的两岸。明朝时期德化瓷器生产最繁荣、最发达的三班镇、龙浔镇、浔中镇都在浐溪流域。

4.下旬溪

下旬溪水路从葛坑乡坑口起,流经龙塔、上前坪、下前坪,过双溪口经尤溪县入闽江。下旬溪是德化西部地区的重要水路之一,承担了相当大的运输量。

三、明代德化瓷器贸易与福州

(一)德化瓷器部分通过福州港出口

福州最早的港口为东冶港,汉代时期,东冶港和东洋、南洋就已经有交通往来。三国吴永安三年(260),就在福州设置"典船校尉",负责监督船只的制造。当时福州港同亶洲(今菲律宾)、夷洲(今台湾)已有海上交通。隋朝时,福州港的海上交通就已经扩大到琉球、赤土(今马来半岛)、林邑(今越南南方)、真腊(今柬埔寨)、婆利(今文莱)等地。中国陶瓷开始大量销往日本,盛唐时以三彩瓷器居多。从838年前后至唐末的五十多年间,随着民间海上贸易的兴起,出口的陶瓷已由大部分是三彩瓷器发展到主要出口大量的越窑青瓷、长沙铜官窑黄绿釉彩纹瓷和白瓷等。从日本出土的文物就可以证实,如福冈、奈良、京都这些较大的城市,甚至到偏远的种子岛、西表岛均有此类古瓷器的发现。虽然这些陶瓷不一定都由福州港起运,但"从当时福州港与日本有频繁的交通往来的情况看,大部分从福州运销日本的可能性是很大的"[5]。

宋元时期虽然福州港地位被泉州港所取代,但德化瓷器通过福州港的对外贸易并未终止。明初,瓷器仍然是销往日本的珍贵物品之一。永乐三年(1405)至宣德八年(1433)郑和率领远航船队,七次下西洋都携带着大量的丝织品和瓷器,瓷器当中就有很大一部分是德化瓷器。船队每次都经过有"福州门户"之称的闽江口五虎门,并在闽江口的长乐县(现长乐区)太平港停泊,福州港再度人头攒动,陶瓷的外销开始新一轮的发展、繁荣,德化瓷器的制造工艺、生产及对外贸易也从此开始走向巅峰。《瀛涯胜览》《西洋番国志》《星槎胜览》等书都有关于郑和下西洋情况的详细记载,如《瀛涯胜览》提到:"中国宝船到彼,开读赏赐毕,其王差头遍谕国人,皆将乳香、血竭、芦荟、没药、安息香、苏合油、木别子之类,来换取纻丝、瓷器等物。"[5]

明成化十年(1474),福建市舶司由泉州迁到福州,从此奠定了明代福州港在海外贸易上的地位,甚至当时还在闽江内河今福州南台岛北岸设立外轮码头,该地俗称"番船浦"。外国商品、贡品入港后,就由此上岸,回航时在这里购买大量中国的土特产品、瓷器等运销国外，德化瓷器大量从福州港出口的情形也更加明显。"明崇祯十四年（1641）七月，由中国福州输出到日本的瓷器，有二万七千件。"[6]这里虽然没说这两万七千件都是德化瓷器，但根据当时福州的瓷器对外贸易来源来看，这两万七千件大部分应是属于德化瓷器。

受交通的限制，从 16 世纪起，德化瓷器才通过葡萄牙的东洋贸易船贩运到欧洲。从那以后，德化瓷器立刻得到全欧洲贵族阶层的欣赏和热烈欢迎，"并接受无限的定货"[7]。德化瓷器开始源源不断地销往欧洲。

明朝末年，荷兰占领台湾以后，于 1642 年开辟了赤嵌港，开始了以台湾为据点，开始进行大规模的瓷器贩卖。在这种情况下，德化瓷器不断地从福州等福建沿海港口潮水般地涌向台湾，再以台湾为中转站由荷兰商船转运到世界各地进行销售。"对这几个港口启航的船只数量、瓷器种类数量都有详细的记载。至于瓷器质量，一再强调有细瓷和粗瓷之分。我们认为，所谓的粗瓷也就是德化等地民窑生产的青花瓷器。"[8]由荷兰人贩运到欧洲的德化瓷器，受到热捧，销售价格高昂，"价格每与黄金相等，且有供不应求之势"。[9]

(二)德化瓷器在福州的交易

明清时期，德化一部分大窑场主在泉州、厦门、福州、汕头、莆田等沿海地区开设瓷行，销售的产品除日常生活器皿、用具外，还包括佛像、人物、盆景等瓷雕作品。明朝德化瓷器销售范围涉及福建、广东、浙江、江苏、上海、北京、四川等地，以及香港、台湾等地区。"明朝时期，凤阳村曾茂笃、曾达衢等在福州、延平和广东、浙江、台湾等地开瓷行，以内销为主兼外营。"[10]

德化地处福建内陆，交通比较不方便，海产品和盐等比较难以运到德化销售。所以，德化人只能经常将瓷器运到福州、泉州、厦门等沿海地区换取盐等。同样也有一些沿海的人将海产品运到德化销售，再购买瓷器到沿海销售的情况。

四、结 语

德化位于福建内陆山区，瓷土资源丰富且质量优良，为德化瓷器的生产提供了基本保证。凭借高超的制瓷技艺，精美无比的德化瓷器在市场竞争中立于不败之地。明朝是德化瓷器技艺风格发展到独具一格的时期,德化瓷器在国际市场上获得了"中国白""奶油白""世界白瓷看中国,中国白瓷看德化"等美誉。德化瓷器销售到世界各地后,受到了当地人的热烈欢迎。明朝的德化瓷器大量运销海外。德化瓷器大量通过大樟溪等闽江支流运到位于闽江入海口的福州,然后出口到东南亚、日本、欧洲等地。大量德化瓷器从福州出口,也进一步促进了德化瓷器在福州本地的销售。

参考文献

[1] 清·乾隆《德化县志》卷二《沿革志》,第70-71页。

[2]《德化县志》,《交通篇》,方志出版社,1992年,第270页。

[3] 清·乾隆《德化县志》卷四《山水志》,第97页。

[4]《德化县志》1961年草稿,徐本章、叶文程:《德化瓷器史料汇编》上卷,第346页。

[5] 转引自徐本章:《福建古代沿海港口与陶瓷的外销述略》,《福建史志》,1992(3),第45-50页。

[6] 傅振伦:《中国伟大的发明——瓷器》,三联书店,1955年,第127页。

[7] 王冠英:《东方艺术的明珠》,德化县志编委会办公室:《德化风物》,第26页。

[8] 叶文程、罗立华:《德化窑青花瓷器几个问题的探讨》,《德化陶瓷研究论文集》,福建教育出版社,2002年,第202页。

[9] 徐本章、叶文程:《畅销国际市场的古代德化窑外销瓷器》,《德化瓷器史料汇编》上卷,第346页。

[10]《德化县志》,方志出版社,1992年。

(作者单位:三明市文物管理委员会办公室)

宋代笔架山潮州窑工艺

——兼论与将乐窑器形的比较

李炳炎

笔架山窑是北宋潮州窑的代表性窑场,也是潮州陶瓷史的重要组成部分。2001年,该窑被国务院公布为全国重点文物保护单位,命名为宋代笔架山潮州窑。

有关宋代笔架山潮州窑的研究,是因纪年佛像的发现而引起广泛关注。1922年10月,军队在潮州城西羊鼻冈挖掘战壕时,在距离地表约一米处,挖到一个小石室,内藏四尊青白瓷佛像及一个莲花瓣炉,每尊佛像的底座都刻有铭文,分别写明北宋治平四年(1067)至熙宁二年(1069)所制,佛像的发现随即引起有关学者的关注。[1]20世纪50年代至80年代,伴随韩江东岸笔架山麓的韩山师范学院及其他工矿企业的基建,大量的窑址被揭露。经考古部门的发掘、整理、研究[2],对宋代笔架山窑有了较为全面的认识。

20世纪八九十年代之后,澄海、汕头市区、潮州市区及潮安的韩江(西溪)沿岸主要抽沙场,汕头下埔、梅溪附近及潮州市区厦寺的抽沙场,出水大量古陶瓷。1989年,兴建韩江大桥,2002年4月,潮州市成立维修广济桥委员会,开始了全面修复广济桥的浩大工程,一系列工程中均有大量古陶瓷出水;2002年9月28日,广东省韩江潮州供水枢纽工程动工,2005年9月29日,工程正式下闸蓄水,这一基建过程使韩江下游出现了有史以来的最低水位,大量的古陶瓷器物出露于河床,韩江成为中国古陶瓷的聚宝盆。韩江出水的部分瓷器在造型、胎釉、纹饰、款式等工艺特征与笔架山窑科学发掘的标本相同,可认为是笔架山窑产品,且有不少为完整器。

2004年,笔者根据国有文博单位及民间收藏的笔架山窑产品编撰《宋代笔架山潮州窑》一书,图文并茂地对该窑产品进行了介绍。2012年首届潮州窑学术研讨会在潮州举行,出版有《南国瓷珍——潮州窑学术研讨会论文集》[3],里面收录多名国内知名文博专家对宋代笔架山窑的研究,对该窑的兴衰、工艺特征及港口等问题做了深入剖析。2015年,北京艺术博物馆编,笔者主编的《中国古瓷窑大系·中国潮州窑》出版,收集了海内外有关宋代笔架山窑的实物资料及研究成果。至此,宋代笔架山潮州窑的研究已成为中国古陶瓷研究的一个重要部分,受到国内外专家学者的重视,但关于笔架山窑的若干问题尚待深入研究。故本文拟从笔架山窑青白瓷的工艺特征入手,加深对其认识。

工艺特征

根据窑址发掘物统计,宋代笔架山潮州窑产品中,青白瓷占43.15%,白瓷占7.16%,青瓷占11.43%,黄釉瓷占14.21%,酱褐釉瓷占12.61%,其他无釉器物和半成品占11.44%。[4]釉色以青白、白、酱褐为多,青釉及黄釉较少,青白釉在本窑中所占比例最大。本窑器形有碗、盘、碟、盏、杯、盒、罐、钵、灯、壶、枕、佛像、炉、瓶等,造型丰富。装饰工艺以刻划花、捏塑为主,以大小器物相套、支垫的装烧方法为主。

依据窑场发掘出土铜钱,都为北宋及以上纪年,加之未见印花印制产品和覆烧工艺,初步将笔架山窑烧造年代定为北宋。

(一)胎釉

笔架山窑瓷土采自水缸山[5],瓷器胎色可分为白色、灰白色、灰色、灰黄色和红黄色五种。白色胎体的瓷土洗练、加工精细,含铝量高,可耐高温烧成,瓷土被彻底熔化(即瓷化),胎质断面洁白莹润,器物露胎处(如足底)呈白润致密的质感;灰色胎体剖面胎质润实,呈灰白色或灰色,有少许黑色杂质,烧成温度偏低,瓷土中的石英成分未被彻底熔化(石英的熔点温度约1610℃),使胎体的瓷化程

▲ 图 1

度偏低,露胎处呈现润实质感,有明显的粗糙感和带粉白色或灰白色斑点的未熔物质。本窑的青白瓷器物以胎色白净、胎质润密坚致、胎体薄且均匀者为上品,但总体上由于烧造温度较高,不论是白色胎体或灰色胎体,胎质都较坚致,瓷化程度高,敲之声音清脆响亮[6]。

笔架山窑产品釉料主要为灰釉,即石灰釉,利用草木灰、谷糠、贝壳灰煅烧后,配入当地优质瓷土,调配比例不同,颜色也随之变化,这是传统的釉料制法。另外,由于釉料采自原矿,在淘洗工艺局限的情况下,除铁、除杂未能得到有效处理,导致产品釉色多样化。本窑青白瓷产品最浅色的接近白瓷,聚釉处呈青色,多数是青白色,聚釉处呈湖蓝色或青绿色,釉质润泽。在施釉工艺上,本窑呈现粗精不一,精者器物内外满釉,圈足底边裹釉(图1),如外壁划菊瓣纹的直腹平底碗,碗型较大,采用施釉裹足工艺,圈足内露胎以泥块垫烧。多数的碗施釉不及足。有少数器物如执壶,其器表施青白釉,内里施酱釉或黄釉(图2-1、2-2)。大多数执壶、罐采用浸釉方法,圈足外壁留下手指纹。

(二)造型

笔架山窑的青白瓷产品造型有碗、盘、碟、盏、杯、盒、罐、钵、灯、壶、枕、佛像、炉、瓶、玩具狗等。这些造型丰富、风格各异的产品是在市场需求、外来文化的影响下应运而生的。

▲图 2-1　　　　　　　　　　　　　　　　▲图 2-2

　　文献记载,唐宣宗大中二年(848),潮州司马李德裕乘船来到韩江鳄鱼滩上遇到意外,船上一部分财物沉到韩江。此时,他叫"舶上昆仑"去捞,昆仑即昆仑奴,为头发卷曲、皮肤深黑的古代马来人。[7]说明自唐代开始,潮州便是一个繁荣的对外港口,已有波斯人、马来人到潮贸易。笔架山窑产品中的西洋人和哈巴狗应是外国人的定制品。笔架山窑的瓷器造型也受到萨珊波斯王朝的金银器造型的影响,如瓜棱提壶、刻划花盏和花瓣口碗等均受到其造型及装饰艺术的影响。

　　再者,宋时点茶法成为社会的主流饮茶方式,所用茶具为执壶和盏。今潮州市金山南麓,残留着一处宋代摩岩石刻,刻着北宋大中祥符五年(1012),知州王汉的《金城山诗》中有句诗云:"茶灶香龛平。"茶灶是烹茶煮水用的风炉,这是目前有关潮州茶事的最早记录。[8]这说明北宋潮州已有喜茶的文士和官宦论及茶事。笔架山窑生产的盏,应是满足当时社会需求的茶具。今发现的盏,部分内壁刻卷草纹、花瓣纹,纹饰在茶汤的映衬下活灵活现,观赏实用两不误。

　　佛像也是笔架山窑产品的一个重要内容。潮州佛教的兴起可以追溯到唐代,佛教一经传入潮州,随即信奉者众,深入人心。唐中期之前,佛文化在潮州占主流地位。宋太祖继位后,他对"浮屠之教,有助政治……深明于心"。他经常到佛寺烧香礼佛,并动用各种手段支持佛教的发展。乾德五年(967),宋太宗下诏,禁止再行毁坏铜铸佛像,同时还下令各地的佛寺不得毁坏铁器农具用于铸造佛像。[9]佛教既兴又不得以金属铸像,于是以瓷塑佛像代替金属铸像应运而生,大量菩萨瓷像得以生产。笔架山潮州窑匠人周明制作的释迦牟尼佛像,庄严静穆,堪称经典。[10]在窑址出土的瓷器残片中,也发现一些其他题材的佛像残座。[11]这说明除了释迦牟尼佛等佛像之外,笔架山窑还生产其他题材的佛教造像。该窑制作的菩萨、罗汉像,品种丰富,造型刻划逼真,形象生动传神。

宋代不仅将中国传统文化推向一个高峰,而且拥有很高的物质生活水平。笔架山窑生产的品种丰富的器物可以反映当时社会追求饮食、品茶、熏香、插花等方面的情趣。笔架山窑碗类口沿有花瓣口、敛口、凸唇口、折唇口、折沿口、撇口、敞口,器腹有深腹、浅腹,圈足有低、中、高及花口圈足等(图3-1、3-2)。盘碟类有折沿、敞口、撇口,浅腹,底足有浅、中、高圈足及平足、圆饼足、棋子足等。盏类有敞口、花瓣口,圈足有低、中、高圈足。粉盒由盒盖和盒身组成,盒身口沿为子母口。灯的造型多由灯盘和灯座两部分粘合组成,灯盘的外壁中间多有贴一圈宽边,用以散热和加固灯盘,也有些没有带灯座的碗型。枕有方枕和兽形枕,其中狮枕的造型,自然逼真,栩栩如生。水注有以抱壶女孩为像,在像的背后挖一小圆孔,做进水和气孔,用时手指按气孔控制水流。壶类的造型较多,其中的鲤鱼壶是从唐代的双鱼背壶造型演变的,喇叭口瘦颈壶是借鉴中东金属器的造型而仿制

▲图 3-1

图 3-2▶

▲图 4

▲图 5

▲图 6

▲图 7

▲图 8

▲图 9

▲图 10

的,还有仿定窑的葫芦形壶,麻姑进酒壶、凤首壶都为本窑特色产品。壶类口沿有折沿口、直口、外撇口、卷口、盘口、蒜头口,壶腹有瓜棱腹、扁圆腹、弧腹,底足有平底足、挖足,壶流有直筒流、弯曲流,壶把有扁条长执把、圆把、双圆扁条把。玩具小狗的造型有大耳下垂、毛发卷曲、做立吠状的西洋哈巴狗,有二耳竖起、身上毛发踏实的猎狗等。

(三)雕塑题材

本窑的雕塑主要有佛像(图4)、菩萨像、罗汉像、神像、女抱壶像、凤首壶(图5)、鱼形壶(图6)、胡姬劝酒壶(图7)、狮形枕(图8)、狮形炉(图9)、兽首流、莲花瓣炉、灯、三联盒等,及小狗、小马、小狮子等玩具,初步统计有十多种不同造型。

至今本窑已发现的纪年款佛像铭文六种,生产时间分别为治平三年(1066)、治平四年(1067)、熙宁元年(1068,两件)、熙宁二年(1069,两件)。其中一尊的铭文为"潮州水东中窑甲弟子刘扶同妻陈氏十五娘发心塑释迦牟尼佛永充供养,为父刘用母李二十娘阖家男女乞保平安,治平四年丁未岁九月卅日题,匠人周明"[12],记载了"潮州水东中窑甲"刘氏一家请工匠周明制作,用于布施供养。残件标本踏莲菩萨坐像的残座内壁刻划 "周□"的画押款(图10),这件菩萨像是否为周明所作,待考。佛像座残件正面铭文为"子□□同妻陈氏十五娘同男女发心塑造释迦摩尼佛"。由这一标本可知,北宋周明所作佛像应该是小批量产品,属于定制品。从佛像造型看,其样式是不同于其他窑口的佛像,具有独特风格。这也从一个侧面反映了北宋潮州民众信佛风气之盛,从而带动了本土瓷质佛像的制作,使其造型样式更符合地方民众的审美意识。

羊鼻冈出土的笔架山窑佛像使用青花料描点的说法,先是罗原觉在《谈瓷别录》提出,饶宗颐的《潮瓷说略》、陈万里的《从几件瓷造像谈到广东潮州窑》都沿用这种说法。如陈万里先生文中对佛"像的冠发、眉睛、须鬓均描青料作黑褐色",认为佛像以青料(即氧化钴、青花料)描绘。2004年,笔者编著的《宋代笔架山潮州窑》中对佛像的彩料也认同以上观点。之后,笔者通过比对窑址标本,逐渐质疑这一观点,并于2007年8月15日将标本带到北京,请教中国古陶瓷专家耿宝昌先生。在其重视支持下,故宫博物院测试中心对佛像给予了科学检测(图11),结

▲图11   ▲图12

论如下：1.经分析测试，该佛像首的眉、瞳、胡须、发髻部位使用了氧化铁着色，未检测到氧化钴的成分；2.佛像首的眉、瞳、胡须部位为釉下褐彩；3.发髻局部有比较明显的结晶物质。[13]由此，通过科学测试纠正了笔架山窑佛像使用青花料描点的说法，确认本窑佛像描绘料为褐黑色铁料。

这几件落款佛像具有极高的文物价值，特别是其完整的铭文为研究北宋潮州佛教盛行和男女称谓习俗等提供了实物依据，奠定了宋代笔架山潮州窑在中国古陶瓷史上的地位，也成为研究北宋古陶瓷的标准器。

此外，本窑的炉、灯装饰的莲花瓣雕塑纹最具特色，有浅刻纹、浅浮雕、高浮雕及贴塑等表现技法，作品体现出佛教法物的圣洁和庄重，莲花瓣有单层和多层，高浮雕制作工艺独到，其成型在胎体上直接剔花，具有构图匀称，花瓣轮廓清晰凌厉，立体感强（图12）。这类产品从简至繁，从平面到立体，变化多样。通过与同时期耀州窑、景德镇窑、福建将乐窑的同一造型工艺比较，笔架山潮州窑的莲花瓣纹捏塑工艺显得简洁有力，技艺堪称一流。

(四)刻划花

笔架山窑瓷器装饰手法以刻划花为主，纹饰有单线卷草纹、双线或三线花瓣纹、蕉叶纹、篦划纹、水波纹、云龙纹、平行斜线纹、菊瓣纹、莲瓣纹等。平行斜线纹、菊瓣纹、莲瓣纹多见于器物外壁装饰，如碗、盏、炉身、杯、盒身等（图13）。内壁刻划纹饰有篦划纹、牡丹纹、单线卷草纹等，常见于碗、盏（图14-1、14-2）；花瓣纹、牡丹纹、卷草纹常见于碟、盘(图 15);云龙纹见于盘底部。这些纹饰,或线条随意,或布局讲究,构图流畅自然,充分体现出创作的自由。

(五)烧造

从窑址出土的窑具看,笔架山窑采用匣钵装烧,匣钵造型有漏斗形(M 形)、直筒形,器物垫烧配件有垫饼、圆条旋形垫圈、扁条形垫圈、三足环形(手捏)垫圈、四钉及五钉环形(轮制)垫圈、柱形垫座、试片等。[14]本窑在装烧方式上,有圈足下垫放一个垫饼、垫圈及三足垫圈,有匣钵逐个层叠成柱状,直筒匣钵一般都是装烧平底或较高的器物,如灯、炉、瓶、壶和罐,底部用渣饼承垫。

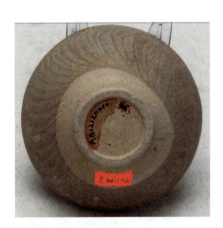

▲图 13

▲图 14-1

▲图 15

▲图 14-2

笔架山窑产品在胎釉、造型、装饰、烧造方式等方面，既有与北宋其他窑口存在共性的地方，又蕴含着独特的地方特色。

北宋笔架山窑与将乐窑相似器型

闽南、粤东自古以来在地缘和文化等方面关系密切。[15]漳浦县于唐垂拱二年（686）从潮州割出，归入新置的漳州，至今漳州与潮州民俗相近。南宋《方舆胜览·潮州》中"虽境土有闽广之异，而风俗无潮漳之分"的记载，便反映了这一情况，加上两地官员互任[16]，民间陶瓷技师相互延聘，对手工业的发展也起到促进作用。

将乐窑遗址分布较集中，主要在将乐县南口乡、万全乡、余坊乡、古镛镇等四个乡镇。北宋万全碗碟墩窑产品种类有碗、盘、碟、壶、瓶、尊、罐、注子等，釉色以青白为主，兼烧青釉、酱釉。从标本观察，产品质量粗精兼有，胎质既有洁白且薄，也有灰色且厚，釉色以灰青色为主。将乐窑与笔架山窑造型、胎釉做比较，花口碗、菊瓣纹碗、莲花炉、瓜棱罐、瓜棱壶、凤首壶等器型均类似，刻划纹饰的花卉篦纹、菊瓣纹等也基本相同，值得注意的是，将乐窑黑釉盏的胎釉及叠烧工艺与笔架山窑几乎相同。

花口碗。图16-1为笔架山窑产品，图16-2为将乐窑产品。两者均为九瓣花口，在口沿起伏曲折处与腹壁压印出九道内凸外凹竖线，优美别致地分割出九瓣弧面瓜棱造型，从侧面视之犹如一朵盛开的莲花，口沿线条起伏多变，加上大小深浅不同的开片纹，美感十足。前者从胎釉上观察，釉色呈天蓝色，胎色白中微灰，胎质润；后者釉色青中泛绿，釉质晶莹温润。两者比较，笔架山窑的花口碗烧造火候略欠，而将乐窑花口碗烧造火候足。

刻划花卉篦纹残片。图17-1为笔架山窑产品，图17-2为将乐窑产品。两者图案类似，前者釉色偏白，施釉薄且均匀，图案清晰，后者釉色偏青，施釉肥厚，图案略糊。两者比较，笔架山窑刻划花制作工艺较为成熟，产品精致。

莲瓣炉。图18-1为笔架山窑产品，图18-2为将乐窑产品。前者釉呈湖绿色，炉形似豆，扣碗形底座，炉身外壁刻多层莲瓣纹，座刻覆莲纹。后者釉呈青灰色，通体饰开片纹，炉身外壁刻单层莲瓣纹。两者比较，笔架山窑莲瓣炉构图匀称，莲

▲图 16-1

▲图 16-2

▲图 17-1

▲图 17-2

▲图 18-1

▲图 18-2

瓣轮廓清晰凌厉,立体感强,工艺精湛。

瓜棱壶。图19-1为笔架山窑产品,图19-2为将乐窑产品。前者肩饰一弦线,肩和颈之间相对两侧为把和流,腹部有十道瓜棱,釉呈青灰色,胎质坚致细密;后者釉呈青黄色,釉面亮泽。两者比较,笔架山窑瓜棱线条更加分明,流畅自然。

酱釉碗。图20-1为笔架山窑产品,图20-2为将乐窑产品。两者烧造方式都是叠烧,以泥饼隔开器物垫烧。前者施半截酱釉,胎色灰白。后者全施酱釉,胎色较白,胎质坚硬细致,釉色莹润。两者比较,将乐窑器物胎质洁白,釉色光润。

▲图 19-2

◀图 19-1

▲图 20-1

▲图 20-2

三、结论

宋代笔架山窑产品粗精不一,胎釉细腻,造型丰富,纹饰多样,款式独特,其雕塑产品工艺精致、具独特的地方特色。产品除满足本地需求外,大部分销往海外,为海上丝绸之路提供重要商品。

宋代笔架山潮州窑是中国华南沿海地区最重要的瓷业中心之一,其制作工艺及产品风格对近邻的闽南瓷业产生过重要影响。[1] 笔架山窑的凤首瓶、佛像、莲瓣纹炉、狮枕,菊瓣纹碗等都具较高的工艺水平,将乐窑的凤首瓶、凤首壶,南安蓝溪寮仔窑的篦纹碗等都受到宋代笔架山窑工艺特征的影响。

参考文献及注释

[1] 罗原觉撰写的《谈瓷别录》发表于《岭南学报》第五卷第 1 期;1940 年,西方人麦康亲自到窑址调查后在《亚细亚杂志》上发表《中国古代窑址》一文,详细介绍了笔架山窑考察的情况。

[2] 详见李炳炎:《宋代笔架山潮州窑》,汕头大学出版社,2004 年,黄挺老师之序言。

[3] 黄挺、李炳炎:《南国瓷珍——潮州窑学术研讨会论文集》,香港中文大学文物馆,2012 年。

[4] 广东省博物馆:《潮州笔架山宋代窑址发掘报告》,文物出版社,1981 年,第 10 页。

[5] 李炳炎:《试论宋代笔架山潮州窑的瓷土采集地》,《韩山师范学院学报》第 27 卷第 2 期,2006 年,第 15–18 页。

[6] 李炳炎:《宋代笔架山潮州窑》,汕头大学出版社,2004 年,第 28 页。

[7] 蔡鸿生:《唐代潮州鳄鱼滩上的昆仑奴》,黄挺:《潮学研究》第 11 期,汕头大学出版社,2004 年,第 2 页。

[8] 黄挺:《潮汕文化源流》,广东高等教育出版社,1997 年,第 104 页。

[9] 慎独:《宋太宗与佛教》,南华寺:《曹溪水》2014 年第四期,第 25 页。

[10] 目前存世完整佛像有四尊,均被列为国家一级文物,两尊存放于国家博

物馆,两尊存放于广东省博物馆。

[11] 李炳炎:《宋代笔架山潮州窑》,汕头大学出版社,2004 年,参见"像"部分的图片,图 3-9。

[12] 李炳炎:《宋代笔架山潮州窑》,汕头大学出版社,2004 年,第 31-33 页。

[13] 李炳炎:《宋代笔架山潮州窑的佛像工艺》,中国古陶瓷学会:《青白瓷器研究》,故宫出版社,2015 年,第 209-220 页。

[14] 黄舒泓、李炳炎:《唐宋潮州窑》,作家出版社,2015 年,第 126-128 页。

[15]《古瀛志乘丛编》:明·嘉靖,郭春震:《潮州府志》,第 4 页。(潮州)开元十一年置福建,经略使改隶福建,明年改隶岭南道。

[16] 刘一夔,明海阳登瀛都溪口乡人,明嘉靖元年(1522)举人,官福建将乐知县(乾隆《潮州府志》)。刘兴学,明海阳人,明嘉靖四十年(1561)举人,初署福建宁化教谕,有政声,隆庆间升将乐知县(顺治《潮州府志》)。何大章,字子俊,海阳人。明嘉靖十六年(1537)举人,选福建将乐县教谕(《明实录·世宗实录》)。陈经效(1489—1539),嘉靖十六年(1537)贡生,官福建将乐训导(顺治《潮州府志》)。薛宗铠(1498—1535),字子修,号东泓,明揭阳龙溪都凤陇乡(今潮安庵埠薛陇村)人,与叔父侨同为明嘉靖元年(1522)举人,二年同登进士榜,授江西贵溪知县,调福建将乐(顺治《潮州府志》)。林熙春(1552—1631),字志和,别号仰晋,明海阳龙溪都宝陇乡(今属潮安庵埠镇)人,明万历十一年(1583)癸未科进士,授湖广巴陵(今属湖南)令,清浮粮,豁差役,以内艰归,服阕,补福建将乐县。

[17] 栗建安:《东渐西输——潮州窑与周边瓷业关系及其产品外销的若干问题》,黄挺、李炳炎:《南国瓷珍——潮州窑学术研讨会论文集》,香港中文大学文物馆,2012 年,第 110 页。

(作者单位:潮州市颐陶轩潮州窑博物馆)

浅谈吉州窑遗址出土的青白釉瓷器

张文江

▲图 1 吉州窑考古遗址公园现场

一、吉州窑遗址概况

吉州窑是江南地区一座闻名中外的综合性窑场(图 1),所烧瓷器富有浓郁的地方风格与民族艺术特色,融会释儒二道,法效南北百工,造型与装饰丰富,内容涉及宗教、士人与世俗等宋元时期的社会生活,以具有禅趣的木叶盏、别具一格的剪纸贴花,以及质朴秀雅的釉下彩绘装饰最负盛名,产品畅销大江南北,出口海外,对瓷都景德镇元代青花瓷的勃兴起了直接的推动作用,在中国陶瓷发展史上占有重要的地位。1957年江西省人民政府公布其为第一批江西省文物保护单位,2001年国务院公布为第五批全国重点文物保护单位,2017年12月入选第三批国家考古遗址公园名单。

吉州窑遗址地处江西省吉泰盆地,位于吉安县永和镇西侧。永和镇为第六批中国历史文化名镇,距吉安县城敦厚镇9公里,距吉安市区15公里,距江西省会南昌市234公里。沟通江西南北的母亲河赣江偎依镇东。赣江上溯赣州,穿大庾岭梅关,连通广州;下达南昌,转运长江,输往北方和海外。背负绵亘数十里的浅山丛林,遥望赣江东岸,禅宗古刹净居寺隐于青原山。青原山富藏瓷土,为瓷土产地"鸡冈岭"所在地,周围山岭燃料充足。富有瓷土和燃料资源,加之优越的交通条件,造就千年古窑——吉州窑。

研究表明吉州窑创始于晚唐五代,发展于北宋,盛烧于南宋,元代末期趋于衰落,具有一千多年的瓷业烧造历史。遗址是一处古代瓷窑和市镇聚落交错的综合性遗址,包含晚唐五代至宋元明时期的窑业遗存和永和古镇,以及其他地上、地下历史遗存等,如窑址范围内的省级文物保护单位有清都观、本觉寺塔等(图2)。遗址分布范围东至赣江西岸,西到永和中学东侧,南止塔里前村,北届林家园南面。现存24座窑包,窑址总面积80500平方米,堆积726800立方米(图3)。

▲图2 吉州窑遗址航拍照

▲图3 吉州窑遗址范围

二、吉州窑青白瓷研究简况

"江西窑器,唐在洪州,宋出吉州",具有独特价值、闻名中外的吉州窑,很早就受到人们的关注,前人在考古调查和发掘的基础上进行了非常好的研究,取得了非常多的研究成果。初步统计,关于吉州窑的调查报告和研究文章有 218 篇,有关吉州窑的专著有 14 本,内容主要集中在吉州窑遗址和吉州窑的瓷器品种、装饰工艺、艺术特色等。

关于吉州窑青白瓷的研究,分为两类。

第一类:少数一些学者注意到吉州窑的青白瓷生产。陈伯泉先生根据 1975 年江西省文物管理委员会对吉州窑的小型试掘成果,不仅从宋代文化层直接叠压在五代文化层上,确定了吉州窑的烧造历史至少应该是从五代开始,与历史文献《东昌志》记载"至五代时,民聚其地,耕且陶焉"吻合,而且确认五代文化层出土的因搭釉、变形而报废的、原状套装于筒状平底匣钵内的温酒注碗,应是五代的青白瓷产品。为此,他将吉州窑白瓷划分为仿定窑白瓷、青白瓷和糙米黄白瓷三类[1]。陈伯泉先生是较早关注吉州窑青白瓷的。可惜这些重要的观点没有得到重视和推广。另外一些学者不仅关注吉州窑的青白瓷生产,甚至把吉州窑纳入到景德镇青白瓷窑系研究中。《中国陶瓷史》[2]在讨论宋代六大窑系,论述青白瓷窑系时指出:"青白瓷的出现,很快为世人接受,其烧造技术也很快传播到江西境内的十余个县市,南丰的白舍窑、赣州的七里镇窑、吉安的永和窑(吉州窑)等均生产青白瓷。福建、广东、广西、浙江、湖北、湖南、安徽、河南等省区的一些窑场也相继开始生产青白瓷,形成了一个以景德镇为代表的青白瓷烧造体系,其产品还远销海外。"张文江在《景德镇青白瓷鉴定》[3]和《景德镇宋元青白瓷》[4]两文中同样把吉安吉州窑纳入到以景德镇窑为代表的青白瓷窑系,作为江西生产青白瓷的重要地区。

第二类:多数学者虽然认为吉州窑产品具有浓厚的地方风格与民族艺术色彩[5],集南北名窑之大成,造型新颖独特,纹饰丰富多彩,瓷器种类繁多,然而忽略了吉州窑的青白瓷,甚至认为当时没有生产青白瓷,仅是把吉州窑当作宋元时期以生产彩绘瓷和黑釉瓷独步一时的窑场。1937年，大英博物馆的布兰克斯敦根据其在吉州窑遗址的实地调查研究，指出吉州永和窑是10世纪至14世纪生产多种瓷器的综合性窑口，包括白瓷、釉下彩绘瓷和黑釉等[6]，没有提及青白瓷。这可能与西方学者把青白瓷归入白瓷有一定的关系。在余家栋《中国古陶瓷标本·江西吉州窑》[7]和余家栋、刘杨《吉州窑》[8]两书中都有一个同样的章节《吉州窑瓷器的类别与纹饰装饰》，文中按胎釉将吉州窑瓷器分为青釉、黑釉、乳白釉、白釉彩绘和绿釉等，也没有谈到青白瓷，只是认为乳白釉瓷器釉色较薄不及底，近似早期的影青瓷。曹建文等《关于吉州窑历史地位的几点思考》[9]一文，把吉州窑品种按颜色分黑釉、绿釉、白釉、青釉等，按工艺技法分绘画、雕塑、印花、刻花、剔花等，其中没有涉及青白瓷。专门对吉州窑的瓷器品种进行研究的专家霍华等《吉州窑瓷品种谱系》[10]一文，依据装饰把吉州窑瓷分为颜色釉瓷、彩瓷和工艺瓷三大类，其中颜色釉项下的单色釉瓷型虽然有青白瓷系青白瓷一类，但是在具体说明中仅列乳白釉剔花梅枝纹碗，似乎把乳白釉与青白瓷混在一起。彭舟《吉州窑瓷釉种类及其装饰技法》一文认为吉州窑所烧瓷器种类多，纹样精美生动，釉色齐全，有青釉、酱褐釉、乳白釉、黑釉、釉下彩绘、绿釉、碎纹瓷和雕塑瓷等，所论述的瓷器品种较全，文中也没有谈及青白瓷。[11]

学者形成这类认识，可能与1980年对吉州窑的全面考古调查发掘有关。发掘者根据考古资料推断吉州窑各类瓷器的烧造年代，品种有酱褐釉青瓷、乳白釉瓷、黑釉瓷、彩绘瓷、绿釉、黄釉等[12]，没有涉及青白瓷。虽然在遗物分类中出现了细青白瓷，不过认为细青白瓷只在探方的表土层发现，数量较少，胎质细腻，釉色莹润，旋削规整，有的胎壁轻薄，釉层透明，釉面开冰裂纹，从釉色和胎质分析，与吉州窑有明显区别，为后来遗弃之景德镇等外地窑口瓷。这应该是学者忽略吉州窑青白瓷的关键所在。

三、青白瓷出土简介

除了前述1974年江西省文物管理委员会对吉州窑进行小型试掘，出土一批青白瓷外，近几年江西省文物考古研究院（2016年江西省文物考古研究所改名，

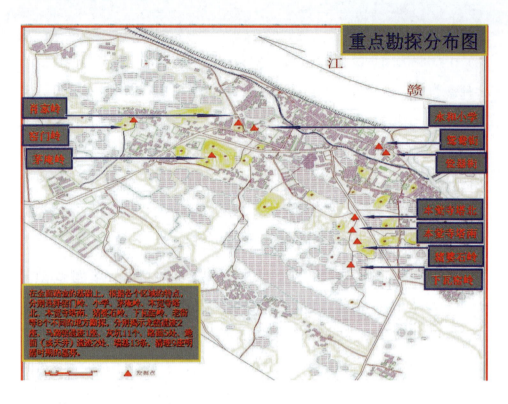

▲图 4 2006 吉州窑遗址探沟分布图

下同)对吉州窑遗址又进行多次调查和发掘,均出土了青白瓷,为进一步研究吉州窑青白瓷提供了第一手资料。

2006 年至 2007 年,为了全面深入研究吉州窑,江西省文物考古研究所在吉安县博物馆的配合下采用遥感考古技术对吉州窑遗址进行考古勘探。根据遥感考古提供的信息,在全面仔细踏查吉州窑遗址、明确吉州窑遗址范围、摸清各个区域功能的基础上,根据各区域的不同特点,分别选择在窑门岭、小学、茅庵岭、本觉寺塔北、本觉寺塔南、猪婆石岭、下瓦窑岭、老街等 8 个不同地方布 12 个探方(图 4),揭露面积 410.8 平方米,分别揭示龙窑遗迹 2 座、马蹄窑遗迹 1 处、灰坑 11 个、路面 7 处、墙基 13 条,清理 9 座明清时期的小型墓葬,出土一批瓷器和窑具标本,为以后的考古研究、遗址保护打下基础。[13]勘探调查出土的标本分青瓷、青白瓷、白瓷、黑釉瓷、彩绘瓷、绿釉瓷和瓷塑等,分别在茅庵岭、本觉寺、永和

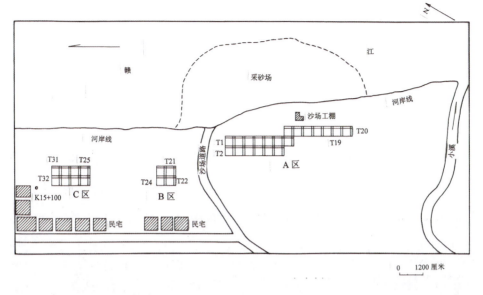

▲ 图 5 2008 年永和堤发掘布方图

▲ 图 6 2008 年永和堤发掘探方照

▲ 图 7 2008 年永和堤发掘地层照

▲ 图 8 2012 年尹家岭考古发掘地层

▲ 图 9 2012 年尹家岭考古发掘现场照片

中心小学等地点出土了青白瓷,器类有瓶、碗、盘、碟、杯、缸、高足杯、酒台、炉、高圈足炉、器盖等。其胎质较白瓷细腻,制作更规整。发掘者由此推断吉州窑青白瓷主要烧造于北宋时期。其器物造型多样,与同时期景德镇窑的青白瓷相比不相上下,有些高档的产品可与景德镇窑相媲美。其生产区域主要集中在永和镇上市南侧一带。

2008 年 2 月,江西省文物考古研究所在吉安县博物馆的配合下对永和堤除险加固工程永和改线段所涉及的吉州窑遗址外围边缘进行了考古发掘。在永和改线段 K14+700 米至 K15+650 米的工程范围内分 3 个区布 5×5 米探方 32 个(图 5、6、7),其中 A 区 20 个、B 区 4 个、C 区 8 个,揭露面积 800 平方米,清理了明代中晚期到清末民国时期的灰坑 3 个、池子 1 个、陶缸 3 个、铜钱堆 1 处、墙基 29 条、石柱础 9 个,以及由墙基和石柱础组成的房基遗迹 8 处,出土了一批晚唐五代至清代的遗物,品类多样。其从质地上分为陶器、瓷器和铜器,其中陶瓷器所占的比重较大;从用途上分为生活、生产和窑场产品两类。有关吉州窑早期青瓷、青白瓷标本的出土,充实了吉州窑的内涵,有助于对吉州窑早期历史的了解和研究,以及吉州窑的历史分期。[14]

2012 年,江西省文物考古研究所、吉安市博物馆、吉安县博物馆会同南开大学和南京大学历史学院考古与博物馆学系分别对吉州窑陶瓷厂遗址、尹家岭遗址进行了考古发掘(图 8、9),布 10×10 米探方 6 个、5×10 米探方 6 个、5×5 米探方 2 个、3×15 米探沟 1 条,方向正南北,发掘面积 995 平方米,揭露釉缸 8 个(图 10)、圆形砖池 2 处、长方形砖池 2 个、辘轳车基座 5 个、道路遗迹 2 条、砖墙遗迹 2 道、匣钵墙 3 道、排水沟 2 条、砖地面遗迹 2 处等大批遗迹。这些遗迹之间互相存在叠压打破关系,平面布局清楚,功能基本明了,分属宋代、元代等不同时期。尤其重要的是分辨出几组制瓷拉坯、修坯或者施釉作坊遗迹。这些制瓷遗迹基本上布局在用长方形砖或匣钵残片铺就的建筑遗迹中,一侧分布辘轳车基座(图 11)或者釉缸,一侧布局方形练泥池、储泥池或者熟料池(图 12)。这些发现为研究宋元时期吉州窑的制瓷工艺流程提供了重要资料。[15]

2013 年 1 月,江西省文物考古研究所、吉安市博物馆、吉安县博物馆和南开

▲ 图 10 陶瓷厂揭露釉缸

▲ 图 11 陶瓷厂揭露制瓷作坊遗迹

▲ 图 12 陶瓷厂 F4、F5 熟料池遗迹

大学、南京大学历史学院考古与博物馆学系联合对东昌路改造工程路段进行了抢救性考古发掘,分 A 区、B 区、C 区三区布 5×5 米探方 7 个、9×10 米探方 4 个、20×4 米探方 1 个、10×4 米探方 11 个,探方方向分别为北偏西 55°、北偏东 50°、北偏西 55°,揭露面积 1125 平方米(图 13)。3 个发掘区揭露 100 多个制瓷作坊遗迹,其中釉缸 17 个、方形砖池 9 个(图 14)、圆形砖池 6 处、辘轳车基座 7 个、砖墙遗迹 18 道、匣钵墙遗迹 2 道、排水沟 4 条、砖地面遗迹 5 处、匣钵地面遗迹 2 处、道路 1 条,以及灰坑 16 个。这些遗迹之间也互相存在叠压打破关系,平面布局比较清楚,功能基本明了,分属宋代、元代、明代(图 15)等不同时期。尤其重要的:一是在 A 区揭露的一系列南宋时期制瓷拉坯(图 16)、修坯或者施釉作坊遗迹(图 17),这些制瓷遗迹基本上排列在长方形砖或匣钵残片铺就的建筑遗迹中,一侧分布辘轳车基座或者釉缸,一侧布局方形储泥池,而且成组排

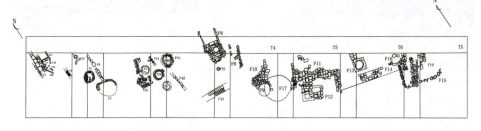

▲图 13 东昌路 A 区遗迹分布总图

▲图 14 元代熟料池遗迹

▲图 15 明代建筑遗迹

▲图 16 南宋制瓷遗迹

▲图 17 东昌路 A 区南宋制釉、施釉遗迹

▲图 18 元代遗迹

▲图 19 绿釉枕面残片(采:25)　　　　　▲图 20 黄釉枕残片(采:31)

列在一起。二是在 B 区清理出一系列元代的制瓷作坊遗迹(图 18)。这些遗迹有规律地分布在一道红砖墙两侧，整体布局与吉州窑南宋时期制瓷遗迹集中、紧凑、成组联排的特点相比，显得舒展、大方，呈现不同的时代风格。揭露丰富的成组制瓷作坊遗迹，为研究南宋、元代吉州窑的制瓷工艺流程提供了重要资料，深化了吉州窑的制瓷文化内涵。

2014 年 6 月，村民在吉州窑窑门岭西南和柘树岭东南地块新建尹家祠堂，工地暴露瓷器标本。江西省文物考古研究所联合吉安县博物馆对其进行了调查，发现文化堆积厚 1 米，散布面积约 500 平方米，采集标本以黑釉瓷、白瓷为主，青白瓷、绿釉瓷(图 19)次之，此外有少量青瓷、白地褐彩、黄釉瓷(图 20)和素烧器。值得注意的是这次出土了较为丰富的青白瓷，调查者推测附近为青白瓷的主要生产区域[16]。

2016 年 4 月，江西省文物考古研究所和吉安县博物馆在吉安县永和镇尹家村北吉州窑窑门岭东南发现北宋时期的窑业堆积(图 21、22)。采集到的遗物较为丰富，种类有青白瓷、酱黑釉、白瓷、绿釉、黄釉、素胎器、釉陶、窑具以及青瓷等。根据遗物推断窑门岭窑址是以烧造青白瓷(图 23)、绿釉(图 24)、黄釉器(图 25)为主的窑场，其中青白瓷占采集标本的 32%，可辨器形有壶流、壶底、盆、碗底、盏、洗、碟、炉等[17]。

2014 年 2 月至 2015 年 1 月、2016 年 9 月至 11 月、2017 年 3 月至 12 月，为深化吉州窑研究，配合吉州窑考古遗址公园的建设，江西省文物考古研究院、吉

▲图 21 窑门岭南面吉州窑遗址位置图

▲图 22 吉州窑窑门岭南面遗存

▲图 23 青白瓷器

▲图 24 绿釉盏　　　　　▲图 25 黄釉器

安市博物馆、吉安县博物馆会同南开大学历史学院考古与博物馆学系、厦门大学人文学院历史系等单位联合对茅庵岭窑址进行了考古发掘,共布 10×10 米探方 17 个(图 26),方向正南北,揭露面积 1750 平方米,发现有龙窑、房屋、道路(图 27)、墓葬、灰坑、墙体等遗迹,出土一批宋元明时期的青白瓷、白釉、黑釉、绿釉、彩绘瓷、卵白釉瓷器标本,考古发掘取得了较大收获。[18]此次发掘丰满了吉州窑的窑业面貌,拓展了吉州窑的文化内涵。此前对吉州窑瓷器品种的认识主要集中在黑釉器(图 28)、白地褐彩(图 29)、白釉器和绿釉器,新发现了黄釉器(图 30)、三彩器(图 31)、卵白釉(图 32),增加了吉州窑的瓷器种类。特别是把青白瓷从原有的乳白釉瓷分辨出来,明确了青白瓷的标准,为江西地区青白瓷的研究提供了新的资料,进一步揭示吉州窑所蕴含的技术与文化特征,展示吉州窑极其深厚的陶瓷文化。所揭示的龙窑遗迹(图 33、34、35、36),由上、下 3 条龙窑互相叠压组

▲图 26 茅庵岭窑址发掘

◀图 27 F68 三层道路全景

▲图 28 黑釉洒彩玉壶春瓶

▲图 29 白地褐彩敛口三足炉

▲图 30 黄釉素面玉壶春瓶

▲图 31 三彩刻花枕

▲图 32 卵白釉印花侈口盘

▲图 33 茅庵岭窑炉全景

▲图 34 F30·F37 窑前工作室

▲图 35-36 窑前工作室·火膛

成,结构清晰完整,由窑前工作室、火膛、窑床、窑墙、窑门、窑尾等部分组成。窑床长达 60 米、宽达 1.8-5.55 米,是目前国内发现最宽的、保存最好的龙窑窑炉遗迹之一。

四、青白瓷类型

上述吉州窑遗址的考古调查和发掘出土不少青白瓷标本,通过初步整理,分甲、乙、丙三类。

(一)甲类青白瓷器,器形有壶、罐、束颈罐、弦纹罐、温碗、盆、钵、碗、盏、酒台、盘、碟、杯、洗、盒、莲瓣纹炉、狮形熏炉盖、枕、点彩狮、狗、盖、狮形莲花器座、轴顶帽、试料器、火照等。

1.壶。均残,分口沿、流两种。

2014·尹·采:9,残存口腹部分,喇叭口,弧肩,颈腹间塑贴竖向扁平半环状系,黄白色胎,口沿及外壁施青白釉,釉色泛青灰,口径 10.7 厘米,残高 7.7 厘米(图 37)。

2014·尹·采:92,弧形圆管状流。灰白胎,胎体疏松,外壁施青白釉,残长 8.3 厘米(图 38)。

2.罐。

2014·尹·采:48,残存颈腹部分,溜肩弧腹,颈肩残存一竖向扁平半环状系,系面刻划一道凹弦纹,灰白胎,外壁施青白釉,残高 6.6 厘米(图 39)。

3.束颈罐。

2014·尹·采:86,口沿腹部残片,圆唇,束颈,弧腹壁,黄白胎,较疏松,口沿及外壁施青白釉,釉色泛黄,口径 9.6 厘米,残高 4.2 厘米(图 40)。

4.弦纹罐。

2012·J·D·F100:142,可复原,直口,垂腹,平底,外壁饰多道弦纹,底部粘两窑具残块,白胎,胎质较细,内、外壁满施青白釉,口径 11.4 厘米,底径 18 厘米,通高 7.2 厘米(图 41)。

5.壶罐底。

残存底腹部分,圈足,腹部斜弧,内壁拉坯痕明显,灰白胎,外壁施青白釉,釉色泛灰。

2014·尹·采:232,外壁不及底施釉,足径 7.2 厘米,残高 4.2 厘米(图 42)。

2014·尹·采:249,外腹壁刻仰莲瓣纹,足径 8.4 厘米,残高 4.2 厘米(图 43)。

6.温碗。

残存底腹部分,圈足,根据腹部特征的不同,分为 2 型。

A 型,腹部圆弧。2014·尹·采:36,内底粘连变形注壶底腹,外底留存浅灰色垫圈痕,灰白胎较细腻,内外壁施青白釉,釉色泛青,外底足见流釉现象,足径 8.8 厘米,残高 4.5 厘米(图 44)。

B 型,外腹部压印六道凹棱。2014·尹·采:1,内底宽平有一周弦纹,外底心留

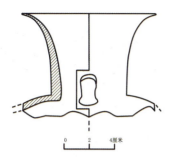

▲图 37 壶（2014·尹·采:9）

▲图 38 壶流（2014·尹·采:92）

▲图 39 罐（2014·尹·采:48）

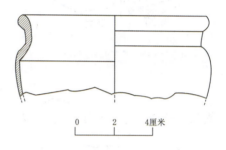

▲图 40 束颈罐（采:86）

▲图 41 柳斗罐（2012·J·D·F100:142）

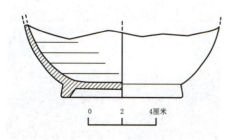

▲图 42 壶罐底（2014·尹·采:232）

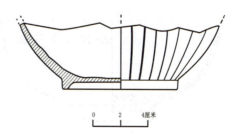

▲图 43 壶罐底（2014·尹·采:249）

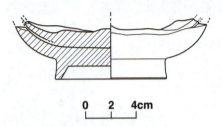

0　2　4cm

▲图 44 A 型温碗(2014·尹·采:36)

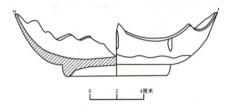

▲图 45 B 型温碗(2014·尹·采:1)

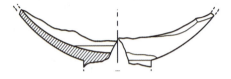

▲图 46 盆(2016·J·Y·A 采 184)

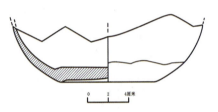

▲图 47 A 型钵(2014·尹·采:46)

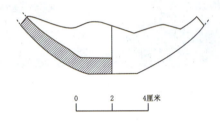

▲图 48 B 型钵(2014·尹·采:79)

▲图 49 A 型碗(2012·J·D·T23②:5)

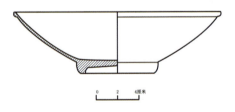

▲图 50 A 型碗(2014·尹·采:284)

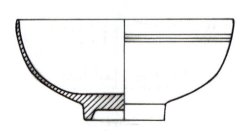

▲图 51、52 B 型碗(2008·永·T25⑦:152)

存灰色垫圈痕,灰白胎致密,内外壁施青白釉,釉色泛灰,外底足无釉,足径7.6厘米,残高4.8厘米(图45)。

7.盆。

2016·J·Y·A采:184,残存下腹以及底足部分,弧腹壁,灰白胎,器壁较厚,内壁满、外壁不及底施青白釉,残高5.5厘米(图46)。

8.钵。

根据足部特征的不同,分2型。

A型,卧足。2014·尹·采:46,残存底腹部分,斜弧腹,内底宽平,底心一周凹弦纹,灰白胎,略疏松,内、外壁不及底施青白釉,足径9.2厘米,残高6厘米(图47)。

B型,小平底。2014·尹·采:79,残存腹底部分,内壁斜弧,外底心留有浅黑色垫圈痕,青灰胎,较细腻,内壁满、外壁不及底施青白釉,釉色略显灰,足径2.8厘米,残高3.1厘米(图48)。

9.碗。

根据口部特征的不同,分为4型。

A型,唇口,圈足,灰白胎,胎质较细密,内壁满外壁及底施青白釉。2012·J·D·T23②:5,可复原,侈口,斜弧腹,内底下凹为平底,口径18厘米,足径6.4厘米,通高6.6厘米(图49)。2014·尹·采:284,可复原,斜直腹壁,外腹壁有明显的修坯痕,釉面开冰裂纹,口径18.4厘米,足径7.2厘米,高5.3厘米(图50)。

B型,侈口,圆唇,弧腹,圈足。2008·永·T25⑦:152,可复原,外壁上部有旋削痕,外底粘存垫圈,外腹壁可见规整的旋削痕,灰白胎,内壁满、外壁至底施青白釉,釉色泛灰,口径12.2厘米,足径4.6厘米,高5.4厘米(图51、52)。

C型,撇口,斜弧腹,内底宽平,圈足。2014·尹·采:3,可复原,外腹壁刻划一周仰莲瓣纹,胎白细腻,内外壁满施釉,釉色青白泛黄,外底足无釉,口径8.4厘米,足径7.4厘米,高7厘米(图53)。

D型,花口,对应外壁压凹棱,斜弧腹,内底近平,圈足规整,内施满、外壁不及底施青白釉。2006·Ⅱ·F8:453,可复原,内底边缘有一圈压印圈痕,白胎,胎质细腻,口径16.4厘米,底径8厘米,高6.4厘米(图54)。2012·J·D·F99:151,可复

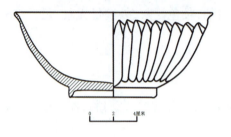

▲图53 C 型碗(采:3)

▲图54 D 型碗(2006·Ⅱ·F8:453)

▲图55 D 型碗(2012·J·D·F99:151)

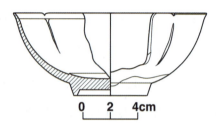

▲图56 D 型碗(采:20)

原,腹壁斜直,与口沿对应处压印出阳筋,内底压印圆心凸起,矮圈足,灰白胎,胎质较细腻,青白釉色泛黄,口径 18 厘米,足径 6.8 厘米,通高 6.8 厘米(图 55)。2014·尹·采:20,可复原,外壁有一圈凹弦纹,灰白胎,口径 14 厘米,足径 5.4 厘米,高 5.8 厘米(图 56)。

10.盏。

圈足,依口沿的不同,分 4 型。

A 型,唇口,斜弧腹,内底圆弧,内壁满、外壁不及底施青白釉。2008·永·T25⑦:153,可复原,外底粘存垫圈,灰白胎,青白釉泛灰色,口径 12.2 厘米,高 5.8 厘米,足径 5 厘米(图 57、58)。2016·J·Y·A·采:170,可复原,外底可见旋削痕,内底留存落渣,黄白胎,釉层较薄,高 3.4 厘米,口径 10.7 厘米,足径 4.4 厘米(图 59)。

B 型,圆唇,撇口,圈足。2014·尹·采:64,可复原,外足墙修削不甚工整,外壁可见明显的修坯痕,青灰胎,内壁满、外壁不及底施青白釉,口径 10.2 厘米,足径 4.2 厘米,高 4.2 厘米(图 60)。

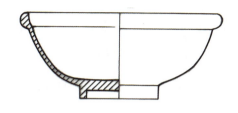

▲图 57-58 A 型盏（2008·永·T25⑦：153）

▲图 59 A 型盏（2016·J·Y·A·采：170）

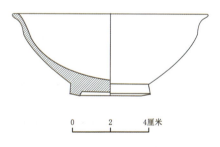

0　　2　　4厘米

▲图 60 B 型盏（2014·尹·采：64）

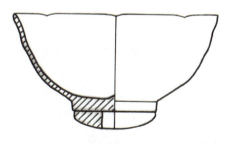

▲图 61 C 型盏（2008·永·T25⑦：178）

▲图 62 C 型盏（2012·J·D·F100：104）

▲图 63 C 型盏（2014·尹·采：32）

浅谈吉州窑遗址出土的青白釉瓷器

C型,花口,尖圆唇,口沿有缺口,内壁与口沿对应处塑阳筋,斜腹壁,圈足较浅,内底心有凸鸡心状,内壁满、外壁近底施青白釉。2008·永·T25⑦:178,可复原,外底粘存垫圈,外腹壁有旋削痕,口径10.2厘米,足径4.2厘米,高4.7厘米(图61)。2012·J·D·F100:104,可复原,黄白胎,胎质较细密,口径8.6厘米,足径3.2厘米,通高3.6厘米(图62)。2014·尹·采:32,残存底腹部分,内壁五道放射状出筋,内底心有一脐突,灰白胎,青白釉色泛灰,足径4.2厘米,残高3.5厘米(图63)。

D型,敞口,斜直腹,腹下部内折,内底宽平,矮圈足。2012·J·D·F100:115,可复原,灰白胎,胎质较细密,内壁满、外壁至足施青白釉,口径11.2厘米,足径6厘米,高4.6厘米(图64)。

11.酒台。

圆唇,折沿,直腹壁,圈足,白胎,胎体细腻,内壁满、外壁至足施青白釉。

2006·Ⅱ·T2338⑥:14,可复原,口径12.8厘米,底径7.2厘米,高3.3厘米(图65)。

2012·J·D·T8①:16,可复原,台口径4.2厘米,盘口径11.4厘米,足径5.4厘米,高2.7厘米(图66)。

12.盘。

有折腹、弧腹之分别,有圈足、小平底之不同,分3型。

A型,直口,厚唇,直腹壁,小平底,内壁与底相交处有一周凹弦纹。2008·永·T25⑦:95,可复原,灰白胎,内壁满、外壁不及底施青白釉,口径13.5厘米,足径5厘米,高3.8厘米(图67)。

B型,侈口,尖圆唇,腹壁坦弧,内底宽平,圈足。2014·尹·采:223,可复原,圈足修削规整,内壁一周凹弦纹,内外壁可见旋削痕,灰白胎较细腻,内壁满、外壁不及底施青白釉,釉薄泛青黄,口径16厘米,足径6.8厘米,高2.7厘米(图68)。

C型,花口,尖圆唇,微敛,斜弧腹,内底宽平,圈足,口沿有缺口,与缺口对应处的外腹壁压印竖痕,有的内壁饰菊瓣纹或牡丹纹。2008·永·T25⑦:84,可复原,足端平切,灰白胎,内壁满、外壁不及底施青白釉,口径13.2厘米,足径5厘米,

▲图 64 D 型盏（2012·J·D·F100：115）

▲图 65 酒台（2006·Ⅱ·T2338⑥：14）

▲图 66 酒台（2012·J·D·T8①：16）

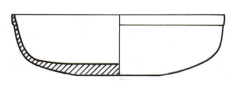

▲图 67 A 型盘（2008·永·T25⑦：95）

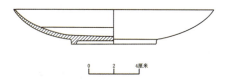

▲图 68 B 型盘（2014·尹·采：223）

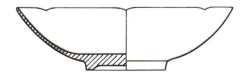

▲图 69 C 型盘（2008·永·T25⑦：84）

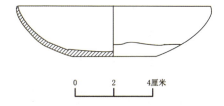

▲图 70 A 型碟（2014·尹·采：39）

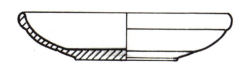

▲图 71 B 型碟（2008·永·T29⑦：1）

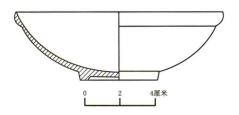

▲图 72 C 型碟（2014·尹·采：312）

▲图 73 杯（2012·J·D·T12②：65）

高 3.8 厘米(图 69)。

13.碟。

根据底足特征的不同,分 3 型。

A 型,圆唇,敛口,弧腹壁,小平底,内底较平,内底与腹交界处有一周凹弦纹,内壁满、外壁不及底施青白釉。2014·尹·采:39,口部变形,外壁有落渣,胎色灰白,胎质细腻,青白釉色泛青,口径 10.4 厘米,足径 4.4 厘米,高 2.6 厘米(图 70)。

B 型,厚唇,圆弧腹,内底圆弧,浅圆饼足。2008·永·T29⑦:1,可复原,灰白胎,内满、外不及底施青白釉,口径 8.2 厘米,高 1.8 厘米,足径 4 厘米(图 71)。

C 型,唇口,斜弧腹,外壁有明显的修坯痕,矮圈足。2014·尹·采:312,可复原,足较规整,外壁有旋削痕迹,浅灰色胎,内壁满、外壁不及底施青白釉,口径 11.8 厘米,足径 4.4 厘米,高 3.8 厘米(图 72)。

14.杯。

花口外撇,弧腹,内腹壁出筋,高圈足。

2012·J·D·T12②:65,可复原,白胎,胎壁极薄,内外壁满施青白釉,釉面光亮,口径 10.4 厘米,足径 4 厘米,高 6.2 厘米(图 73)。

15.洗。

依据口部的不同,分 2 型。

A 型,圆唇,侈口,弧腹,内底宽平,边缘有一周凹弦纹,圈足,外腹壁剔刻一周莲瓣纹,内壁满、外壁不及底施青白釉。2016·J·Y·A·采:191,可复原,生烧,灰胎,釉色不显,高 5.4 厘米,足径 6.4 厘米(图 74)。

B 型,圆唇,敛口,弧腹,内底圆弧,内壁近底有一周凹弦纹,圈足,内壁满、外壁近底施青白釉。2016·J·Y·A·采:93,可复原,灰白胎,高 3.4 厘米,口径 14 厘米,足径 4.8 厘米(图 75)。

16.盒。

分盒身和盖。

盒身,子口,直腹有凸棱,矮圈足,灰黄胎,胎质较疏松,外壁施青白釉,口沿

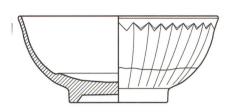

▲图 74 A 型洗（2016·J·Y·A·采：191）

▲图 75 B 型洗（2016·J·Y·A·采：93）

▲图 76 盒（2012·J·D·D·采：13）

0 2 4厘米

▲图 77 盒（2014·尹·采：43）

▲图 78 点彩盒盖（2012·J·D·T13②：40）

▲图 79 莲瓣纹炉（2012·J·D·T15①：58）

▲图 80 狮形熏炉盖（2012·J·D·F100：130）

内壁不施釉。2012·J·D·D·采:13,可复原,外壁四周凹棱,口径10.8厘米,足径0.6厘米,高5.7厘米(图76)。2014·尹·采:43,残存口沿部分,釉色泛黄,局部脱釉,口径10.8厘米,残高4.2厘米(图77)。

点彩盒盖,方唇,盖壁较直,盖面弧隆,石榴形钮,盖面饰四块褐色圆斑。2012·J·D·T13②:40,可复原,盖面可见旋削痕,灰白胎,胎质较细,仅盖面施青白釉,釉面透亮,口径6厘米,通高3.3厘米(图78)。

17.莲瓣纹炉。

圆唇,撇口,微束颈,弧鼓腹,圆饼足,外腹壁刻划一周仰莲瓣纹。

2012·J·D·T15①:58,修复,灰白胎,胎体细腻,口沿以及外腹壁施青白釉,口径7.2厘米,足径4.4厘米,高9.2厘米(图79)。

18.狮形熏炉盖。

2012·J·D·F100:130,修复,盖顶隆起平直,顶置一蹲狮,狮头右倾,狮口大张,左前脚踩踏圆球,狮尾上翘紧贴背部,尾部和北部均划竖线狮毛纹,灰白胎,胎质细腻,外壁施青白釉,内侧不施釉,盖径7.9厘米,通高10.5厘米(图80)。

19.枕。

分3型。

A型,椭圆底座残片。2014·尹·采:102,长方形圆角,灰白胎,底及内壁无釉,外壁施青白釉,釉色泛灰,残高4.4厘米(图81)。

B型,褐彩六方枕。2012·J·D·T12③:23,残存枕面,六方形,枕面平坦,枕面边沿、内侧分别刻划2组六方形直线纹,直线纹由3根线条组成,枕墙略内收,枕面边缘点褐色彩,枕面中间褐色彩绘梅花纹6朵,灰白胎,胎质细密,枕面施青白釉,最长19.2厘米(图82)。

C型,褐色点彩狮形枕。2012·J·D·F99:161,可复原,枕面呈如意形,下部承一卧状狮子,狮头右撇,双目圆睁,龇牙,狮尾右甩,鬃毛纹理清晰,眉毛、尾巴及狮身背面施褐色点彩,黄白胎,通体施青白釉,底部露胎,通高10.8厘米(图83)。

20.点彩狮。

2016·Ⅳ·T3120①b:1,压塌变形,狮尾上翘,怒目露齿,舌头外吐,背部饰鬃

▲图 81 A 型枕（2014·尹·采：102）

▲图 82 B 型枕（2012·J·D·T12③：23）

▲图 83 C 型枕（2012·J·D·F99：161）

▲图 84 点彩狮（2016·Ⅳ·T3120①b：1）

▲图 85 狗（2012·J·D·T12①：97）

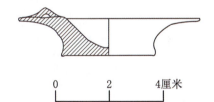

0　　　2　　　4厘米

▲图 86 盖（2014·尹·采：15）

▲图 87 狮形器座（2012·J·D·F12：8）

浅谈吉州窑遗址出土的青白釉瓷器

毛,狮体下部压塌变形,底面粘存垫圈,耳朵、眉毛及背部饰褐色点彩,灰胎,胎体略粗糙,除底部外,全器满施青白釉,通高5.1厘米(图84)。

21.狗。

2012·J·D·T12①:97,修复,四足站立,头左撇,大嘴,圆眼,右耳粘连窑渣,尾巴上翘至颈部,尾部施褐色点彩,灰白胎,胎质细密,施青白釉至腿部,釉层分布不均,通高4.3厘米(图85)。

22.器盖。

2014·尹·采:15,嵌入式,顶部内凹,盖面一侧贴一乳突钮,灰白胎,仅盖面施青白釉,釉色泛青灰,可能是壶瓶盖,面径6.6厘米,底径3.4厘米,高1.3厘米(图86)。

23.狮形莲花器座。

2012·Ⅳ·J·D·F12:8,可修复,器身呈狮形,头微侧,圆眼,高鼻,呲牙,尾斜下垂,背负莲花座,狮体中空,底部平,附四足,四足残,外壁施青白釉,生烧釉色不显,红胎,胎质略粗糙,通高13.5厘米(图87)。

24.轴顶帽。

2014·尹·采:47,可复原,外棱形内圆锥形,顶面平,灰白胎,内壁施青白釉,外壁无釉,高6.6厘米(图88)。

25.试料器

2014·尹·采:58,可复原,侈口,弧腹,圈足,内壁斜弧,底心有一脐突残存刻划痕,黄白胎,内壁满、外壁不及底施青白釉,生烧,釉色灰涩,口径9厘米,残高4.7厘米(图89)。

26.火照。

中间一圆形孔,内外壁施青白釉,依据形状的不同,分2型。

A型,利用唇口碗盏坯件改成,整体呈梯形。2016·J·Y·A·采:210,土沁明显,外壁残留窑渣,灰胎,残长5.6厘米,孔径1.2厘米(图90左上)。2016·J·Y·A·采:211,釉层较薄,粘有窑渣,灰白胎,胎壁较薄,残长4.2厘米(图90下中)。

B型,不规则形状。内壁土沁明显。2016·J·Y·A·采:131,釉层较薄,釉面有窑

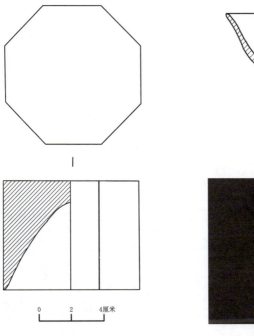

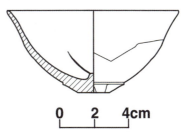

0   2   4cm

0   2   4厘米

▲图 88 轴顶帽（2014·尹·采:47）　　　▲图 89 试料器（2014·尹·采:58）

▲图 90 火照（JYA 采:131、205、209、210、211、244）

渣,黄色胎,胎壁较薄,残长4厘米(图90左下)。2016·J·Y·A·采:205,外壁残留窑渣,残长6.6厘米(图90中)。2016·J·Y·A·采:209,残长6厘米(图90中右)。2016·J·Y·A·采:211,残长3.9厘米(图90下中)。2016·J·Y·A·采:244,残长8.2厘米,孔径1.6厘米(图90右上)。

(二)乙类青白瓷。分为两种装烧方法。

一种是采用一个匣钵装烧一个坯件,匣钵与坯件之间采用垫饼间隔的装烧。这类器物胎质细腻洁白,内壁满、外壁至底足施青白釉,釉色白中泛绿,呈现湖水绿色,玻璃质感强,器物外底露胎,多数留存有黑褐色的垫烧痕。有的内壁篦划纹样,内容多为云气纹、牡丹纹,有的模印回纹,有的刻划折枝纹。器类有浅圆饼足撇口碗(图91)、小圆饼足斗笠盏(图92)、篦划纹圆饼足盘(图93)、刻划折枝纹盘(图94)、刻划月花纹盏(图95)、印回字凤穿花纹斗笠盏(图96)、瓜棱粉盒(图97)、回纹筒形炉(图98)、花口折沿盘(图98)、印花莲瓣纹器盖(图99)、篦划纹器盖(图100)。

另一些器物装烧,采用覆烧方法(图101)。这类器物胎壁较薄,尤其底足处理很好,呈现胎薄质细,内外壁满施青白釉,口沿刮釉露胎。装饰技法主要是模印、刻划,纹样主要是萱草纹(图102)、牡丹纹、莲瓣纹、莲花纹(图103)、鱼藻纹等,有的芒口口沿包银(图104)。器类有刻花碗、大平底盘、芒口碟。

刻花芒口碗。

2012·J·D·T23⑦:5,可复原,芒口,圆唇,侈口,浅弧腹壁,矮圈足,内底一圈凹弦纹,外壁细线划牡丹纹,白胎,胎体细腻,内、外壁满施青白釉,釉色泛青,口部刮釉露胎呈芒口,口径17.2厘米,足径6.6厘米,高5厘米(图105)。

刻花芒口盘。

2016·Ⅳ·F39③:58,可复原,芒口,圆唇,敞口,上腹壁斜直,下腹壁折收,圈足,内底刻划牡丹纹,白胎,胎体细腻,内、外壁满施青白釉,仅口沿刮釉露胎,口径19厘米,足径6.2厘米,高4.5厘米(图106)。

芒口碟。

2012·J·D·F32:197,修复,芒口,浅斜直腹壁,大平底,内底刻划折枝牡丹纹,

▲图 91 2006 永和小学撇口碗

▲图 92 2006 永和小学斗笠盏

▲图 93 2006 永和小学篦划纹盘

▲图 94 2006 永和小学刻划折枝纹盘

▲图 95 2006 永和小学月花纹盏

▲图 96 印回纹字凤穿花纹斗笠盏(2016MT3021I:3)-1

▲图 97 瓜棱粉盒

▲图 98 折沿盘、回纹炉

▲图 99 2006 永和小学印花器盖   ▲图 100 器盖(2012·J·D·T3③:14)

▲ 图 101　2006 永和小学出土乙类青白瓷

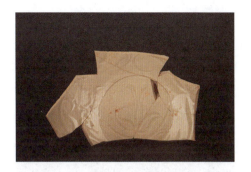

▲ 图 102　刻划萱草纹 2016MF39④：98

▲ 图 103　模印莲花纹碟（2006
永和小学出土）

▲ 图 104　2006 永和小学出土刻划碗

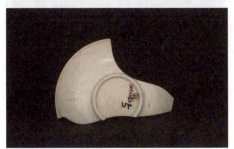

◀ 图 105　刻花芒口碗（2012·J·D·T23⑦：5）

◀ 图 106 刻花芒口盘（2016·Ⅳ·F39③:58）

▲ 图 107 芒口碟（2012·J·D·F32:197）

▲ 图 108 2016 茅庵岭出土青白瓷涩圈侈口碗

▲ 图 109 2016 茅庵岭出土涩圈敛口碗

▲ 图 110 2016 茅庵岭出土涩圈圈足印花缠枝菊花纹碗

▲ 图 111 2016 茅庵岭出土涩圈圈足折沿盘

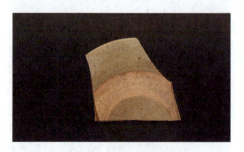

▲ 图 112 2016 茅庵岭涩圈敞口盘

白胎,胎质细密,内、外壁满施青白釉,仅口部刮釉,口径11.4厘米,底径8.8厘米,高2.1厘米(图107)。

(三)丙类青白瓷。

器物类型有长颈铺首瓶、涩圈圈足侈口碗(图108)、涩圈圈足敛口碗(图109)、涩圈圈足菊花纹碗(图110)、涩圈圈足折沿盘(图111)、涩圈敞口盘(图112)、涩圈印花碗、印花方形炉(图113)、印花乳钉炉(图114)、三足鼎式炉(图115)、高足杯、芒口圆饼足碗、撇口印花碗、贴塑枕。器物的装烧主要采用涩圈叠烧,有些仍然保留覆烧方法。装饰多数使用模印技法,个别采用刻划、贴塑,纹样内容有乳钉纹、折枝花、缠枝菊花纹、牡丹纹等。器物的胎质整体上不是很细腻,较为粗造,个别较为细腻,内外施釉,多数底足露胎,采用涩圈叠烧的器物内底有一涩圈露胎,釉层较薄,发色较为暗淡,呈现青灰、灰白、灰黄色,与甲类、乙类青白瓷的差异较大。

长颈铺首瓶。

2014·IV·F76:6,盘口缺失,长颈,斜溜肩,圆鼓腹,肩腹交界处贴一对铺首衔环系,高圈足,足壁有2周凸棱,足端留有黑色支烧痕,灰白胎,胎体致密,外壁施至足端,内壁仅颈部施青白釉,外底露胎处可见旋削痕,足径14.4厘米,残高62厘米(图116)。

芒口碗。

2012·J·D·T9②:37,修复,方唇,撇口,斜弧腹,内壁6道出筋,内底压印下凹,底与内壁交界处有1周凹弦纹,圆饼足微内凹,灰白胎,胎体细腻,内壁满、外壁及底施青白釉,口部刮釉呈芒口,外底足面露胎,口径16厘米,足径5.6厘米,高5.5厘米(图117)。

侈口碗。

2014·IV·M·F58:7,可修复,侈口,斜弧腹,饼足,灰白胎,胎体致密,内壁满、外壁至底施青白釉,内底刮釉一圈成涩圈,釉色显灰,釉面有玻璃光泽(图118)。

撇口印花盏。

2014·IV·M·F72:57,可修复,方唇,撇口,斜弧腹,内底呈小平底,矮圈足,内

▲图 113 2016 茅庵岭方形炉

▲图 114 2016 茅庵岭出土乳钉炉

▲图 115 2014 茅庵岭出土三足炉

▲图 116 长颈铺首瓶(2014·Ⅳ·F76：6)

▲图 117 芒口碗(2012·J·D·T9②：37)

▲图 118 侈口碗(2014·IV·M·F58：7)

▲图 119 撇口盏(2014·IV·M·F72：57)

▲图 120 高足杯(2016·IV·M·F39①：5)

▲图 121 莲花枕(2014·IV·M·F74：60)

腹壁模印缠枝牡丹纹，灰白胎，内外壁满施青白釉，釉泛灰色，仅口部刮釉成芒口，口径 11 厘米，足径 4 厘米，高 4.6 厘米（图 119）。

高足杯。

2016·IV·M·F39①:5，可修复，尖圆唇，撇口，上腹较直，下渐弧收，喇叭状足中空，足沿外撇，内底心刻划折枝花纹，灰白胎，胎体细腻，内外壁满施青白釉，底足露胎，口径 10.2 厘米，足径 4 厘米，高 14 厘米（图 120）。

莲花枕。

2014·IV·M·F74:60，残缺严重，枕面刻划荷叶纹，底座壁贴塑荷叶和莲花，白胎，胎体细腻，枕面和枕座施青白釉，釉面有玻璃光泽，残高 9.5 厘米（图 121）。

五、小 结

通过上述描述和初步比较发现：

甲类青白瓷造型多样，器形有壶、罐、束颈罐、弦纹罐、温碗、盆、钵、碗、盏、酒台、盘、碟、杯、洗、盒、莲瓣纹炉、狮形熏炉盖、枕、点彩狮、狗、盖、狮形莲花器座、轴顶帽、试料器、火照等。其与吉州窑窑场生产的最具特色、最为人所知的典型产品黑釉、白地彩绘瓷器相比，胎质细腻坚致，淘洗精细，多呈白或灰白色，器物内壁满、外壁不及底足施青白釉，釉层较薄，呈现吉州窑较薄的风格，釉色泛灰、泛青或者灰白。器物装烧使用一件匣钵装烧一件坯件，坯件与匣钵之间采用垫饼或垫圈间隔，垫饼和垫圈直径小于器物底足，外底足留存黑褐色垫烧痕，这种装烧方式与北宋中晚期景德镇湖田窑青白瓷的装烧方式类同。[19]该类器物不太重视瓷器的装饰，一些碗盘的外壁偶见刻划莲瓣纹。多数产品与同时期景德镇窑的青白瓷相比，胎质和釉色显粗糙，生产年代主要为北宋时期。该类遗存广泛分布于吉州窑遗址的永和堤、窑门岭南、尹家祠堂、茅庵岭窑址、本觉寺岭等，是北宋时期吉州窑窑场的主要生产品种。

乙类青白瓷虽然有两种装烧方法，但不管采用一件匣钵装烧一个坯件，还是采用覆烧方法烧造，器物均胎质细腻洁白，胎壁较薄，尤其底足处理很好。釉层均匀，玻璃质感强，釉色莹润，白中泛绿呈现湖水绿色。器物的装饰技法多样，有刻划、篦划、剔刻、模印、堆塑等,内容具有吉祥意义,如云气纹、莲瓣纹、莲花纹、萱草纹、菊花、牡丹纹、月花纹、凤穿花纹、回纹。器类有撇口碗、斗笠盏、盘、盏、斗笠盏、粉盒、筒形炉、折沿盘、平底盘、芒口碟、器盖。碗盘类圆器造型呈现圆饼足浅挖和大平底的特色。其时代主要属于南宋时期产品,出土地点相对甲类青白瓷较窄,是吉州窑生产的高档瓷器,有的口沿镶扣金银边。也有的学者认为该类器物可能是客货,是景德镇窑生产的。相关问题有待进一步深化检测、研究。

丙类青白瓷器物出土数量不多,器型有长颈铺首瓶、印花碗、侈口碗、敛口碗、菊花纹碗、折沿盘、敞口盘、方形炉、乳钉炉、三足鼎式炉、高足杯、芒口圆饼足碗、撇口印花碗、贴塑枕。多数器物装烧采用涩圈叠烧,最大的特色是内外壁施青白釉,内底留存一周涩圈,个别保留覆烧方法。装饰多数使用模印技法,少量采用刻划、贴塑,纹样内容有乳钉纹、折枝花、缠枝菊花纹、牡丹纹等。器物的胎质整体上较为粗造,不细腻,内外施釉,釉层较薄,发色较为暗淡,釉色白中泛灰,呈现青灰、灰白、灰黄色,与甲类、乙类青白瓷的差异较大。这些青白瓷无论器型、胎釉、装烧工艺与邻近的宁都、抚州一带生产的元代青白瓷接近,可能是邻近地区的产品,其真实属性仍有研究探讨的必要。

鉴于吉州窑是宋元时期以烧造黑釉和彩绘瓷为主的综合性窑场,此前虽然将吉州窑视为青白瓷窑系中的一个重要窑址,[20] 但是在早期的吉州窑考古发掘中,并未对白釉和青白瓷进行明确区分。[21]现今把吉州窑白釉和青白瓷加以区分,发现青白瓷在遗物总量中占比较大,尤其是北宋时期几乎是重要的生产品种。这有助于还原吉州窑的生产面貌,为研究吉州窑青白瓷的发展,乃至对南方地区青白瓷窑业技术的发展和传播,提供了重要的实物资料。[22]

参考文献

[1] 陈伯泉:《吉州窑烧造历史初探》,《江西历史文物》,1982 年第 3 期。

[2] 中国硅酸盐学会:《中国陶瓷史》,文物出版社,1984 年。

[3] 张文江等:《景德镇窑青白釉瓷器的鉴定》,朱裕平:《景德镇瓷器鉴定》,上海大学出版社,2006 年。

[4] 张文江等:《景德镇宋元青白瓷》,刘金城:《高安元青花博物馆专辑》2017年第二辑,江西美术出版社,2017年12月。

[5] 余家栋:《中国古陶瓷标本·江西吉州窑》,岭南美术出版社,2002年12月,第1页。

[6] 转引自赵冰:《五代宋元时期吉州窑仿定窑白瓷生产管窥》,上海博物馆:《中国古代白瓷国际学术研讨会论文集》,上海书画出版社,2005年。1937年布兰克斯敦返回英国不久,即在英国东方陶瓷学会报告江西之行的收获。该报告发表在次年东方陶瓷学会学报上。

[7] 余家栋:《中国古陶瓷标本·江西吉州窑》,岭南美术出版社,2002年12月,第1页。

[8] 余家栋、刘杨:《中国古代名窑系列丛书·吉州窑》,江西美术出版社,2016年5月。

[9] 曹建文等:《关于吉州窑历史地位的几点思考》,北京艺术博物馆:《中国古瓷窑大系——中国吉州窑》,中国华侨出版社,2013年。

[10] 霍华等:《吉州窑瓷品种谱系》,北京艺术博物馆:《中国古瓷窑大系——中国吉州窑》,中国华侨出版社,2013年。

[11] 彭舟:《吉州窑瓷釉种类及其装饰技法》,江西省博物馆:《江西省博物馆集刊(二)》,文物出版社,2011年。

[12] 江西省文物工作队、吉安县文物办公室:《江西吉州窑遗址发掘简报》,《考古》,1982年第5期。

[13] 张文江等:《江西吉安吉州窑调查勘探的主要收获》,《中国文物报》,2007年8月31日。

[14] 江西省文物考古研究所等:《江西省吉安县永和堤除险加固工程发掘简报》,《南方文物》,2011年第2期。

[15] 张文江:《吉州窑考古研究回顾》,北京艺术博物馆:《中国古瓷窑大系——中国吉州窑》,中国华侨出版社,2013年。

[16] 江西省文物考古研究院等:《江西吉安县吉州窑尹家祠堂遗址调查简

报》,《东方博物》,2017 年第 3 期。

[17] 江西省文物考古研究院等:《吉安县窑门岭南吉州窑遗址调查简报》,《东方博物》待刊。

[18] 张文江:《吉州窑茅庵岭窑址考古发掘的主要收获》,待刊。

[19] 江西省文物考古研究所等:《景德镇湖田窑址·1988 至 1999 年考古发掘报告》,文物出版社,2007 年。

[20] 叶喆民:《中国陶瓷史》,三联书店,2011 年,第 318 页。方李莉:《中国陶瓷史》,齐鲁书社,2013 年,第 381 页。中国硅酸盐学会:《中国陶瓷史》,文物出版社,1982 年,第 270 页。

[21] 江西省文物工作队、吉安县文物办公室:《江西吉州窑遗址发掘简报》,《考古》,1982 年第 5 期。

[22] 江西省文物考古研究院等:《江西吉安县吉州窑尹家祠堂遗址调查简报》,《东方博物》,2017 年第 3 期。

(作者系江西省文物考古研究院研究员)

湖南宋元时期
青白瓷窑址概貌

张兴国

汉唐时期湖南地区的制瓷业中心在湘江下游地区,以岳州窑和长沙窑为杰出代表,在中国陶瓷史上有着重要地位。长沙窑之后,湖南地区的制瓷业中心向湘江中游地区转移,衡州窑类型窑址、衡山窑类型窑址相继兴起,并扩展至三湘四水广大区域。岳州窑与长沙窑已在学术界广为人知,但对宋元以后湖南窑业面貌的讨论不多。2008 年以来,我们利用工作之便陆续在湘东的湘江流域、资水流域开展了宋元时期古窑址的考古调查工作,除了大量衡州窑类型和衡山窑类型窑址之外,还实地踏查了十余处宋元时期主要烧制青白瓷的古窑址。这些窑址共性突出,其中又以宋元以来的醴陵窑业最具代表性,考古工作也相对充分,可称之为醴陵窑类型窑址。与此同时,为配合基本建设工程,湖南省文物考古研究所先后又发掘了醴陵唐家坳窑址(2010 年)、益阳羊舞岭窑址(2014 年至 2015 年)、浏阳盐泉窑址(2016 年)3 个青白瓷窑址,由此我们对湖南地区宋元时期青白瓷窑址有了一个概貌性的认识。

一、湘东青白瓷窑址的考古调查

目前湖南所见青白瓷窑址主要集中在湘江流域的耒阳、衡东、醴陵、浏阳等地,资水流域仅见益阳的羊舞岭窑址一处,沅水流域和澧水流域暂未发现宋元时期青白瓷窑址。羊舞岭窑址已有调查报告和发掘简报刊发,其余窑址的调查资料尚

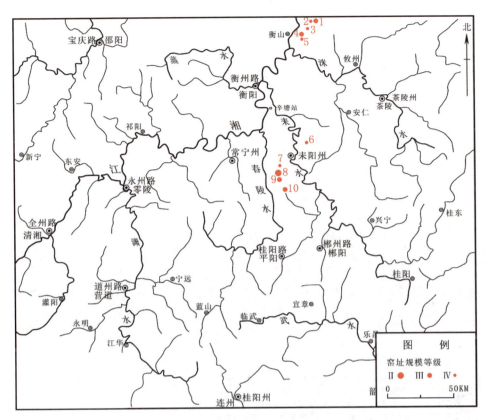

▲图1 宋元时期湘江中游青白瓷窑址分布示意图

1.北斗岭窑址　2.瓦子坪窑址　3.谭家桥窑址　4.南塘窑址　5.麻园窑址
6.利群窑址　7.窑冲窑址　8.虾塘村窑址　9.三泉村窑址　10.羊叶坳窑址

未整理刊发。此处简要介绍我们实地踏查过的湘江中游地区青白瓷窑址,包括耒阳市境内的窑冲窑址、猫形山窑址、瓦子坳窑址、老背山窑址、瓦子窝窑址、窑门前窑址、栾家岭窑址、羊叶坳窑址,衡东县境内的南塘窑址、瓦子坪窑址、谭家桥窑址。其中,耒阳的猫形山窑址、瓦子坳窑址、窑门前窑址、老背山窑址4处窑址都分布在磨形乡虾塘村内,为一处较大规模的窑址群,可统称为虾塘村窑址;栾家岭窑址、窑门前窑址都分布在磨形乡三泉村内,可统称为三泉村窑址。(图1)

(一)衡东县境内青白瓷窑址

1.南塘窑址

位于衡东县白莲镇南塘村南麻园岭、石门屋场一带,遗存散布面积约1.5万平方米,堆积厚 2~3 米,地表散见有青白瓷高足杯、碗、壶残片,圆器多为芒口,也可见碗心涩圈者,窑具有支圈、垫钵等。此前的文物普查工作曾发现"延祐四年"(1317)擂棒残片。(图 2)

2.谭家桥窑址

位于衡东县白莲镇谭家桥村北谭家桥小学附近,遗存散布面积约 2000 平方米,文化堆积厚 1~3 米,散见有青白瓷碗、高足杯、碟、盘,部分碗心模印牡丹纹,器多芒口,可见器心有环形涩圈者,窑具有支圈等。(图 3)

3.瓦子坪窑址

位于大桥镇瑶里村东南,遗存散布面积约 5000 平方米,文化堆积厚 1~5 米,散见有宋元时期青白瓷高足杯、碗、钵、盘、壶和清代的青花瓷碗等,宋元青白瓷

▲图 2 南塘窑址窑业遗存

▲图 3 谭家桥窑址窑业遗存

▲图 4 瓦子坪窑址窑业遗存

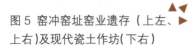

图 5 窑冲窑址窑业遗存（上左、
上右）及现代瓷土作坊(下右）

碗盘等圆器多芒口,部分碗心露胎叠烧,窑具有支圈等。文物普查曾采集有"延祐四年(1317)"款碗底。(图4)

除了以上3处,衡东境内青白瓷窑址还有三樟乡集富窑址、大桥镇北斗岭窑址,限于时间和人力,未能实地踏查。

(二)耒阳市境内青白瓷窑址

1.窑冲窑址

位于耒阳市南京乡板陂村西,窑业遗存散布面积约2400平方米,踏查时茅草丛生,未见原生文化堆积层,地表散见有青白瓷碗底残片、大量残断的支圈。该地瓷土细腻白净,现今仍有作坊在此处挖取瓷土原料。(图5)

2.虾塘村窑址

位于耒阳市磨形乡虾塘村一带,窑业遗存分布在猫形山、瓦子坳、老背山、瓦子窝、南塘等地,面积约10万平方米,是一个规模较大的窑址群,地表散见青白瓷碗、盘、壶、盒、炉等残片,同时也有涩圈叠烧的青瓷碗、盘等圆器,窑具有支圈、垫钵等,此外还采集有"崇宁重宝"铜钱。在南塘踏查时,我们在一村民家寻访到一本1995年修撰的《武城曾氏族谱》,族谱序言中称:"宋元时曾氏由江西永丰、泰和、南丰等地析居耒阳。"据谱牒记载,宋元时期徙居耒阳者有四支,其中一支系吉水嵩公之后裔,居云峰乡(今曾家坪),一支系南丰巩公之后裔,居石湾。江西永丰、泰和、南丰、吉水都是宋代青白瓷的重要产区,有著名的吉州窑和南丰白舍窑,耒阳青白瓷窑址的兴起与这些地方的移民无疑有重要关系,他们为耒阳带来了青白瓷制作技术,也带来了对青白瓷的市场需求。附近的青陂村据闻也有青白瓷窑址,但限于时间未能踏查。(图6)

3.三泉村窑址

位于耒阳市磨形乡三泉村一带,窑业遗存分布在窑门前、栾家岭、西岸龙家等地,面积约5万平方米,文化堆积厚薄不均,扰动较严重,地表散见青白瓷碗、杯等残片,莲瓣纹青釉涩圈碗等残件,窑具有垫钵、支圈等。当地村民家藏有"淳化元宝""至道元宝""咸平元宝""景德元宝""祥符通宝""天圣元宝""皇宋通宝"等宋钱。(图7)

▲图 6 虾塘村窑址窑业遗存

图 7 三泉村窑址窑业遗存▶

▲图 8 羊叶坳窑址窑业遗存

图 9 唐家坳窑址龙窑遗迹▶

4.羊叶坳窑址

位于耒阳市太平圩乡羊叶村南、太平水库西北一带,窑业遗存散布面积约 3 万平方米,文化堆积厚 2~3 米,地表散布有青白瓷碗、盘、杯、壶等残片,窑具有垫钵、支圈等。当地村民讲述修建太平水库时淹没了不少古窑址,可知这一带也是一处颇具规模的青白瓷窑址群。(图 8)

除了以上 4 处,耒阳境内还有芭蕉乡利群窑址,羊叶坳窑址群附近的山碧村窑排岭也曾发现青白瓷窑址,限于时间未能实地踏查。

二、青白瓷窑址的考古发掘

1.醴陵唐家坳窑址

位于醴陵市枫林市乡唐家坳村,为配合浏醴高速公路工程建设,2010 年 8 月湖南省文物考古研究所、株洲市文物局、醴陵市文物局对其进行了抢救性考古发掘。重点发掘了一条龙窑,窑床基本保存完整,残长 38.5 米,窑室前宽 2 米,中室宽 2.6 米,窑尾宽 3 米,窑床底部保存着大量垫钵。该窑的西侧设有 7 个窑门,窑门间用砖和垫钵砌成的类似于柴房和杂屋的设施,共 4 个。(图 9)器类有碗、盘、炉、杯等,釉色有青白瓷、青瓷和酱釉瓷。主要有支圈覆烧和涩圈叠烧两种装烧方法,器物多芒口或涩圈,窑具有垫钵、垫柱、支圈、火照等。探方发掘中出土有"开元通宝""元符通宝""景祐元宝""熙宁元宝""庆历通宝"等钱币,均为南宋之前铸造的钱币,也有刻划"咸淳三年(1267)四月"的纪年窑具。综合器物形态、装烧方法来看,唐家坳窑址应兴烧于南宋晚期至元代。醴陵后来发展成为全国知名的瓷都,离不开宋元时期青白瓷窑业对本地优质瓷土的首发之功。

2.益阳羊舞岭窑址

位于益阳市赫山区龙光桥镇早禾村、石笋村和沧水铺镇交界处的山丘和坡地上。为配合 319 国道益阳南线高速公路建设,2013 年 8 月至 2014 年 6 月,湖南省文物考古研究所、益阳市文物局对工程范围内受影响的窑址进行了抢救性发掘,清理出 4 座南宋晚期至元代的龙窑及其作坊遗迹。本次发掘揭露了不同时期相互叠压的龙窑及其作坊,且有明确的纪年材料,在以烧制青白瓷为主的窑址作坊区地层内出土一件"……陀佛咸淳三年八月日十一万诸佛……"刻铭青釉器,咸淳三年即1267年,而在另一区域作坊遗迹内发现了与元代龙泉窑莲瓣纹碗共存的"大德五年(1301)八月"轴顶板盏。发掘证实,南宋晚期羊舞岭窑的产品以青白瓷为主,以支圈覆烧法为主要装烧方法,在一个残垫钵上刻有"饶州"二字,确切证明了其技术乃至窑工直接源于景德镇地区。叠压南宋后期的元代地层中出土产品风格有了明显的变化,开始大量仿烧龙泉窑产品,内外壁饰莲瓣纹的折沿大盘、涩圈碗、高足杯成为其主要产品。这一转变为我们了解景德镇窑、龙泉窑不同风格产品的兴衰以及其对周围省份窑业技术影响的变化提供了很好的参照。目前资料所见,湘东地区青白瓷窑址普遍存在这一转向。(图10)

3.浏阳盐泉窑址

位于浏阳市淳口镇山田村,地处一当地称之为盐泉的山丘上。2016年10月至2017年1月,为配合蒙华铁路的建设,湖南省文物考古研究所联合浏阳市博物馆对浏阳盐泉窑址一座近现代龙窑进行了抢救性考古发掘。该窑址发现于1984年第二次文物普查,发掘期间共发现周边还有青白瓷窑包4处、青花瓷窑址1个。窑址附近有河流通向捞刀河,窑址所在的山田、龙伏等乡镇分布有丰富的高岭土资源,地表以下几十公分便有纯净的高岭土,原浏阳国营瓷厂便位于今盐泉村附近。发掘所见宋元时期产品分芒口青白瓷和涩圈青白瓷两种,以碗、盘、

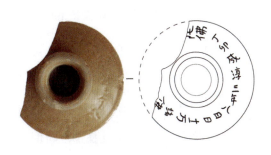

▲ 图10 羊舞岭窑址出土纪年器物

▲图 11 盐泉窑址近现代窑炉遗迹

杯为主,装烧窑具有垫钵、垫柱、环状支圈、火照等,制瓷工具有荡箍、轴顶帽、轴顶板盏。盐泉窑址是湘东山地窑业以其原料优势从宋元时期一直延续至近现代的又一案例。(图 11)

三、几点认识

综合目前所掌握的资料,湖南宋元时期青白瓷窑址有以下几个显著的特征:

1.在空间分布上,这些窑址都分布在相对偏僻的山地和丘陵地带,远离主干河流和主要支流,交通相对闭塞,尤其以耒阳境内的青白瓷窑址最为突出,其都选址在春陵江和耒水之间的山地,与汉唐时期窑址沿河分布的情况有很大不同。相比交通运输条件,这一类窑址在选址时似乎更注重原料。

2.地表散布遗存类型相近,均以芒口圆器、支圈、垫钵为主,以芒口覆烧和青白釉为主要特征。与芒口覆烧法共存的还有一套涩圈叠烧法,用以仿烧龙泉窑厚胎厚釉青瓷。从已发掘的羊舞岭窑址来看,仿龙泉窑青瓷产品一般略晚于青白瓷产品,各窑场的主烧产品普遍存在一个从景德镇系青白瓷到龙泉系青瓷的转向。

3.窑址所在地蕴藏丰富且质优的瓷土资源。这些地方往往孕育着当地的青花瓷窑址,窑址附近有青花瓷窑址,或与青花瓷窑共存,如南塘窑址与谭家桥窑址附近有虎形山窑址、茶石村窑址、荷塘窑址等清代的青花瓷窑,瓦子坪窑址与青花瓷窑址共存。附近的石湾镇现今还有较多制瓷厂,耒阳的窑冲窑址上有现代瓷土作坊,制瓷业延续至今。醴陵窑则发展成为了著名的瓷都。

4.湖南青白瓷窑址目前所见纪年材料都集中在南宋晚期至元代,器物形制也不见有南宋之前者。由此可以推论,湖南青白瓷窑址普遍兴起于南宋晚期,远晚于北宋时期已大规模生产青白瓷的江西、广东、广西地区,显得尤为特殊。

如何解释这些特征的形成?为何湖南青白瓷窑址的出现较周边地区晚?

首先,这可能与湖南地区汉唐以来较强势的青瓷生产传统有关。开发较早的干流和一级支流地区缺乏质量高的瓷土原料,但不影响青瓷的生产,汉唐以来的青瓷传统在宋元时期仍有强大的影响,相继而起的衡州窑类型、衡山窑类型青瓷窑址占据了主要河流的沿河生产空间。

其次,湖南实际人口在唐代天宝年间基本恢复到东汉永和年间的水平,并在宋元时期形成一个人口高峰,这一高峰直到清朝才被超越。湖南宋元时期的人口高峰与江西移民有密切关联,其中就包括江西的青白瓷窑业移民。湖南青白瓷窑址数量相对少,集中在湘东,制瓷技术应直接来源于江西,与南宋入湘的江西籍窑业移民有重要关系。从上文所述资料来看,江西青白瓷窑业技术入湘的可能线路主要有三:

1.景德镇 – 宜春 – 萍乡 – 醴陵 – 浏阳;

2.景德镇 – 鄱阳湖 – 长江 – 洞庭湖 – 益阳;

3.南丰 – 吉州 – 衡阳 – 耒阳。

以上是我们根据目前所掌握的资料做出的粗浅判断,是否合理还有待更深入的讨论。

(作者系湖南省文物考古研究所副研究员)

广西青白瓷研究的几个问题

何安益　廖其坚　聂敏莉

广西宋元时期的青白瓷生产地,集中分布在广西东南区域,以北流河流域最兴盛,武思江、浔江流域(桂平和平南段)及其支流也有分布,个别见于桂林青瓷窑中,但未形成规模。青白瓷窑中,经考古发掘的窑口有桂平西山窑、藤县中和窑、容县城关窑及北流岭峒窑,除岭峒窑外,其他发掘材料均已公开发表。根据资料,学者普遍认为广西宋元时期青白瓷业应源于景德镇窑的青白瓷技术,始烧于北宋早期,终于元初,篦划纹和印花是其装饰特征,产品除内销外,还有外销,北宋晚期至南宋早期达到繁荣,之后趋于衰落。此类观点代表过去对广西宋元时期青白瓷业认识的主流,具有代表性。笔者多次分析相关资料,特别是发掘报告,并结合近几年相关考古发现,认为广西宋元时期青白瓷业的研究仍存在诸多问题,如青白瓷烧造年代上限、空间分布、发展脉络、产品销售、技术来源等。在此,本文就广西宋元青白瓷相关问题提出新认识。

一、概况

(一)西山窑[1]

位于桂平市西山镇西山村,临黔江南岸与浔江交汇处。发掘两座斜坡式龙窑。产品釉色主烧青白釉,个别青黄釉,外壁施釉不到底;早期青白釉略偏黄,晦涩,中晚期青白釉呈影青色,釉色明亮。器类有碗、碟、盏、盘、炉、壶、罐、盒、洗、杯等,以碗、盘、碟为主。装饰以素面为主,少部分刻花和划花,主要为菊花、莲瓣纹。

装烧主要以漏斗形匣钵装烧,一钵一器仰烧,足内底有小圆形垫饼,个别支钉叠烧。早期产品见有敞口璧底碗,厚唇矮圈足,支钉叠烧;中期以凹口或直口高圈足为主要特征,侈口弧腹青白釉、葵口杯等;晚期以侈口或花口,浅腹或瓜棱腹及刻花和划花为主要特征。报告认为该窑时代上限北宋早期,下限北宋中期。

(二)中和窑[2]

位于藤县滕州镇中和村北流河东岸。1964、1975年两次试掘,发现两座斜坡式龙窑。出土瓷器的胎细腻洁白,以青白釉为主,釉色温润,有少量米黄、酱釉,通体施釉不裹足。器类有碗、盏、盘、碟、杯、壶、盒、罐、瓶、钵、灯、枕、腰鼓等,以碗、盏、盘、碟为主。装饰以印花为主,兼用刻划花和贴花等手法。模印纹饰有缠枝、折枝花卉、缠枝卷叶、束莲、萱草、海水游鱼、海水婴戏、飞禽等等,以缠枝花卉最为流行,以菊花、牡丹、芙蓉莲为主,其席纹地、菱形纹等印花风格突出。漏斗形匣钵装烧,绝大多数采用一钵一器的烧造方法,个别采用支钉叠烧。支烧具有支钉、垫饼、垫托。匣钵上多刻有姓氏、数字等。出土"嘉熙二年"(1238)纪年印模。发掘报告认为,两窑的时代分早晚两段,早段以Y1为代表,约北宋中晚期至南宋早期,一钵一器仰烧,印花布局饱满严谨,线条细密繁缛;晚段约南宋晚期至元初,出现一钵多器叠烧,印花装饰简化,布局疏朗。

(三)城关窑[3]

位于北流河中游,容县县城容城镇河段沿岸,主要是北岸岗丘,分布范围自东郊缸瓦窑经城区至西郊下沙子,长约五六千米,以西郊下沙子及东郊缸瓦窑最密集。考古发掘两条斜坡式龙窑。出土瓷器的胎体细腻、坚薄,釉色光洁,以青白釉为主,还有铜绿釉、黑釉及窑变釉。器类有碗、盏、盘、碟、杯、壶、罐、瓶、盒、唾壶、灯、钵、匜、炉、尊、腰鼓等,以碗、盘、碟为主。装饰以素面居多,部分划花和贴塑,海水篦划纹特征突出。纹饰常见花卉、植物、动物、人物题材,主要有缠枝花卉、缠枝卷叶、折枝花卉、海水游鱼和婴戏等,以缠枝花卉、海水游鱼、海水婴戏等为常见。青白釉多见为素面,以划花为主;铜绿釉以印花为主,个别外壁刻莲瓣纹。贴塑主要为翘莲瓣。装烧以漏斗形匣钵为主,一钵一器仰烧法,少量为直筒型,支烧具有垫饼、垫环。碗、碟、盏、盘多作花瓣形,侈口,小圈足,挖足规整,壶、罐、瓶多瓜棱腹,灯和炉莲花瓣形。发掘报告认为城关窑的时代上限为北宋初期,下限元初。出土"元祐七年"[4]纪年款缠枝菊印模。分早晚两期:早期均为青白釉,主要为刻花和划花;晚期出现铜绿釉和黑釉,铜绿釉内壁多装饰印花,青白釉多为素面。

(四)岭峒窑[5]

位于北流市平镇镇岭峒村,属于北流河支流。发掘的斜坡式龙窑是目前广西所见最长龙窑,长110多米。出土瓷器的胎质细腻,洁白坚硬,青白釉,釉层厚,有聚釉、流釉及釉滴。产品有碗、盏、盘、碟、壶、罐、魂瓶、炉、灯、砚、枕、盒、腰鼓等,以碗、盏、盘、碟等日用器为常见。装饰有印花、刻划、镂雕和堆塑等。模印花纹为主,有缠枝或折枝忍冬、荷花、菊花、牡丹等花卉纹,海水、游鱼、飞凤、魔羯等以及"富贵福寿延长"等吉祥语。另有青白釉点褐彩的装饰。装烧以漏斗形匣钵为主,绝大多数为一钵一器仰烧,极个别为支钉叠烧。窑具仅有匣钵、垫饼及支钉。产品以侈口斜弧腹为主,矮圈足,挖足修整,器表多见聚釉。发掘者认为该窑时代为北宋晚期至元初。除发掘出土外,还曾采集大量纪年印模 [6]。计有"宣和三年"(1121)、"绍兴二年"(1132)、"绍兴十年"(1140)、"乾道三年"(1167)、"淳熙二年"(1175)、"绍熙五年"(1194)"开禧丁卯"(1207)、"庚戌年"(1207)、"嘉定元年"(1208)。根据纪年,该窑至少可分早晚两段,早期为北宋晚期至南宋早期,晚段为南宋晚期至元初。

二、认识

(一)区域分布特征

根据各窑产品差异性,广西青白瓷大致可按两小流域分两小体系[7]。

1.浔江(桂平至平南段)和武思江流域:以桂平西山窑为代表,包括贵港武思窑[8]、玉林平山窑、浦北土东窑、桂平伟杨窑。该区域青白瓷以素面为主,少量刻划花,釉色偏黄或灰。早期产品常见高圈足,以西山窑和土东窑为代表,制作精细,产品丰富,其中西山窑常见装饰为内刻划花,高圈足碗比例高,土东窑内常见素面装饰,碗外壁则见有外刻莲瓣纹,少量高圈足碗,以西山最为显著。晚期以武思窑和平山窑为代表,足部制作粗糙,基本装饰多以素面为主,少见刻划花,高圈足也少见。特别是武思窑,多见聚釉,釉色呈现浅绿状,与岭峒窑所见釉色类似。总体看,该区域青白瓷由早及晚呈现一定同一性,可能源于统一技术体系。该体系最早应源于西山窑。

2.北流河流域:以城关窑为代表,刻划花和印花流行,后期出现点褐彩。典型窑口有城关窑、中和窑、岭峒窑等。釉色以青白为主,部分青中泛绿,或泛黄,釉色明亮,以一钵一器仰烧为主,使用漏斗形匣钵。器形以碗、碟、盏、盘、壶、盒为主,装饰手法有刻划花、印花、镂空。葵口和花口高圈足碗、洗,折腹盘、翘莲瓣炉、印花盏和碗特征突出,壶、罐常见瓜棱腹状。印花线条纤细流畅,布局饱满。岭峒窑还见褐色点彩。该区域高圈足流行,装饰各具特色,其中城关窑篦纹划花、中和窑印花、岭峒窑点褐彩和仿龙泉双鱼纹。总体而言,该区域最典型特征是胎洁白,釉色稳定,制作工整,器类丰富,具有统一性,表明青白瓷传入广西以来烧制技术的高度成熟。而装饰的多样化,一方面体现时代早晚,如早期刻划花,中期印花,晚期点褐彩和仿龙泉双鱼装饰等;另一方面是产品的创新,如吸收青瓷印花技术,广泛用于青白瓷装饰中,成为广西宋元青白瓷技术代表性产品。该区域技术体系总体呈现复杂化,从城关窑早期产品风格看,与西山窑早期具有一致性,素面为主,有高圈足、折腹等特征。该窑早期出现大量刻划花和印花,显现与西山早期不同,但与西山窑晚期类似,且釉色方面也与之具有相应规律,反映二者技术联系。但从城关窑晚期产品看,青釉印花技术影响青白瓷装饰风格,出现印花装饰,中和窑和岭峒窑则广泛采用印花技术,但中和窑个别器类和岭峒窑装饰也显示与城关窑上层差异,反映出各窑技术来源存在多样性,如中和窑五足穿孔炉与潮州窑类似[9],可能源于潮州窑技术。岭峒窑点彩和双鱼纹装饰均在本地寻找不到技术源头,可能与外来有关。其中双鱼纹应与龙泉窑体系相关,而釉色呈现聚釉现象则是地方烧造特点,或与时代有关,如贵港武思江武思窑也有类似特征,两者时代可能相近。城关窑下层大量出现的青釉印花,有学者认为可能与北方印花技术有关,笔者通过比较认为,无论从产品造型、施釉技术、釉料配方、印花纹样,都具有典型南方特征,应该与西村窑印花技术相关[10]。显然,北流河流域青白瓷产品早期技术可能与西山窑有关,之后受到西村窑印花技术影响,出现印花,中和窑和岭峒窑继承城关窑晚期印花工艺,并融合外来技术。因此,从技术角度,尽管北流河流域青白瓷技术与西山窑相关,但因发展过程吸收外来技术,呈现产品多样性。这种多样性可能与时代早晚有关,但产品质量稳定,具有统一性,反映了青白瓷技术在本地化过程中成熟发展。

以广西浔江(桂平和平南段)和武思江为代表的青白瓷产品从早至晚体现产品特征一致性,表明该区域青白瓷技术一脉相承,已经形成自身的发展体系,尽管各窑口产品特征存在个别差异,但总体特征可看到该区域产品存在技术多样性和统一性。

北流河流域尽管产品烧制技术高度成熟,甚至到达景德镇窑青白瓷技术水平,而个性化装饰表明该区域青白瓷技术与外来技术的融合度,并形成广西东南区域青白瓷产品两极化发展。以武思江为代表产品技术趋向于保守,产品装饰风格单调统一,胎釉质地差;北流河流域产品融合度高,适应当时产品市场需求,装饰风格多样化,胎釉质地高。不管北流河还是武思江,各窑口产品造型均具有长期稳定性,高圈足碗、折腹圈足盘、壶、炉等为常见器类,烧造方法不见芒口和涩圈叠烧法,器类不见军持和凤头壶一类常见外销器类,揭示广西青白瓷烧造技术统一性,也揭示广西青白瓷烧造技术来源多样性,其早期以西山窑为代表,应源于景德镇窑青白瓷技术,保留早期烧造技术与制作方法,漏斗形匣钵,一钵一器,足内底铁锈斑块风格均为典型景德镇窑青白瓷体系,之后,却形成自身发展体系,尽管吸收了西村窑和潮州窑技术,却与景德镇窑青白瓷技术发展关联不紧密,从而形成自有产品风格。

(二)印花技术独特性

根据历年发掘及采集资料可知,以北流河为流域代表的青白瓷窑口常见出土印花模具(俗称"花头"),形似蘑菇,表面以纤细的阴线或阳线制作出繁缛、饱满的各类纹饰,线条清晰流畅,以植物花卉为主,少量海水游鱼、摩羯等等,其中以六朵团菊最具特色,植物花卉常见菊花、牡丹、芙蓉等,人物常见婴戏纹。印花装饰主要集中于中和窑和岭峒窑,但出现于容县城关窑,主要用于烧制青釉瓷,部分用于青白瓷产品。可以说,广西青白瓷印花技术应源于本地青瓷印花技术成熟及广泛应用。青白瓷印花产品常见于碗、碟、盏、盘,其中盏和碟常见,这些器类也常见于青瓷中。

总体而言,广西青白瓷印花模有如下特征:

1.印花模具材质早期为硬陶,呈砖红或灰红色,属低温烧造;晚期印模瓷化,呈灰白色,高温烧造。

2.印模纹样多样,线条纤细流畅,纹样饱满繁缛,有阴线和阳线两种风格。广西青白瓷所见印花模,纹样制作技术精湛,以锦地和水波纹最具代表性,纹样生动形象,极其细腻繁缛,显示高超镌刻技巧,应是宋元时期中国印花技术典范。

3.模具常见刻划年号。集中于北宋晚期至南宋,或与时代风格有关。最早见于“元祐七年”(1092),最晚见于“嘉熙二年”(1238),可惜的是,其更多是采集而非发掘出土。

4.形状特征突出,蘑菇状,带实心或空心手柄,一次性完成,而北方为翻模二次制作而成,不见手柄。

尽管广西青白瓷模具纹样线条清晰,但器物显示较模糊。分析其原因,可能与器具材质和规模化生产有关。如材质方面,北方高铝低硅,可塑性更好,而南方为高硅低铝,可塑性略差。因此,瓷土中含硅不同,可能呈现软硬程度差异,影响翻模印花清晰度。广西青白瓷均为民窑,产品已经商品化,制作不大讲究,为增加产量,对印花翻模程序重视度不足,影响器具的印花装饰清晰度,或也是其中原因之一。

(三)始烧时间

如前所述,发掘报告认为,广西宋元时期青白瓷各窑口产品,以城关窑下层堆积和桂平西山窑早期堆积年代最早,可能早到五代或北宋初期。事实是否如此,在此笔者认为仍值得商榷。以桂平西山窑为例,报告对 Y1 和 Y2 均有三段段详细描述:

第一段,“Y1 下段,多曲凸唇、深腹或敞口、高圈足的器物”,“垫底层……瓷片多厚唇、深腹的碗、盘、碟等”。

第二段，Y2"所出器物，除垫底层发现少许支钉叠烧的敞口大圈足碗外，其余与Y1的Ⅳ层器物基本相同"。

第三段，"Y1、Y2 垫底层出土器物为代表……具有'璧底'、大敞口或宽厚唇矮圈足特点"。

首先西山窑早期器物均位于窑床底，其次是所见器物具有璧底特征，特别是第二段描述，与广西以及广东沿海地区晚唐五代时期青瓷窑产品一致，矮圈足厚唇及碗内底五个方形支钉痕特征明显。笔者也亲自观察标本，可以确认为晚唐五代青瓷产品，而报告把其归入青白瓷产品，属报告误判。最后，依据描述及相关标本观察，笔者认为垫底层产品应该属于晚唐五代青瓷窑口，而与青白瓷无关，只是青白瓷烧制出现，平整造窑烧造青白瓷过程可能破坏残剩的早期窑址堆积。

至此，判断西山窑青白瓷产品烧制年代上限应该以窑废品堆积为判断依据。该窑出土青白釉高圈足器，根据景德镇湖田窑出土情况可知[11]，高圈足和侈口碗、斗笠形碗、底足内因垫烧产生铁锈斑，均见于第二期晚段。湖田窑第三期前段出现半刀泥技法以及芒口器，装饰丰富刻划花，西山窑产品中不见半刀泥技法和芒口，揭示西山窑青白瓷始烧时间应该早于湖田窑第三期前段。因此，西山窑产品始烧年代应该相当于湖田窑第二期晚段，大致属于北宋中期偏早阶段。同样判断，容县城关窑早期堆积产品中，无论胎釉、造型、装饰均较西山早期成熟，洁白胎，稳定青白釉色，高圈足和折腹造型，丰富刻划花，均显示该窑青白瓷产品晚于西山窑。因此，城关窑青白瓷始烧年代上限应该介于北宋中期偏晚阶段。而出土"元祐七年"印花模具，证明该窑时代上限准确性。

广西青白瓷始烧时代上限是否早到北宋初期，就目前资料而言，证据支撑不足，还需更多考古学证据。烧造时代下限，依据纪年器物及器物造型，终于元初大致可确认。此下限年代广西青瓷窑口中也具有普遍性。可以说元初阶段，是广西宋元时期瓷业生产下限，青白瓷业也不例外。

（四）技术来源和发展脉络

1.技术来源。

广西地理环境特殊性，青白瓷生产中，始烧阶段技术应来源于景德镇窑，但之后,广西区域的青白瓷生产与景德镇窑相关技术逐渐存在脱节,形成相对独立封闭空间。广西青白瓷从早至晚,器物造型和组合总体比较稳定,不见军持和凤头壶外销产品常见器类,也不见芒口器。至于印花装饰,也与景德镇窑所见存在差异。这表明广西宋元青白瓷烧制技术独立性和封闭性。当然,尽管广西宋元时期青白瓷烧造技术存在技术独立性,但受整个宋代瓷业发展影响,特别是广东瓷业。随着泉州港地位提升,可能影响广东瓷器生产。北宋中晚期,临近广东西村窑和潮州窑对广西青白瓷生产技术产生较大影响,甚至推动广西宋元瓷业生产(青瓷和青白瓷均如此)在北宋晚期至南宋早期达到繁荣。基于此判断,广西宋元时期青白瓷始烧阶段是否如过去认为是景德镇窑瓷业技术直接传入仍值得探讨。

2.发展脉络。

研究判断广西青白瓷发展脉络特征,以往注重器物造型变化,但在广西青白瓷中,总体发展演变规律性不明显,从早至晚变化不明显,而从器物装饰和器类组合角度,能够观察到产品发展脉络。始烧阶段如以西山窑早期青白瓷产品中,素面为主,少量刻划纹装饰;至容县城关窑,开始盛行刻划花,篦划纹特征明显,并出现印花技术;北宋晚期至南宋早中期,城关窑晚期产品中,出现与西村青瓷窑雷同的印花技术,中和窑和岭峒窑则大量应用该类技术;南宋晚期至元初,点彩技术在青白瓷中广泛使用,并出现仿龙泉双鱼盘风格。当然,各个窑口中,个别器物因时代风格也存在器类组合差异,如西山窑青白瓷产品中,不见多管器和腰鼓,容县城关窑则出现,中和窑和岭峒窑有腰鼓。另外中和窑出现与潮州窑类似的五足炉,但不见于其他广西青白瓷窑口;岭峒窑出现典型南宋晚期至元初的长柄宽高圈足灯,也不见于广西其他窑口。关于腰鼓问题,根据目前资料,主要发现桂林一带青瓷窑口,大致北宋早中期就出现。

三、讨论

如上文所述广西青白瓷产品始烧时代、发展脉络,从目前考古资料判断,仅能大致梳理基本发展脉络。因空间发展不平衡性和地理单元封闭性,影响我们对广西宋元时期青白瓷产品诸多问题的判断。

第一，发掘资料局限性问题。过往发掘中仅清理窑床，对废品堆积发掘重视度不够。各窑口发掘量存在不足，多发掘同区域一个窑区，缺乏更广泛和全面考古证据。如集中在北流河流域发掘，武思江流域目前没有发掘。

第二，发掘方法和认识论问题。过去报告的资料和研究方法影响现在研究判断，不利于科学研究，需要依据新方法和新理论重新认识广西青白瓷发展脉络，特别是始烧时间和产品分期。

第三，广西宋元时期青白瓷空间分布存在统一性和差异性问题。对各区域青白瓷窑口相互关系和形成原因研究不够深入，需重新梳理认识。

第四，广西宋元青白瓷外销产品考古学证据问题。中国以及海外涉及中国宋元时期瓷业外销研究中，认可广西瓷业生产存在外销，特别是青白瓷产品，但至今为止，海外出土实物证据不足，更多仅是理论推测。笔者在广东考察时，广州市同行介绍了广州旧城考古发掘出土疑似中和窑产品，如确认，这是广西以外区域首次发现广西窑口产品，但是否为外销品，该产品证明不足。

第五，广西青白瓷生产繁荣期均集中于北宋晚期的原因除社会背景和海外贸易外，是否还存在其他因素。笔者初步认为与以下几个因素有关。

其一是泉州港瓷器贸易地位提升，广州港瓷器贸易中心地位衰落，导致了以生产外销瓷为主的广东瓷业生产衰落，产业特别是技术工人可能转移至广西。

其二，北宋晚期至南宋晚期广西博易场快速发展，促进对越边贸和西南民族区域贸易繁荣。如宋代横山寨博易场（现田东百银城遗址），经考古发掘[12]，出土大量具有商品性质的瓷器，除广西本地窑口外，还有景德镇窑、福建相关窑口。因此，初步认定以大理为主的西南贸易成为南宋时期南方瓷产品重要销售市场，以博易场作为交易场所，开展瓷产品交易。如马端临《文献通考·卷三百二十九·四裔考六》描述大理卖马商人在横山寨博易场的购物清单中，提及浮量钢器并碗，琉璃碗壶。所指浮量钢器并碗指景德镇浮梁所产瓷器。因云南大理临近的缅甸，东南亚内陆地区在宋代大理时期经常贸易往来，中国瓷产品可能通过博易场经大理销往以缅甸为主的东南亚和南亚内陆区域。

其三，北宋时期广西自侬智高起事和中越熙宁战争后，政通人和，经济快速繁荣发展,特别是元丰之后,人口也得以快速增加,促进广西手工业繁荣。

其四,宋室南渡后,南宋王朝失去对北方控制,调整了对边疆民族地区政策,广西从边疆蛮荒地区成为南宋重要商品贸易地区,西南的马、越南的香料等产品,均经广西输入,广西经济盛极一时。

总之,广西青白瓷业属于输入性技术产品,其发展过程与整个广西宋元时期社会文化密切相关,并非一蹴而成,理应存在诸多因素,是一个社会系统工程。尽管过去研究取得重要成果,但在现今看来,诸如发展演变规律问题、时代问题、外销产品问题、社会因素与瓷业生产关系等诸多问题需重新梳理和认识。这些最终归结为资料性基础工作,通过持续考古工作逐步完善,深入分析研究判断,方能逐步解决已存在学术问题,并在新理论和研究方法基础上有所突破。

结　语

综上所述,广西宋元时期青白瓷研究尽管在过往研究中取得丰硕成果,但在新发现、新方法、新理论涌现基础上,对于广西宋元青白瓷的空间分布差异原因、始烧时代、产品分期、产品销售、历史背景依然存在诸多认识上差异。如过去注重研究北流河流域青白瓷,但对浔江和武思江流域青白瓷认识不足,两区域之间关系如何,依然需要深入研究;产品分期方面,鉴于产品造型早晚存在模糊性,时代问题上,没有在始烧时间方面具有更多证据证明北宋初期始烧;而外销瓷方面更是严重缺乏实物证据;内销方面,随着横山寨博易场发掘,更证明宋代西南是瓷器重要销售市场,而其中博易场发挥重要作用。至于产生的原因,不仅仅是贸易发展需要,更可能与当时广西及宋代系列政策有关。显然,最终解决系列学术问题,仍需丰富资料支持,窑址考古工作任重道远。

参考文献

[1] 广西壮族自治区博物馆:《广西桂平宋窑址》,《考古学报》,1983年第4期。

[2] 韦仁义:《广西藤县宋代中和窑》,文物编辑委员会:《中国古代窑址调查发掘报告集》,文物出版社,1984年。

[3] 广西壮族自治区文物工作队:《广西容县城关窑宋代瓷窑》,《考古学集刊》第五辑,1987年。

[4] 肖清徽:《容县博物馆藏宋代瓷碗印模》,《文物》,1994年第1期。

[5] 韦仁义:《北流河流域青白瓷窑址发掘研究》,《超越·崛起:广西文物考古发掘十大精品》,广西人民出版社,2007年。

[6] 杨李:《简论广西北流岭峒窑出土的印模》,《文物世界》,2014年第4期。

[7] 吴辉:《广西宋代瓷窑格局试析》,《广西博物馆文集》第11辑,广西人民出版社,2014年12月。

[8] 韦仁义:《广西古代陶瓷综述》,《民族艺术》,1990年第2期。

[9] 李炳炎:《宋代笔架山潮州窑》,汕头大学出版社,2005年5月。

[10] 广州市文物管理委员会等:《广州西村窑址》,香港中文大学中国文化研究所中国考古艺术中心,1987年。

[11] 江西省文物考古研究所:《景德镇湖田窑址1988—1999考古发掘报告》,文物出版社,2007年。

[12] 谢广维:《百色田东那桓窑》,《广西基本建设考古重要发现》,广西科学技术出版社,2015年11月。

(作者:何安益系广西文物保护与考古研究所研究馆员,廖其坚系贵港市博物馆馆员,聂敏莉系广西藤县博物馆馆员)

繁昌窑青白瓷
造型、胎釉与
装饰特征的研究

汪发志

　　繁昌窑是五代、北宋时期长江下游地区著名窑场之一,该窑专烧青白瓷,产品造型端庄雅致、简洁实用,除供应本地及周边市场,还一度远销海外。由于繁昌窑窑场规模较大,历时较长,加之以往基于考古材料的器物研究较为薄弱,人们对其青白瓷产品特征的了解还不够全面。本文以近年发掘出土、地层明确的大量标本为基础,结合墓葬出土典型器物,以繁昌窑创烧、发展、衰落的历史阶段为主线,对繁昌窑青白瓷产品造型特征和演变规律进行总结,并对其胎、釉和装饰问题进行全面探讨,希望能给关注繁昌窑的专家、学者及文博同行以参考。

一、分期与组合

　　根据地层关系及墓葬排序,繁昌窑的烧造大致可分三个时期。

　　第一期:创烧兴盛期,对应年代为五代末至北宋早期(天禧之前)。该期产品组合丰富,种类包括碗、温碗、盏、盘、碟、壶、盒、炉、罐、钵、盂、枕、佣及各类仿生陈玩器具等,其中碗、盏、盘、碟是主流产品,各自在型式上存在丰富变化,盘的形制尤其丰富。相对而言,第一期产品造型优雅,做工细致,胎细釉润,流行叠唇、花口、腹部压印的做法,从造型到装饰均有五代遗风。

第二期：发展成熟期，对应年代为北宋中期约 1017—1077。二期延续时间较长，可分前后两段。前段器型单一，叠唇碗和叠唇盏占绝对多数，其他器型偶见钵、壶、温碗、盒等，花口圈足碟、尖唇敛口盏等零星出现。后段产品种类逐渐丰富，如花口圈足碟、尖唇敛口盏、平口圈足碟等逐渐普及，壶、温碗的数量有所增加。二期产品造型更趋实用，不太注重观赏性，器型种类较少，胎质不如一期细腻，胎釉的颜色有所加深，很少采用装饰手法，即使采用，手法也非常简单。

第三期：衰落期，对应年代大致为北宋晚期(元丰之后)。称为衰落期，主要是因为产品做工渐渐粗糙，品质相对而言有所下降，但三期器型再次变得丰富，出现不少新兴器型或新的式样。尤其是末段，除少数新兴器型如镂空炉等之外，大多胎质较粗，胎色青灰，露胎面积大，釉色较深，与一期同类产品差异显著。此期碗的内底流行模印菊花纹装饰，罐、炉等腹部常见刻划莲瓣纹，多瓣葵口、曲花口装饰常有发现，部分产品口沿浅刻缺花口。

总体上看，碗、盏、盘、碟是繁昌窑四大主流产品，产品造型从早至晚具有同步变化的趋势。壶、钵、盒、炉等产量亦多，但发掘标本并不丰富，且大多难以复原，其变化轨迹尚难以准确把握。从现有材料看，壶、钵、盒、炉等横向差异较大，变化轨迹相对复杂。(见表一、二、三：器物分期表)

二、造型特征

1.碗

碗一直是繁昌窑主流产品，变化轨迹清晰。依口部特征主要分三种，分别为：叠唇、尖唇和卷唇。

①叠唇碗。

叠唇碗是繁昌窑最具代表性产品之一，从创烧延续至废烧。基本造型为敞口、叠唇、斜弧腹、内平底、圈足。从造型上看，叠唇碗由早至晚的变化主要表现在腹部。第一期口径较大，腹斜弧，但多较浅缓；第二期，腹部多较斜直，内平底及底足均变小；至第三期，二期叠唇碗仍有生产，但比例明显下降，退居次要地位，占据主要地位的叠唇碗造型发生较大变化，弧腹略直，内平底较大，多下凹，部分接

器名 分期	碗			盏	
	叠唇碗	尖唇碗	卷唇碗	叠唇盏	尖唇盏
第一期					
第二期 前段					
第二期 后段					
第三期					

▲ 表一：器物分期表

器名 分期	碟			盘		
	圈足碟	平底碟	隐圈足碟	圈足盘		隐圈足盘
第一期						
第二期 前段						
第二期 后段						
第三期						

▲ 表二：器物分期表

器名 分期	温 碗
第一期	
第二期	
第三期	

▲ 表三：器物分期表

繁昌窑青白瓷造型、胎釉与装饰特征的研究

281

近圜底。三期稍后还出现一种叠唇宽扁、内底模印菊花纹的浅腹叠唇圜底碗，但一直未占据主流。

②尖唇碗。

基本造型为尖唇、敞口或侈口，内圜底或平底，圈足。流行于一、三期，二期零星可见，但风格与一、三期不同。一期尖唇碗均为侈口，数量、大小均与叠唇碗相当，口沿浅刻五缺，一般腹部对应五条竖条状压印，内面形成凸棱。多数内圜底，少见内平底。一期另见少量规格较小的尖唇侈口平底碗和敞口平底碗，口径一般为14—15厘米，大小介于普通碗、盏之间。三期尖唇碗较丰富，数量仅次于同期叠唇碗和卷唇碗，口部造型由敞及侈，末期侈而微卷，内平底逐渐弱化，末期成圜底或圜底饰弦纹一周。

③卷唇碗。

三期稍后出现，典型造型为卷唇、弧腹、内圜底、圈足，内底常见模印菊花纹装饰。从经常发现的口沿极窄、内平底渐圜直至消失的三期叠唇碗标本判断，卷唇碗造型应从三期叠唇碗演变而来，并一直共存。绝大多数卷唇碗的做工都较为粗糙，胎色青灰，釉色深绿或灰黄，是繁昌窑衰落期甚至废烧阶段典型产品之一。

2.盏

繁昌窑盏的数量与碗相当，且变化轨迹与碗相似。根据口部特征，主要可分叠唇、尖唇、卷唇三种。

①叠唇盏、卷唇盏。

叠唇盏也是繁昌窑代表性产品之一，从创烧延续至衰落。基本造型为敞口、叠唇、斜弧腹、内圜底、圈足。由早及晚，造型变化主要体现在腹部，局部特征变化主要在口沿。第一期叠唇盏腹浅缓，内圜底多较平坦，叠唇宽扁而稍薄，圈足修切规整。至二期，下腹斜收，内底尖圜，整体造型接近斗笠状，叠唇突出。口部特征变化体现在，一种口沿剖面呈椭圆形，一种口沿剖面呈三角形，后者有剖面重心朝下至朝上的变化趋势（大致为正三角形——三棱形——倒三角形）。至三期，叠唇盏口沿重心进一步上移、弱化，并出现卷唇盏。从部分卷唇稍厚的标本判断，其口沿特征介于叠、卷之间,与卷唇碗初现时的特征相同,说明卷唇盏应由叠唇盏演化而来。

②尖唇盏。

尖唇盏基本造型为尖唇、斜弧腹、圈足,内底有圜底、脐圈、脐钉或小平底几种,一、三期丰富,二期单一。一期最常见的为尖唇脐圈盏,口微敛,腹较浅,脐圈突出;其次为尖唇浅圜底盏,一般内底较平缓;少量为花口小平底盏,大多平底微凸。二期尖唇盏在前段仅零星出现,一般器型较大,后段数量大增,仍以脐圈、口微敛为主要特征,但较一期脐圈盏高度增加,脐圈不如一期突出。二期后段出现一种新型尖唇盏,敞口,内平底较大,规格一般稍大于常见的其他尖唇盏,此类尖唇盏所占比例不大。三期,尖唇盏式样丰富,基本上都是平口,偶见多瓣曲花口,内底以平底为主。各式出现的顺序稍有先后,但以共存关系为主。造型上主要有三种,一种为敞口或微侈,弧腹稍斜直;一种为侈口,斜弧腹;第三种为侈口或折沿,弧腹鼓,有些腹部有压印。内底径一般与足径接近,少数大于足径,部分折沿侈口盏内平底较大,与同期花口圈足碟难以区分。三期还流行一种内底装饰圆钮形凸起的盏,习称"脐钉盏"。从做法上看,其和早期内底突出的"脐圈盏"可能存在渊源关系,因其口沿有敞、侈甚至卷等多种做法,造型自成一体,故单列一型。三期末段还常见一种腹壁较直的盏,一般口微侈,近底部折收,圈足较高。这是繁昌窑晚期出现的新器型,造型规整,一般施釉至底足,其功能相当于现代的杯或瓯。

3.温碗

温碗的基本造型为弧腹略直较深,内平底,圈足较规整。形制大致有两种。一种足径大、足墙厚且规整,整个器型显得稳重,这类温碗一期至三期均有发现,二期尤盛。另一种足径接近普通碗,足墙高矮厚薄与普通碗并无明显区别,将其定为温碗主要是因造型上腹部相对深直,做工较普通碗类更为规整一些,施釉一般接近底足。这类温碗多见于一、三期。从造型及局部特征看,由早及晚,温碗最显著的变化在口部。一期最常见的造型是口沿至腹部压印,呈曲花口,一般为十瓣,有时压印宽窄相间。一期另见少量葵口,葵瓣瓣尖一般相对较平缓。二期温碗多见尖唇平口,足厚重规整,内平底较大。三期温碗最常见的是窄叠唇,足部较普通碗稍厚重一些,造型与三期叠唇平底碗接近。其次是尖唇平口、浅缺花口,葵瓣较尖的葵口温碗此期也较常见。

总体上看,繁昌窑窑址很少发现与注壶套烧的温碗标本,墓葬经常出土的深腹温碗(使用时口沿可至壶的肩部以上)在窑址上仅有零星发现。另外,注壶标本的数量与温碗的数量比例极不相称。因此,温碗在大部分情况下可能并不十分严格地作为温酒器之用,或者作为温酒器只是和其他执壶随机搭配使用。

4.盘

主要形制有两类,一类为圈足盘,一类为隐圈足盘。一期发现口径超过 25 厘米的平底大盘,但总体数量较少。

①圈足盘。

基本造型为敞口、斜腹、内平底、圈足。一期式样丰富,造型优美,二、三期退化,数量剧减,种类较单一。一期圈足盘以花口为主,按花口的做法又分为缺花口、曲花口和葵口,尤以缺花口数量最多。各类花口盘按规格又分大小两种,其中,缺花口盘以小型为主,大型次之,造型均为斜腹,有斜腹稍内收、斜腹略直、斜腹稍内弧几种变化, 以口沿伸展近侈者最为优美。小型曲花口盘数量略多于大型,两者均为折腰,小型者口腹稍内收或稍陡直,大型者则口沿外敞。葵口圈足盘总体数量不多,相对而言,小型者居多,大多斜弧腹,略折腰,葵口口沿大多为波浪形,见有较规则的葵瓣形,大型葵口盘则只有零星发现。从演变关系看,缺花口圈足盘对后期影响较大,其造型一直是繁昌窑圈足盘的主流。至二期,圈足盘基本上都是平口,一般为敞口、斜腹,造型传承自一期缺花口圈足盘。二期零星见到瓣数较多的多曲花口盘,其造型则明显受到一期曲花口盘的影响。至三期,圈足盘多为卷沿,大部分为平口,少量在口沿做缺花口的装饰。

②隐圈足盘。

基本造型为敞口、斜弧腹、内平底、隐圈足。一期数量丰富,做工精制,大多为平口,花口次之。平口隐圈足盘一般大小适中,腹较浅,内底径较大,隐圈足极浅但挖足细致。花口隐圈足盘一般为葵瓣口,规格稍大,略深,造型与前者无异。二期隐圈足盘少见。三期常见，一般为敞口或口沿外侈微卷，腹较深，形似盆状。三期隐圈足盘口沿外侈的做法与同期圈足盘、尖唇碗、平口圈足碟侈口或卷沿的风格一致。

5.碟

主要形制有三类：圈足碟、平底碟和隐圈足碟。圈足碟分花口、平口两种；平底碟一般为平口；隐圈足碟一般口径较大，腹较深，一期多平口，三期多缺花口，二期不见。

①圈足碟。

圈足碟的基本造型为敞口、浅腹、内平底、圈足。一期流行曲花口，少见葵口，平口几乎不见。曲花口的做法是采取口沿至腹部压印，根据等份的多少有 5-12 瓣不等，腹部有浅坦、有陡直。至一期后段，曲花口圈足碟以 10 瓣曲花口、浅腹陡直为相对固定的造型。二期，曲花口圈足碟数量下降，造型不如一期规整，但规格尺寸有所增大，曲花口瓣数普遍多于 8 瓣，但压印不甚严谨，一般为折腹，但不陡直。三期曲花口圈足碟内底下凹，腹加深，口沿外折，造型与盏接近。葵口圈足碟二期不见，三期较流行，葵瓣较尖，数量一般为 10 瓣左右，腹较深。平口圈足碟二期前段零星出现，一般为直口，尺寸较大，初期做工较规整，后段数量明显增加。至三期，平口圈足碟占据主流，有些腹部陡直，较厚重，有些腹部稍斜弧，相对轻薄。局部变化主要在口部，有直口、直口微侈、侈口微卷等几种。二、三期平口圈足碟口沿由直或微敛向侈口甚至卷沿的方向发展的趋势，和同期碗、盏、盘口部变化规律一致。

②平底碟。

基本形制为口微敞、斜腹稍陡近直、口沿无装饰、内外平底，造型从早至晚未发生明显变化。平底碟一期多见，二期、三期均有发现，但数量减少。一期平底碟造型不甚固定，从腹部看，大多腹稍浅，深腹数量少。至二、三期，所见平底碟则以深腹为主。

③隐圈足碟。

口径一般在 12-13 厘米左右，明显大于平底碟和早期花口圈足碟，腹较深，略陡直。一期隐圈足碟均为平口，偶见葵口，做工规整。二期不见，三期均为缺花口，做工不如一期规整，但施釉仍至足部，较同时期其他主流产品施釉更为细致。关于此类口径较大的隐圈足碟，除底足外，其造型特征与圈足碟、平底碟均有显著的区别，其功能是否作为碟使用，目前还难以定论。

6.钵

钵在窑址发现数量并不多，但各期、各地层均有发现，且作为随葬品在墓葬中极为常见，表明其是繁昌窑一直不间断烧造的产品，并且产量可观。通过大量钵类标本观察发现，钵的基本形制因其功能需要而定，但其造型和尺寸不像碗、盏那么严格，其口、肩、腹等局部特征常有变化，形成较为丰富的式样。

总体上看，繁昌窑钵可分两类，一类为有肩钵，一类为无肩钵。前者是主流，常见形制为微敞口、束颈、折肩或圆肩、弧腹斜收，变化最大的是底足，分圈足、隐圈足和平底。从数量上看，圈足最多，隐圈足次之，平底相对较少，主要发现于三期。口沿亦有差异，最常见者为厚圆唇，尖圆唇次之，三期发现不少小型钵，口为尖唇、短直口。无肩钵数量不多，主要发现于一期和二期前段，一般口微敛，宽沿微下凹，圈足底，其造型应传承自唐、五代时期的碗形钵。

①有肩圈足钵。

基本造型为敞口、束颈、折肩或圆肩、弧腹、内圜底、圈足（图一：1）。一期流行厚圆唇，二期圆唇略扁，三期器型变小，口沿更多的是扁、薄的直口，有些腹部有压印。二期小型扁圆唇有肩圈足钵常见柳斗纹（图六：3）及乳钉纹装饰。

②有肩隐圈足钵。

基本造型与有肩圈足钵一致，区别仅在足部。比较而言，一、三期较常见，二期偶见。一期隐圈足钵器型较大，挖足细致，足较浅，足径亦较大。三期则以中小型居多，普遍足径减小，挖足较深（图一：2）。

③有肩平底钵。

各期均有发现，三期较多。造型与前两类钵无明显区别，口沿、肩部特征亦类似（图一：3）。所不同的是，平底钵在三期仍保留厚圆唇、折肩的做法，且器型规格较大，而后期的圈足钵和隐圈足钵多为小型，且口沿多变得较扁薄。

1

2

图一 有肩钵

1.圈足钵

2.隐圈足钵

3.平底钵

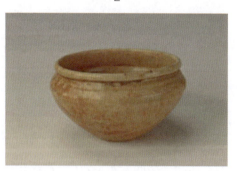

3

1

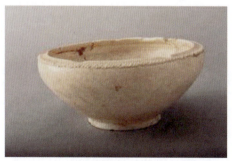

2

图二 无肩钵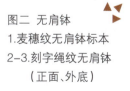

1.麦穗纹无肩钵标本

2-3.刻字绳纹无肩钵

（正面、外底）

3

④无肩钵。

均为敛口,口沿宽,平面微下凹,无肩,斜弧腹,圈足底。一期和二期前段常见,后期基本不见。常见口沿外缘饰有麦穗纹或绳纹等纹饰,且圈足内面多见刻字或墨书铭文(图二:1-3)。

7.壶

壶是繁昌窑常见产品之一,从比例上看,窑址出土不如墓葬出土丰富,表明其烧造成品率高,废品少,实际产量应当很大。关于执壶的功能,有"茶具"说、"酒具"说,甚至"茶酒具不分"之说,这不是本文探讨的范围。另外,和温碗的情形相同,本文所探讨执壶是单独使用的壶类,不包括和温碗统一配套使用的注壶类。

和同时代其他地区执壶类产品一样,繁昌窑执壶在实用的同时兼具审美需要,其造型力求美观、式样较为丰富、做工也较为细致。依口部分,有喇叭口、盘口及介于两者之间的类型;从颈部看,以长颈居多,也有少量短束颈,长颈的颈径亦有大有小;从肩部看,主要有圆肩和折肩两种,有些介于圆、折之间;从腹部看,主要有近椭圆腹和球腹两种,偶见扁鼓腹;从足部看,大部分为圈足,偶见隐圈足。柄以双股泥条比例最大,扁条形次之,见有少量三股泥条及柄面饰多棱竖条的类型。流以中长曲流为主,少量短直流(图三:1-4)。

8.粉盒

繁昌窑盒的种类大致有粉盒、香盒和药盒几种。窑址发掘粉盒最多,香盒、药盒较少,且多难以复原,造型特征不易把握,本文仅介绍粉盒。

粉盒不仅数量较多,而且式样相对丰富。根据造型大致可分圆形和直壁两类,又以圆形居多。考察两类粉盒的渊源,直壁形是粉盒的正统造型,唐、五代时期流行。圆形粉盒则与当时流行的仿生造型有关,如果形、石榴形等。繁昌窑粉盒早期丰富,且多饰莲瓣纹,后期渐变简单,多素面,但大多仍保留蒂形钮的做法。粉盒大多棱角圆折,少见五代时期流行的棱角分明的直壁粉盒(图四:1-3)。

9.炉

主要有杯式炉和镂孔炉两种。杯式炉又称带柄炉,是繁昌窑炉的主流造型,从早至晚均有发现。早期较精致,外壁多饰莲瓣纹,或做成曲花口,炉膛内底底心

图三 执壶 ◄

1.二系盘口执壶

2.二系盘口执壶

3.微敞口执壶

4.喇叭口执壶

1

2

3

4

1

2

图四 粉盒 ◄

1.直壁粉盒

2.莲瓣纹果形粉盒

3.石榴形粉盒

3

多见小圆孔(图五:1-3)。镂空炉主要见于二期后段至三期,由炉座和炉膛两部分组成,炉膛形似温碗,炉座形似豆盘,有些结构较复杂(图五:4)。镂空炉流行浮雕莲瓣纹及镂空装饰,在其他窑口少见,可能为繁昌窑特色产品。

10.罐

窑址常见,墓葬出土较少。最常见的是一种直口、卷圆唇、短颈,椭圆腹二、四系罐(图五:5),有些腹部饰瓜棱。从发掘标本看,窑址常见的一种军盔形蒂钮盖应与此罐配套使用。另见二系斜腹罐、直口罐、塔形盖罐等,但数量不多。

除上述十大类产品之外,繁昌窑还常见温壶(套件)、托盏、小水盂等产品。这些产品墓葬常见,而窑址发现较少,难以系统梳理。此外,繁昌窑还生产砚滴、砚台、三足洗、瓷枕、瓶、矮罐等,因材料不够丰富,本文未予讨论。

二、胎釉

胎釉的原料来源、配方工艺是一处窑场窑业技术的本质特征之一。从调查和发掘情况来看,繁昌窑自始至终专烧青白瓷,其胎釉原料的选择、配方及瓷器的装烧方式均未发生大的变化。但科技检测和外观特征均显示,繁昌窑青白瓷的胎料加工和瓷器制作从一期至三期呈现由精到粗的趋势。釉的成分早晚期无明显变化,但早期产品施釉一般至底足,二、三期除少数产品外,大部分产品均施半釉。

具体而言,胎质早期较细腻,中后期逐渐变粗。因为胎质细腻加上做工细致,早期产品露胎处大多比较光滑,晚期则普遍粗糙。胎色方面,早期以白中微泛青为主,随着胎质加粗,呈色向较深的青灰色方向变化,这是因为胎料加工时,为节约成本减少了淘洗的次数,从而导致铁元素含量增高所致。当然,这只是纵向关系的大致规律,从横向关系看,各期、各地层均可发现精、粗不等的标本,相对而言早期精致标本所占比例大,粗糙标本所占比例小,晚期则反之。

釉质方面,其成分由早及晚没有发生明显变化。釉色方面,繁昌窑青白瓷典型釉色早期多洁白,中后期普遍向偏青绿、灰黄的方向发展,其原因主要是受到胎色逐渐加深的影响。和胎的变化规律一致,每一期都存在釉色相对润白或青绿

1

2

3

4

图五　炉、罐

1.曲花口杯式炉
2.莲瓣纹杯式炉
3.凸棱柄杯式炉
4.镂空炉(套)
5.二系瓜棱罐

5

的标本,只是早期润白者所占比例大,晚期比例小,青绿、灰黄者则反之。

当然,由于古代龙窑装烧容量大,手工制作瓷器的干扰因素多,其瓷器釉色的呈色机理相当复杂。就青白瓷而言,学术界一般将其釉色界定在介于典型"青""白"釉色之间,这就造成青白瓷釉色的色度存在较大的摆动区间。大量标本统计表明,繁昌窑青白瓷釉色除由浅淡向灰暗发展之外,横向差异同样非常明显,即在同一地层、同一窑出土,均会发现釉色偏黄、偏青或偏绿的标本,一件典型的青白釉标本和一件釉色呈青绿或深黄色标本外观上相去甚远。事实上,即使釉色相近的标本仍然存在不同程度的细微差别,甚至同一件器物的不同部位亦会呈现不同的釉色。究其原因,主要是受到胎质、烧成温度、烧成气氛甚至埋藏环境等多方面因素共同影响。胎质方面影响毋庸赘述。烧成温度方面,泛黄或偏黄的标本一般烧成温度低,还原气氛不足,偏青绿的标本一般烧成温度高,完成二次还原,釉的玻璃质感强。烧成气氛方面,氧化气氛下,一般釉色泛黄或偏黄,还原气氛下,一般釉色泛青或偏青绿。对于同一件器物,朝向火力的一面和背向火力的一面也存在釉面特征的不同。对于质地疏松、釉面开片多的标本,经埋藏土浸后,呈色受土色影响较大。

总体而言,关于繁昌窑青白瓷的胎釉特征,各期表现为:一期,胎质大多较细腻,初期胎色较白,微泛青,稍后青灰色胎的比例增加,质地也没有初期细腻。釉色方面,初期大多为理想的青白釉,颜色浅淡居多,胎釉结合精密,开片少。稍后受青灰色胎的影响,釉色多泛青、泛绿。二期,胎质普遍较第一期略粗糙一些,胎色大多为白中泛青。釉色方面,颜色相应有所加深,开片标本比例增加。至三期,尤其是末段,胎质普遍较粗,大部分呈青灰色,相应地,釉色以青绿色居多,有些甚至呈青灰或灰黄色。做工方面,一期绝大部分较细致,不见施半釉产品;二期做工下降,但仍有部分产品如温碗、执壶、钵、盒等。

三、装饰

装饰是古代窑工追求瓷器美观的一种表现。瓷器的装饰方法和风格不仅受社会风尚影响,也受到制瓷工艺技术发展水平的制约。唐代之前,瓷器一般为单色釉,装饰较少。唐末五代时期,瓷器装饰悄然兴起。装饰技法从简单到复杂,装饰题材从单一到丰富。瓷器除满足人们日常生活的实用需要,审美与艺术价值不断提升。

繁昌窑在古代窑业大发展的背景下兴起,装烧技术和制瓷工艺成熟稳定。产品总体上注重实用,素面为主,装饰手法多见于盒、炉等兼具观赏性质的产品,所占比例小。装饰技法主要有刻划花、印花、贴塑、镂孔等几种,刻花所占比例最大。有些器物集刻花、划花和贴塑、镂于一身,大大提升了器物的艺术欣赏价值。装饰题材有植物、动物、人物和仿生等几种,植物最多,尤其流行莲瓣、菊瓣,纹饰大部分为图案化设计,很少写实。相对而言,繁昌窑的装饰早期较丰富,中后期退化。近年,在窑址发掘中发现一些装饰较为精美的标本,题材新颖,纹饰美观,进一步丰富了对繁昌窑装饰风格的认识。

1.刻、划花

刻花和划花是利用刀具或其他工具在半干的坯体上刻、划花纹的一种装饰方法,在宋代瓷器装饰中占有重要比重。一般而言,刻花刚劲雄健,划花细腻柔和。

刻花是繁昌窑最常见装饰技法,划花发现较少。根据刻痕深浅有浅刻和深刻之分;根据刻划方法分,一种是直接在器物上刻划,另一种是采用减地法,形成浮雕状效果;根据浮雕深浅又见浅浮雕和高浮雕。从题材上看,莲瓣纹是繁昌窑最流行的刻划纹饰,反映佛教文化在民间的盛行。繁昌窑刻划莲瓣纹常见于粉盒、炉、罐等产品,早年发现的一件莲瓣纹托盏和莲瓣纹杯式炉(图五:2)是分别代表浅浮雕和高浮雕装饰技艺不可多得的精品。2016年在柯冲窑址发现一件刻花器盖,盖面装饰两组植物花叶,向心布局。中心为朵聚状,四周为单瓣和三瓣花叶相间分布,两两相对。单瓣花叶形似鱼目,三瓣花叶应为朵花。该盖花卉纹饰采用浅刻技法,图案化设计,布局严谨,内容丰富,是繁昌窑目前发现的唯一一件此类风格纹饰标本(图六:1)。

划花常见于器物内底、枕面、壶腹等,在繁昌骆冲窑发现较多,有龙纹、羽纹、云纹、缠枝菊花、人物等,但大部分仅为个例,数量并不丰富。2016年在柯冲窑址

1

2

3

▼▼
◄ 图六　刻划花装饰标本
1.浅刻花叶纹器盖
2.划花脐圈盏底足（内面）
3.刻划柳斗纹隐圈足钵（残）

发掘中发现一件划花脐圈盏标本，内面围绕脐圈装饰花卉纹，以脐圈为花芯，底部为一朵绽放的梅花，构思精巧，图案逼真、生动，结合瓷器本身"类玉似冰"的青白釉色，显示出极为生动的艺术之美（图六：2）。

另外，繁昌窑还常见钵、炉、盒、碗类产品上装饰柳斗纹（图六：3）、旋涡纹、水波纹、麦穗纹、刻字等，其技法应归于刻划一类。

2.印花

印花装饰很早出现（印纹陶和原始瓷），到宋代得以新生，并成为主要装饰技法之一。繁昌窑印花装饰技法流行于中后期，常见做法是在碗底模印图案化菊花纹（图七：1），有时采用压印方法在器物外壁装饰菊瓣纹。

3.贴塑

瓷塑是宋代较为流行的一种瓷器类型，常见有仿生动物、人物等。为增加塑

1

2

图七 模印、贴塑装饰标本
1.模印菊花纹碗底足（内面）
2.贴塑栀子花叶粉盒盖
3.贴塑元多纹罐（肩部残片）

3

1

2

图八 镂空及其他装饰标本
1.镂空炉炉座（座盘部）
2.鱼座瓷枕（座部）
3.腹部出筋缺花口尖唇圈底盏

3

件的真实感,常常需要在局部采用贴塑的方法,如动物的五官、人物的服饰等。当然,局部贴塑也经常用于实用器物,使其更加生动、美观。下图一件贴塑植物花叶粉盒盖(图七:2),盖面以栀子花蒂叶部分整体覆盖,写实传神,极大地增加了器物的立体感和观赏性。

4.镂空

镂空装饰也是宋代较为常见的装饰技法之一,但繁昌窑并不常见。目前仅见于复合式镂空香炉。此类香炉其他窑址少见,可能是繁昌窑特色产品。2016年在窑址采集一件镂空炉炉座盘部标本,可见部分采用垂莲纹装饰,腹壁饰"∞"状镂孔,并刻划铭纹"天香吉所,廊殿连台",表明其是焚香用具,并常见于寺庙之中(图八:1)。同年,发现一件鱼座瓷枕标本。该枕枕面坚薄,为使鱼座写实生动,鱼身采用阴刻技法,对鱼鳞、鳍鳃、尾部进行细致刻划、贴塑,眼部及座、面交接处采用镂空技法,有玲珑剔透之美感,是繁昌窑少见结合多种装饰技法于一身的重要标本(图八:2)。

除上文提到的几大类装饰技法之外,繁昌窑还常见弦纹、凸棱、竖条等线性纹饰,另外,还曾发现乳钉纹、腹部出筋(图八:3)等。

四、讨论

1.关于繁昌窑青白瓷的特征,需要从造型、胎釉、装饰、做工等几方面全面考察。造型方面,繁昌窑产品总体上注重简洁、实用,主流产品从整体到局部有同步变化的趋势。胎釉方面,横向关系上,变化主要在釉色,造成横向差异的原因主要是烧成温度和烧成气氛等。纵向关系上,胎质早期洁白细腻者所占比例较大,后期胎质渐粗、胎色变暗。釉色方面,早期莹润洁白者所占比例较大,后期颜色加深,偏黄、偏绿者比例增加。装饰方面,所占比例总体较小,但一期较二、三期丰富,自始至终,繁昌窑瓷器装饰较局限于某少数几类器物的少数类型;做工方面,一期普遍较精,二、三期也可发现精工细作的产品,但所占比例明显小于一期。

2.关于繁昌窑产品造型及做工方面的变化,有一个比较有趣的现象,即很多器型在新出现时往往做工较细致严谨,随着产量增加,则做工细致程度下降。从宏观上看,初创时期产品组合丰富,做工似乎不惜成本;各期产品初始之时做工细致,之后品质逐渐下降;二、三期每推出新产品必然认真对待,似乎对打开市场、获得消费者认可有着很高的期待。这一现象从侧面说明,窑场的生存和发展应以市场需求为导向,其商品竞争意识应是商品经济发展的反映。

    注:本文线图一期尖唇碗、尖唇盏、花口圈足碟、花口圈足盘、曲花口和葵口温碗,图六、七、八重要标本均为安徽省文物考古研究所、繁昌县文物局2013——2015年繁昌窑遗址发掘整理未发表资料。

    本文照片由谢军、傅玉、崔炜、汪发志拍摄,线图由汪发志、郎福海、贾长友、亢艳荣绘制。

(作者系安徽省繁昌县博物馆副研究员)

金门县出土、出水的青白瓷

林金荣

金门县出土、出水青白瓷,反映了福建省闽南地区不同时代的历史文化背景,尤其一些中国古代外销贸易陶瓷器的发现,可以连结到大航海时代的论述观点。金门县水域至今仍属于尚未着手调查的古航道水域,可视为未来水下考古重要的潜力点。

一、金门县地理位置与历史沿革

金门旧名浯洲,又名仙洲,又有浯江、浯岛、浯海等诸名称,自古与平潭岛、东山岛、厦门岛同列为福建四大岛。它位于福建省东南九龙江出海口,介于泉州、漳州之间,与厦门仅一水之隔,《金门志》称:"金门与厦门相唇齿,虽富庶不及,而地之险要尤甚。其山川则有太武雄峻高耸,为贾舶往来之标准。其险则有料罗、塔脚,为贾舶所停泊,渡台贩洋之所自,于厦门为外捍,无金门则厦门孤悬海岛。"金门主岛距离厦门 40 公里,距离漳州 55 公里,东北距离晋江围头约 15 公里。

西晋太康三年(282)设晋安郡并置同安县。后中原多故,南迁难民多逃居岛上。唐贞元十九年(803),闽观察使柳冕奏置为万安牧马监地,从牧马监陈渊入岛开垦者渐多。宋代金门属同安县辖地,太平兴国三年(978),岛居者开始输纳户钞,形成几个规模聚落。宋元时期的动乱,从外地移入岛上的人口增加,生活遗址文化层中,出现不同的陶瓷器。金门县墓葬出土的宋代青白瓷双鱼碗(图一),直径16.5厘米,高6厘米,足底无釉,有墨书"四九"二字(图二)。

元代仍属同安县,官方在福建设有7所盐场,元大德元年(1297)在金门设立的浯洲盐场为其一,并置管勾司,将民丁编入盐籍,令其办盐应役,统治管理机构较为完整。浯洲盐场共辖有10个盐埕。埕分上、下,上埕为永安、官镇、田墩、沙尾、浦头,下埕为斗门、南安、保林、东沙、烈屿。元代制盐采用煎煮法,大量耗费柴火和人工,后来才改为日晒法,引海水进入,逐格蒸发,在卤池曝晒成结晶盐。该区域就近取用陶瓷、缸瓦残片铺底,出盐洁净且提高收成率,几百年来一直沿用,到近代才停止生产。元朝时,本地居民海上商贩有一定规模。《金门志》记载说:"其作巨舰行贩者,纳税于市泊官。"田野调查中盐埕有些铺片是通过水路直接从窑场搬运到金门来,传统上盐户俗称为瓷片坵(图三),盐田遗址中也有不少青白瓷残片。这见证了中国陶瓷烧造和外销贸易的历史演变过程(图四)。

明洪武二十年(1387)江夏侯办理福建海防,为防御倭寇侵扰,于沿海筑16个所城,增置45处巡检司。其中,在浯洲屿筑建金门千户所城,以其"固若金汤,雄镇海门"险要形势,改名"金门",沿用至今。隆庆元年(1567)开放漳州月港准贩东西洋,与东南亚、朝鲜、琉球、日本等国家和地区有直接贸易往来。金门有村民也随着风潮前往贸易中转站吕宋谋生。明代《沧海纪遗》上亦言:"(金门洪门港洪鼎铭)厥后三子成立,商贩外洋,巨富数十万。"金门与厦门在月港的繁盛时期,同为九龙江口重要的口岸屏障。明万历年间的《泉州府志》云:"一曰料罗,在金门极东,突出海外,上控围头,下瞰镇海,内捍金门,可通同安、高浦、漳州、广、潮等处,其澳广大,可容千艘,凡接济檽萑苻之徒,皆识其地,以为标准。"葡萄牙人、荷兰人也纷至沓来,到金门海域附近观察,描绘出一些写实的画片,想要寻求与中国贸易的合适据点。(图五)

清代泉州府下辖惠安、晋江、南安、安溪、同安等5个县。民国成立后,厦门、金门从同安析出,改置思明县。1915年金门设立县治,管辖区域包括大金门、烈屿、大嶝、小嶝、大担、小担、槟榔屿、虎仔屿、南碇、东碇、母屿、草屿等众多岛屿。

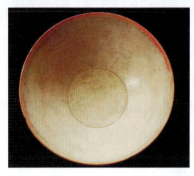

▲图一

▲图二

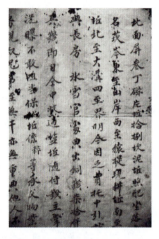

▲图三

▲图四

▲图五

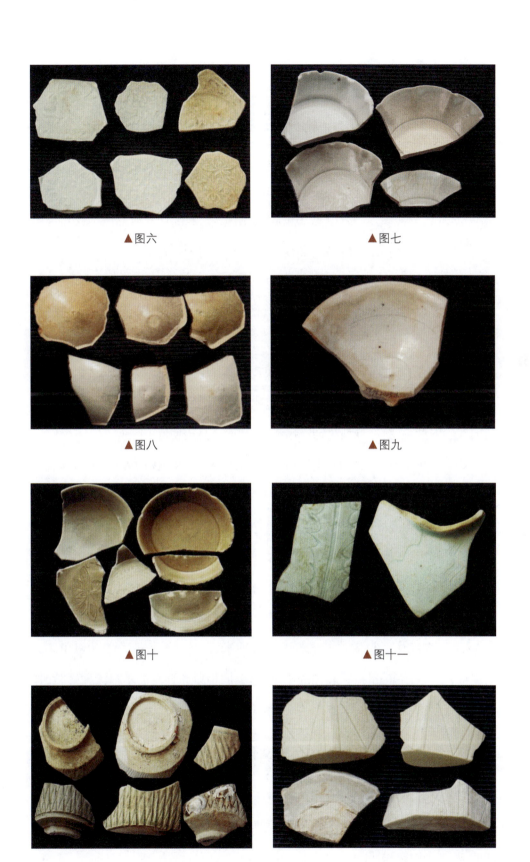

▲图六　　　　　　　　　　　▲图七

▲图八　　　　　　　　　　　▲图九

▲图十　　　　　　　　　　　▲图十一

▲图十二　　　　　　　　　　▲图十三

二、金门县发现的青白瓷类型

金门县出土、出水的青白瓷，以碗为大宗，尤其是宋元时期德化窑的产品居多，其他器型还有盘、碟、瓶、壶、盒、炉等。

碗类中有敞口碗和斗笠碗。

敞口碗，分深腹、浅腹两种，小平底，矮圈足，内腹模印花卉、婴戏、游鱼等图案（图六）。单以碗口造型来分有花口碗（图七）、芒口碗等。

斗笠碗，斜直壁，深腹，外素面，底心呈漏斗状，中央划旋花团纹，外划满扁平电缆纹，器底无釉。（图八）斗笠碗标本（图九）高3.5厘米，口径11.5厘米，底径4.3厘米，内腹壁1道弦纹，底划一圆圈，器外光素无纹。

碟，多为敞口，圆折腹，小平底微内凹，内满釉，外施釉至腹底部。（图十）

瓶类，多口沿翻折的长颈瓶，釉面有冰裂纹，足底露胎，瓶类瓷片标本采自金门前江湾古渡头，腹部刻划纹饰流畅精美，釉面光亮透明（图十一）。

炉。刻花篦划莲瓣纹炉，剔刻层次分明，外施青白釉，白中闪青，外壁施釉不及底，平切圈足无釉（图十二）。八棱方炉，颜色淡青微黄，大、小两种皆残器（图十三），完整品见于南海西沙华光礁出水图录。制作精美的莲花炉残器（图十四），全品上部八角形，方折，腹下做浮雕莲瓣，江西、福建、广东等各地区窑口都有烧造。

20世纪中期，金门海上渔船拖网作业，也常不经意拖带上来沉船瓷器，其中有些较为完整的宋代青白瓷粉盒，以德化窑制造的产品较多。出水的粉盒标本（图十五），直径9厘米，高4.5厘米，盒盖2厘米，盒身2.5厘米，盒身边缘模印成菊瓣纹，盒身、盒盖子母口，盒内底平坦，盒盖的母口和合身的子口无釉露胎，外壁通体施青白釉，盖面模印团花，器底有模印文字。

三、金门县发现青白瓷的历史文化意义

青白瓷是宋元时期主要的瓷器品种。北宋元祐二年（1087）开始设置泉州市舶司，泉州海上交通繁忙、畅达，对外贸易从泉州港出发，可以到达欧、亚、非三大洲的50多个国家和地区。

▲图十四　　　　　　　　　　　▲图十五

▲图十六　　　　　　　　　　　▲图十七

▲图十八　　　　　　　　　　　▲图十九

图二十▶

泉州古港包括泉州湾东北面的崇武港，泉州湾的蚶江港、石湖港、后渚港、洛阳港，深沪湾的祥芝港、永宁港、深沪港、福全港等。围头湾介于围头港、安海港和浯洲屿（金门岛）之间，围头湾内有围头港、金井港、东石港、安海港、石井港等。浯洲屿对外交通往来便利。南宋绍兴八年（1138）兴建的安平桥，在近年来修复工程中发现一段桥栏刻有"浯洲屿颜达为考妣施此一间"字样。考证《浯江颜氏族谱》资料，颜达为开基金门颜氏三世祖。颜氏家族在乡颇有名望，由于生活频繁往来与密切关系，才会促成如此义举。（图十六）

南宋时期，泉州船舶可以自后渚港航行至晋江入海口，再沿着晋江上溯至南安九日山下，来进行祈风祭典。嘉定十年（1217）真德秀知泉州府，为了保障商贸畅通无阻，曾赴金门巡防海滨，遣将击败盗贼，屯要寨于料罗，更换小船为战船，确保泉州湾南海岸的航行安全。宋代福建沿海一带，盛行祈风习俗，金门岛最高山北太武山，与漳州南太武山（在今漳州市龙海市港尾镇东南）遥遥相对，同是闽南海船航行标准的望山。南宋咸淳年间，山上建太武岩寺，供奉专司祈求航运顺畅的通远仙翁，又称通远王、崇应善利广福显济真君。近年来寺庙改建扩大，在旧寺遗址曾挖出宋代的破碎砖瓦和陶瓷片（图十七）。发现的陶瓷器碎片，多数为闽南窑口所生产，也有素面青白瓷碗。山上另建有倒影塔，实际上也是一座航标。地方文献上说："祠西影塔为航标，夜每放火，舟人遥望，以为指迷海道。"重建时清理塔基，也散布着宋元时期陶瓷片。

宋元时期金门地区属于古代泉州港范围，岛上已经形成规模聚落，附近海域航道和生活文化遗存，可以找到江西、福建等不同窑口的青白瓷。澎湖所发现的宋元陶瓷器，金门市几乎都有发现，不少相同类型的产品外销到日本、南洋地区，同时也出现在南海水下考古的调查报告中。未来金门可列为具有水下科学考古潜力的场域（图十八）。

四、金门海域沉船的文献回顾与探讨

金门海域四周向来潜在暗礁、沙汕、伏流的航行风险，并且夏秋交际常受台风影响，台风带来暴雨，造成海上巨风狂浪，不利过往船只航行。《金门县志》记载说：“金门在泉之南，四面环海，故东北风三时不绝，飓风所发，甚于内地。”自古以来船只经过金门水域，因遭遇风暴或触礁沉没、搁浅不在少数。官方为避免船难时，附近居民趁机抢拾船货占为己有，令各村落立下乡规制约。清光绪二十年（1894）所立的《大地内洋吴氏禁约》告示牌，今日仍悬挂于内洋吴氏宗祠内。禁约条款开列有言：“缘海往来客船，无论遭风宿泊，不许盗斩椗舵，夺取货物，即或冲碎流泊者，亦当报官严护，不得擅自捞拾残器，酿成祸端。敢有恃顽不遵、恣意盗抢者，鸣众公诛，呈官究罪。其违禁生事祸延合乡者，动费若干罚他自理。倘他埋脱，即向亲堂跟究。循情私勒，隐匿不报，察出同罪。”关于过往船只遇风灾搁浅，遭民众集体抢拾船货事件，《金门县志》记载说：“古宁头一带人家，旧多藏有底款‘玩玉’青花瓷器，胎釉精细光润，用来盛放生鲜食物，虽隔夜仍不变味。传闻系明代官窑所烧制，于运进京师内府时，船经金门，遇风沉搁海滩，村民争拾归藏。”

至今，每遇到台风或季节转换，都会将海底沉船部分乘载货物冲至岸际，但陶瓷器多数已为残器，釉色品相欠佳，有待启动正式水下考古工作，做进一步的科学探勘，才能完成详实的记录调查研究。（图十九）（图二十）

金门县水域一直是尚未完全探勘的区域，金门县出土和出水的中国古陶瓷的相关调查研究，为海上丝路不容忽视的探索范围，应该受到长期关注。

(作者系金门县金门文化协会理事长)

南海Ⅰ号沉船出水的景德镇窑与德化窑青白瓷

牛健哲

南海Ⅰ号沉船出水了大量南宋时期的陶瓷器,主要有龙泉窑青瓷,景德镇窑青白瓷,德化窑青白瓷,闽清义窑青白瓷和青瓷,磁灶窑酱黑釉瓷、青瓷和黑绿釉瓷等等,其中青白瓷占据了相当的比重。在南海Ⅰ号沉船出水的青白瓷中,以景德镇窑和德化窑的青白瓷品质较精,两者在器型、制作、装饰、装烧工艺、墨书等方面又有许多可相对比之处[1]。本文拟通过对上述几个方面的阐述,揭示南海Ⅰ号沉船出水的景德镇窑与德化窑的青白瓷在制作工艺、市场需求、销售对象等方面的异同,以期对两者当时的生产面貌有进一步认识。

一、器形

从外观上看,南海Ⅰ号沉船出水的景德镇窑青白瓷相比德化窑青白瓷,胎体更轻薄,胎质更细腻,釉色淡雅,多呈淡青色,而后者除小罐类器物外,大多呈白色或灰白色。

南海Ⅰ号沉船出水的景德镇窑青白瓷主要有碗、盏、盘、器盖等。碗可分为刻划花深腹碗(图一)、刻划花浅腹碗。盏有菊瓣纹盏、芒花口叶脉纹盏(图二)、芒口印花盏(图三)。盘可分为花口叶脉纹盘(图四)、花口印花盘、芒口印花盘。其中,叶脉纹盏与叶脉纹盘、芒口印花盏与芒口印花盘应为配套使用。器盖仅见子口宽

▲图一 景德镇窑刻划花深腹碗

▲图二 景德镇窑芒花口叶脉纹盏

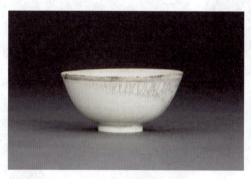

▲图三 景德镇窑芒口印花盏

▲图四 景德镇窑花口叶脉纹盘

▲图五 德化窑折沿大碗

图六 德化窑青白釉瓷 ▶
1.盖碗
2.六瓣葵口盏
3.七瓣葵口印花盘

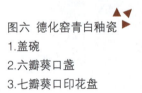

平沿刻莲瓣纹器盖一种。

　　南海Ⅰ号沉船出水的德化窑瓷器大多数为青白瓷，部分釉色较白，类于白瓷，但因其制作工艺相同或相似，或因烧成环境差异而致呈色不同，且与元代和明清时期的白瓷特征差异较大，故将其一并归为青白瓷。其主要有大碗、盖碗、

▲图七 德化窑兽首衔环执壶　　　　▲图八 德化窑六棱执壶

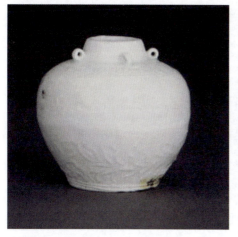

▲图九 德化窑印花四系小罐　　　　▲图一〇 德化窑小口深腹四系小罐

▲图一一 德化窑瓜棱深腹盒　　　　▲图一二 德化窑瓜棱盒

（图六,1）盏、盘、执壶、长颈瓶、葫芦瓶、罐、盒、器盖等,其中大碗、瓶、罐、盒的数量较多。大碗可分为侈口大碗、折沿大碗(图五)和菱口折沿大碗。盏可分为菊瓣纹印花盏、六瓣葵口盏(图六,2)两种。盘有花口刻(印)花盘、七瓣葵口印花盘(图六,3)。执壶可分为丰肩鼓腹执壶、丰肩弧腹执壶、溜肩垂腹执壶(图七)、六棱执壶(图八)几种。长颈瓶分大、小两种,有莲瓣纹、菊瓣纹、花瓣口、卷草纹、弦纹等纹饰。葫芦瓶有饼足和圈足两种。罐可分为印花双系小罐、印花四系小罐(图九)、小口深腹四系小罐(图一〇)、乳钉四系小罐。盒有特大、大、中、小四种规格,大盒又可分为八棱形盒和瓜棱形盒,中盒可分为八棱形、瓜棱形(图一一)和瓜棱深腹盒(图一二),小盒可分为菊瓣形和浅腹圆形盒。绝大多数盒的盖面都印有纹饰,有花卉纹、弦纹、水草芦苇纹、芦雁衔枝纹等。器盖有执壶器盖、小罐器盖等。

值得注意的是,南海Ⅰ号沉船出水的德化窑青白瓷与景德镇窑青白瓷有一些相同的器型,如菊瓣纹盏、花口印花盘,初看非常相似,细细端详可见微小差异。

景德镇窑菊瓣纹盏(图一三)相比德化窑的,胎体更加轻薄,口沿边缘更尖薄,内壁花瓣边缘棱线凸起明显,尤其是底足的做法差异较明显。景德镇窑菊瓣纹盏的底足呈饼形或浅圈足,足沿较窄,底足无釉且常有火石红褐色;而德化窑菊瓣纹盏(图一四)的圈足较高,足径较大且稍外撇,制作不及前者规整,部分器物外底有墨书题记。两者内底心大都印有花纹,景德镇菊瓣纹盏见有五瓣花、六瓣花等,而德化窑菊瓣纹盏多印一朵折枝莲纹。

再看花口印花盘。从器型上看,景德镇花口印花盘在口部内外压印呈花瓣状,多为二十六瓣至二十八瓣,而德化窑花口印花盘的口部、腹内壁均模印作花瓣状,瓣纹较深,多为二十或二十一瓣,少数为十九瓣。前者平沿略窄一些,弧腹较浅,内底略弧,而后者平沿较宽、腹略折,上腹略斜收,内壁较直,下腹内收幅较大,内底较平阔。景德镇窑花口印花盘的底足有圈足和饼形足两种,足较矮,外墙内收,底足无釉处多见黄褐色垫烧痕迹。德化窑花口印花盘,矮圈足,足墙较窄,外墙略内收,挖足一般较浅。从胎釉情况看,德化窑较景德镇窑胎体略显粗厚,且青白釉泛白或略泛黄。从纹饰上看,景德镇窑花口印花盘口部宽沿上一般印有卷草纹花边,内壁腹部多无花纹,少数印有缠枝花卉纹或菊瓣纹,内底心凸弦纹内

▲图一三 景德镇窑菊瓣纹盏

▲图一四 德化窑菊瓣纹盏

▲图一五 景德镇窑花口盘(左)与德化窑花口盘(右)

多印一朵莲荷纹或折枝梅纹等花卉纹。德化窑花口印花盘沿上印花草纹并压印花边,内底心凹弦纹内刻划折枝莲纹或凸弦纹内印莲纹(图一五)。

二、制作及装饰工艺

在制作工艺方面,南海Ⅰ号沉船出水的德化窑青白瓷执壶、长颈瓶、葫芦瓶、罐均采取分段模制的方法。执壶身分三段模制而成,颈中部或中下部、腹中部有明显的胎接痕,内壁可见挖削修胎痕迹;流、柄均为胎接单装(图一六)。长颈瓶是将口颈部、上腹部、下腹部、足部四段分别模制,胎体粘接而成。小长颈瓶的制作略有差异,上段、中段拼接处多在颈、腹之间,少数略靠上、位于颈中部(图一七)。值得一提的是,同时期景德镇窑址出土的长颈瓶有将左、右两部分分别模制再粘结而成的,但在沉船中尚未有发现。葫芦瓶分口部至上腹上部、上腹下部、下腹上部、下腹下部四段模制,再粘接而成,上、下腹的中部粘接处微向外突起。双系印花小罐、四系印花小罐多是分上、下两部分分别模制,粘接而成,腹中部有明显的胎接痕迹。而小口深腹罐是由口颈部、腹上部、腹下部三部分模制粘接而成的。粉盒为盒盖、盒身分别模制而成。

在装饰工艺方面,景德镇窑青白瓷以刻划花和印花为主,花口装饰亦使用较多;德化窑青白瓷大量使用印花的方法,刻划花和篦划装饰亦很常见,或单独使用,或两者结合使用,尤其是用于装饰面积较大的器物,如大碗内壁、盖碗外壁等,此外还使用贴塑的装饰方法。具体来说,景德镇窑青白瓷纹饰有传统婴戏纹、缠枝花卉纹、莲荷纹、菊瓣纹、梅花纹、折枝花卉纹等,也有叶脉纹,纹饰刻划流畅,笔法娴熟。德化窑青白瓷纹饰更为丰富,且兼具传统风格与异域风情,仅大碗就有篦划之字纹、篦划卷云纹、篦划"∞"形纹、篦划卷草纹、篦划花瓣状纹、篦划水波纹、刻划蕉叶纹、刻划花叶纹、刻卷草纹、刻弦纹、刻划缠枝花卉纹等多种纹饰。其他器型上还有印折枝莲纹(图一八)、缠枝牡丹纹、折枝牡丹纹、折枝花卉纹(图一九)、仰莲纹、瓜棱纹、连珠纹、盆花纹、枝蔓纹、草叶纹、水草芦苇纹(图二〇)、芦雁衔枝纹(图二一)、菊瓣纹(图二二)、团花纹(图二三)、乳钉纹、弦纹、贴塑铺首衔环纹(图七)、贴塑蝉纹等。

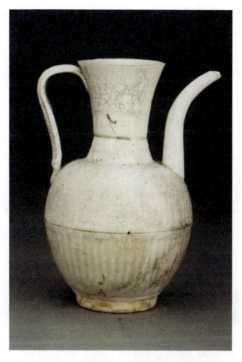

▲图一六　德化窑执壶的制作工艺

▲图一七　德化窑小长颈瓶的制作工艺

▲图一八 德化窑折枝莲纹八棱盒　　　　▲图一九 德化窑折枝花卉纹瓜棱盒

▲图二〇 德化窑水草芦苇纹盒　　　　▲图二一 德化窑芦雁衔枝纹盒

▲图二二 德化窑团花纹菊瓣纹小盒　　　　▲图二三 德化窑牡丹纹浅腹小盒

三、装烧工艺

南海 I 号沉船出水的景德镇窑青白瓷碗、盏、盘等主要采用匣钵加垫饼的装烧方法，一匣一器，许多器物底足可见黄褐色的垫饼痕迹；芒口器则普遍采用覆烧方法。这与同时期窑址所见的景德镇窑瓷器装烧方式一致：景德镇窑在北宋时期已大量使用匣钵装烧，南宋时期由于政府大量征税，景德镇地区的许多窑场停烧，为提高产量，景德镇窑此时全面采用了覆烧工艺[2]。但沉船出水的景德镇窑瓷器是使用了垫钵覆烧还是支圈覆烧，值得进一步讨论。

同船出水的德化窑青白瓷采用了多种装烧工艺。如大碗采取支钉垫烧方法，大碗的内底绝大多数有五枚扁条形或三角形支钉痕迹，痕迹规整且分布均匀，不似一般支钉痕迹。从窑址发掘情况来看，应该是使用了一种五爪形垫烧工具，用以将摆放装烧的大碗间隔开来。盒的装烧则使用了一种塔式伞状支烧具[3]。这些装烧工具具有鲜明的德化窑特色。另外芒口的碗、盘等应该是使用了支圈覆烧的方法。盖碗、芒口小罐、执壶、粉盒等带盖的器物应为盖、身扣合同烧。丰富多样的装烧工具与装烧方法直接对应着不同的产品质量和产量，也针对着不同层次的消费需求，与德化瓷大量供应外销的状况有关。如市场对大碗、粉盒的需求量大且对质量的要求不是很高，使用相应的工具可以提高产量、降低成本，而像七瓣葵口盘这样量少且制作精美的器物可能是匣钵装烧。

四、墨书

南海 I 号沉船出水的德化窑青白瓷上出现了大量的墨书，见于大碗、盖碗、盏、执壶、长颈瓶、小罐、盒等多种器型。墨书有"李大用 *（疑为置字）"、"大用 *"、"李 *"、"黄念 *"、"吴 *"、"庄"、"庄 *""蔡"、"陈 *"、"陈上名"、"区"等，这些可能是订货的货主名字；"东山""中"等字样可能是人名或地名。一件德化窑青白瓷印花四系罐罐底墨书有"卜记王十五寄"字样，可能是作坊主的名称，也有墨书与符号相结合的情况，此外还有一些辨识不出的单字墨书和符号（图二四至图二六）。除墨书外，还有刻划字样，如一件德化窑大碗内底心有"士"字刻划纹样。

图二四 德化窑大碗足底墨书

▲图二五 德化窑青白瓷器足底墨书

图二六 德化窑青白瓷长颈 ▶
瓶足底墨书

这种情况在同船出水的景德镇窑青白瓷上较少出现，目前可见材料中有一件景德镇窑青白釉印花碗底有墨书"赐"字[4]。这是否表示瓷器的赏赐性质是一个需要继续深入讨论的问题。

同时，这种墨书字样也出现在同船出水的龙泉窑、义窑及磁灶窑瓷器上，但以德化窑为较多。这些带有墨书的器物，日后当根据不同窑口、不同器型、不同墨书字样、在沉船中的出水位置及出现的频率等判断其背后的含义。

五、市场需求与销售对象

就目前的资料显示，南海Ⅰ号沉船出水的景德镇窑青白瓷数量较少，种类也不及德化窑青白瓷丰富。这主要是由于自北宋以来，景德镇窑产品就以其精良的品质广受青睐，拥有稳定的国内市场。南宋时期，宋室南渡后失去了北方优质白瓷的供给，使统治阶级和上层社会对青白瓷精品的兴趣和需求增加，而景德镇窑青白瓷作为这一时期南方地区青白瓷的代表，可作为白瓷的替代产品，如此，景德镇窑瓷器在国内市场的地位举足轻重。在国内消费需求旺盛的同时，南宋时期景德镇瓷石原料枯竭，窑场规模缩小[5]，导致其产量受到影响，因此这一时期景德镇窑青白瓷主要供应国内市场，而非外销。就外销而言，以往的研究显示这一时期输入日本、韩国等地区的景德镇窑青白瓷器以精品为主，主要是供宫廷、官署、寺院等社会上层使用的[6]，这与南海Ⅰ号沉船出水的情况相一致。

与之相对的是，德化窑青白瓷在窑址以外的国内其他地方出土并不太多，而南海Ⅰ号沉船出水的德化窑青白瓷器类非常丰富，数量也非常庞大，但没有闽清义窑的数量多。这一时期德化窑青白瓷迅速发展，在海外销售市场上占据了重要地位。如德化窑青白瓷大碗、印花盒都是非常典型的外销产品，在东南亚及日本发现较多[7]，此外菱口印花盘、六瓣葵口盏、六棱执壶等也是具有显著异域风格的产品。从窑址调查的情况所见，粉盒、长颈瓶、菱口印花盘、双系印花小罐等器型在德化窑多个窑址中均有发现[8]，说明南海Ⅰ号沉船出水的德化窑青白瓷可能来自德化窑不同的窑场。对出水的德化窑青白瓷瓷釉化学成分的研究也为这一认识提供了数据支持[9]，这也从另一个侧面反映了德化窑外销瓷器的市场需求。

综上所述,景德镇窑青白瓷在南海Ⅰ号沉船货物中属于数量较少、成本较高、质量上乘的产品,其外销主要面向的是对产品质量要求较高的消费群体,如统治阶层、宗教阶层等社会上层。德化窑的外销产品器型丰富、数量庞大,且适应不同层次的消费需求。这一点从制作上也可以看出,德化窑针对不同的消费需求使用不同的制作工艺或装烧方法,或降低成本、提高产量,或不计成本、精工细作。沉船中德化窑的部分青白瓷产品可与景德镇窑青白瓷媲美,如七瓣菱口印花盘、印花小罐等,这些产品可能也是提供给较高端消费群体的,而大宗商品则是面向商贾阶层、一般民众等中低端消费群体的。

参考文献

[1] 本文所述材料主要依据南海Ⅰ号沉船 1989 年至 2004 年间的调查结果,具体参见国家文物局水下文化遗产保护中心、中国国家博物馆、广东省文物考古研究所、阳江市博物馆:《南海Ⅰ号沉船考古报告之一——1989~2004 年调查》,文物出版社,2017 年。近年发掘成果有可补充之处,材料待刊。

[2] 刘新园:《景德镇宋、元芒口瓷器与覆烧工艺初步研究》,《考古》,1974 年第 6 期。

[3] 福建省博物馆:《德化窑》,文物出版社,1990 年,第 54-57 页。

[4] 见于广东省海上丝绸之路博物馆展陈图片。

[5] 刘新园、白焜:《高岭土史考》,《中国陶瓷》,1982 年第 7 期(增刊)。

[6] 宋东林:《景德镇窑五代宋元时期青白釉瓷器研究》,北京大学博士研究生学位论文,2014 年 6 月,第 262-300 页。

[7] 福建省博物馆:《德化窑》,文物出版社,1990 年,第 146 页。

[8] 德化窑窑址调查资料待刊,承蒙德化陶瓷博物馆陈丽芳老师告知。

[9] 崔剑锋等:《"南海Ⅰ号"沉船出水瓷器的便携式 XRF 产地分析》,《南海Ⅰ号沉船考古报告之一——1989~2004 年调查》,文物出版社,2017 年。

(作者系中国国家博物馆馆员)

菲律宾发现的宋元福建白瓷和青白瓷

(菲律宾)庄良有　德莱莎

宋元时代,中菲海上贸易极为繁荣。南宋朝廷南迁临安(今杭州),对福建的经济有很大的影响,泉州港跃升为全国第一大港。这是中国海上交通的一大盛事。菲律宾出土、出水的大量宋元外销瓷,包括福建陶瓷,就是有力的见证。

2019年9月菲律宾东方陶瓷学会举办了一个《菲律宾发现的宋元福建陶瓷展》。展品涵盖闽北、闽中、闽东、闽南诸名窑所烧陶瓷。宋元时期的福建陶瓷五花八门,包括青瓷、白瓷、青白瓷、黑瓷、酱釉瓷、铅釉瓷等等。在菲律宾的福建外销瓷中,白瓷与青白瓷占有相当大的比例,质量以闽中几个名窑的产品为佳,诸如德化窑、闽清窑、将乐窑等。源于闽东福州宦溪窑的白瓷和青白瓷也有少数,质量尚可。莆田的青白瓷则比较一般。闽南以南安烧的白瓷与青白瓷的盖盒最常见。多产的磁灶窑则不烧白瓷或青白瓷,大概是因为胎土太粗糙。

展品中的宋元福建白瓷与青白瓷颇具代表性,特别在此做一个简介,让世人一睹七八百年前外销到菲律宾的福建瓷的风采。

在宋代,瓷窑遍及福建,瓷业相当发达,其中以德化窑最享盛誉。其原因之一即该处得天独厚,拥有优厚的瓷土原料,量多质良,又洁白又细腻,使产品胎质坚密,所烧白瓷被誉为华南最佳。德化窑,以及闽中和闽东的几个瓷窑,在宋代除了白瓷,也烧大量青白瓷。釉色白中泛青的精致的青白瓷于北宋年间最先烧于景德镇，福建的青白瓷应该是受其影响的，虽然质量不能与之相提并论，但产量奇多，据说可能是全中国烧青白瓷最多的省份。而且很多福建瓷窑是白瓷与青白瓷兼烧，屡见不鲜的是两件雷同的器型呈现不同的釉色，一件白釉，一件青白釉。德化窑也不例外，如展品中两个外刻细莲瓣的碗。（图一）

宋元瓷匠的工艺技术，如竹刀刻花、划花，竹篦划纹，模仿定窑的印花，德化瓷处处可见。其常见器型包括碗、盘、罐、执壶、瓶、盖盒、军持等。其中以执壶种类最多。这种酒具创始于唐代，宋代才开始普遍使用。其造型和装饰丰富多样，有长颈、橄榄形腹的，有矮身短颈、溜肩斜腹的，有矮身圆腹宽平底的。（图三、四）

▲图一

▲图二

▲图三

▲图四

器身上的纹饰有细密的条纹、模印的细条花纹,下半身的纹饰则以竹段、蔗段最为普遍。(图二、三、四)展品中有一件青白釉、喇叭口、细长弯曲流、双条手柄、腹部刻有两排紧密条纹、宋风十足的执壶,与北宋晚期德化碗坪仑窑址下层所出土的一件器物很相似。(图二)

展品有一对饰有模印细条卷草纹、瓜棱形的小罐器物,当年意大利著名旅行家马可·波罗从泉州港启程返回其家乡威尼斯时,曾随身携带一些德化白瓷回去,其中有一件类似此件小罐。该罐如今被陈列在威尼斯圣马可陈列所,福建考古学家称之为"马可·波罗罐"。小罐上印的凸细线纹饰是德化瓷特殊的风格。(图五)

菲律宾出土了不少景德镇与德化烧的盖盒。一般景德镇的盖盒较小,器型繁多。德化的较大,器型则有限,所见也只有圆形和多角形,然而纹饰主题多种多样。(图六、七)

德化窑产有一种宽口、长颈、长流、无柄的瓶,称为军持。伊斯兰教徒进入清真寺前用其来洗净手脚,故亦名净瓶。宋代的军持,腹部圆鼓丰满,到了元代,即走了样,有的器身矮且扁,风格迥异。军持在东南亚有很大的市场,包括拥有东南亚最多穆斯林的印尼和南部穆斯林众多的菲律宾。(图八、九)

宋元德化窑所烧瓷器的制作,一般分两段模制,然后再合在一起,接缝的痕迹常见于瓷件腹中,这是其他瓷窑产品中少见的。(图三、五)

菲律宾的宋元福建白瓷与青白瓷,除德化窑外,以闽清窑的产品最多,展品中就有将近 30 件。根据已故曾凡老师的考古报告,闽清窑址所见资料,以青白瓷为主。本地的闽清瓷品,釉色的确是以青白为多,由于烧时气氛掌握不当,有不少瓷件,造型很优美,有的釉色则偏灰(图十、十一、十二)。闽清的日常器皿,如碗和盘,都具有宋瓷的纹饰风格,有外壁刻宽莲瓣(图十三、十四),或划篦纹莲瓣的(图十五),也有内壁饰有菊瓣的(图十六),有口沿做六瓣花的(图十七)。福建瓷窑烧了不少执壶,德化、闽清皆如此。展品中闽清窑有几件简单典雅的执壶,有喇叭口的,有盘口的,有瓜棱形鼓腹的,(图十、十一、十二)素面无缀饰,呈现出宋瓷优美的风韵。所提几件执壶的造型、纹饰皆仿浙江青瓷,然德化窑瓷匠不单只是

图五►

▲图六

▲图七

▲图八

▲图九

▲图十　　　　　　　▲图十一　　　　　　　▲图十二

▲图十三　　　　　　　　▲图十四

▲图十五　　　　　　　　▲图十六

▲图十七　　　　　　　◀图十八

将乐窑暨中国南方地区宋元青白瓷学术研讨会论文集

模仿,也烧出其特具创意的瓷件,如一件刻有莲瓣自器底延伸到口沿的执壶,刀法有力流畅,实为精美的艺术品。(图十八)

宋代,泉州是首屈一指的大港,华南诸省的外销瓷大部分都从泉州出口,促使福建工匠有机会吸收他窑的技术,对福建瓷窑产生了很大的影响,所烧陶瓷的造型及纹饰大多模仿他窑的风格。有的福建工匠也颇有艺术天分,一方面仿造,一方面创新,有两件闽清窑的罐便是很好的例子。一件青白瓷宽口四系瓜棱形罐是典型的宋瓷。(图十九)另一件白釉宽口罐,胯大圆滑,加上特殊的比例,很具吸引力,是前所未见的器型(图二十)

位于闽南的南安窑所烧的青白瓷盖盒,器型高而厚硕,有的呈瓜菱形,与德化窑一般传统的矮而圆的明显不同,亦是地方特色。(图二十一、二十二)

将乐窑的青白瓷在菲律宾并不多见,可几件,质量皆颇佳,瓷件施全釉,且很均匀。展品中的几件碗、盘,器壁薄,手工细腻,如青白釉菱口盘。(图二十三)青白釉斗笠形芒口碗,内壁所模印花纹清晰明脆。(图二十四)。该窑所烧以日常用品为主。展品中竟然有一对瓜棱形酒杯带温酒座,器型优雅,一件白釉,一件青白釉(图二十五)。这种器物在菲律宾发现的福建瓷件中很罕见,因而引起有些人的非议,怀疑该件温酒器不是本地出土的,而是古董商由国外进口的。所幸菲律宾国立博物馆挖掘到过器型较大、相似的温酒座(不见酒杯)。

在菲律宾所见闽东瓷窑,如位于福州的宦溪窑的青白瓷较有限。有趣的是展品中的一对钵,一件是白釉,另一件则是青白釉(图二十六)。该窑尚有一件很精致的青白瓷瓜棱形执壶,釉色均匀,清澈如海水,器身巧妙,工艺熟练(图二十七)。

在菲律宾遗留迄今的宋元福建瓷,数量奇多,欲认清源自闽北至闽南每件陶瓷的窑口,非易也!栗建安先生所提供一本本厚重的地下和水下的考古调查报告,以及已故曾凡老师的《福建陶瓷考古概论》等都是不可或缺的珍贵参考资料。

▲图十九　　　　　　　　　　▲图二十

▲图二十一　　　　　　　　　▲图二十二

▲图二十三　　　　　　　　　▲图二十四

◀图二十五

▲图二十六

图二十七▶

　　2019 年 5 月栗建安先生受邀来菲律宾访问,参观了菲律宾国立博物馆和庄万里陶瓷馆,以及几个马尼拉市和南部宿务市的大私藏,发现诸多藏品中有不少和他在福建各处不同窑址所看到的相似,颇感惊讶且兴奋!亦促使我们对菲律宾所藏的福建诸多瓷窑的产品有多一层次的认识。这也是我们能确认数百件菲律宾发现的福建瓷器的窑口的主要原因之一。栗建安先生诚是本陶瓷学会所举办的《菲律宾发现的宋元福建陶瓷展》的大功臣!

（作者单位:菲律宾东方陶瓷学会）

福建宋代闽清窑仿景德镇窑白瓷及其外销初探

(日本)田中克子

前　言

在福建闽北地区形成一大白瓷窑场的闽清窑，一般认为属于仿景德镇窑的青白瓷瓷业系统。[1]其产品或多或少都可看得出受到景德镇窑产品的影响。其大致可分为两大类：一类是具有福建自己独特风格的(本文暂且称为"独具风格产品")，另一类是模仿景德镇窑的。

"独具风格产品"做得较草率，也有涩圈叠烧的。虽然其质量绝非高级，却广销至亚洲各地。可能是由于其价格低廉，才得以获得广阔的海外消费市场。仿景德镇窑白瓷虽然与景德镇窑的相比质量稍差一点，但同与之兼烧的"独具风格产品"相比则还算是制作精美，也与"独具风格产品"共同参与外销。但是，仿景德镇窑白瓷销往东亚的日本与销往东南亚和西亚地区的状况有明显差异。笔者认为，产生这个差异的主要原因与景德镇窑产品的输出状况紧密相关。本文通过景德镇窑产品和闽清窑烧的仿制品在上述两地区外销状况的对比，对仿景德镇窑白瓷在怎样的情况下出现，做一些初步的探讨。

另外，闽清地区的窑址分布大致分为安仁溪、义窑、青窑三处窑群。[2]不过由于消费地遗址出土的产品来自哪个窑口不易区分，本文暂将闽清地区所有窑口统一用"闽清窑"代称。

一、闽清窑白瓷产品的分期与年代

为了弄清在闽清窑瓷业中的仿景德镇窑白瓷的位置，首先概观闽清窑白瓷的整个生产过程。根据日本出土和在南海海域所发现的贸易沉船出水的陶瓷面貌，可大致把握闽清窑白瓷生产过程的变迁。因为，陶瓷的外销状况也就反映窑场生产的状况。其可大致分为 I 期至 IV 期的四个阶段，在各个阶段主要产品（以典型的碗、碟为例）的演变如图 1 所示：

I 期：11 世纪后半期至 12 世纪前半期（图 1：1-13）

此期，因为销往东南亚和西亚地区的中国白瓷以潮州窑、西村窑等广东产品为主，福建白瓷的主要海外市场为东亚的日本。日宋、日元贸易时期，日本唯一的贸易据点（贸易货物的集散地）就是博多（今福冈市内面向博多湾的一个地区）。通过近 40 年来博多遗址群的考古发掘，出土了大量的福建外销陶瓷，其面貌反映了福建外销陶瓷的出口时间和组合。

博多遗址大量出土闽清窑白瓷的时间为 11 世纪后半时至 12 世纪前半期，其产品以 2～13 等类型为主。根据出土状况可知进口过程的变迁。首先，在 11 世纪后期至末期出土 2～9 类型，到了 12 世纪早期新出现了篦划花纹碗、盘（10～12 类型）、高圈足的外侈口碗（13 类型、也有内底有涩圈的）等。不过就 1～4 类型而言，从圈足造型、外壁饰莲瓣纹的刻划刀法（1 类型）、圆唇口沿（2、3 类型）等的特征上，可看得出其受到北宋早期景德镇窑白瓷（图 2、3）的影响。由此推断，闽清窑 11 世纪中期先后始烧 1～4 类型，此后到了 11 世纪后期新出现了 5～9 类型，同时开始销往东亚地区，共同向日本输出[3]。不过，到目前为止在日本国内遗址还看不到莲瓣纹碗（1 类型），其原因还不太清楚。

II 期：12 世纪后半期至 13 世纪早期（图 1：14-27）

该时期，由于广东白瓷瓷业衰落或者停烧，福建产白瓷在南海海域及其以西地区的贸易中出现了。根据在南海海域发现的贸易沉船出水的资料，得知闽清窑白瓷的外销状况。

华光礁 1 号沉船[4]，发现于西沙群岛海域，出水的外销陶瓷之中，福建产品

『将乐窑暨中国南方地区宋元青白瓷学术研讨会』论文集

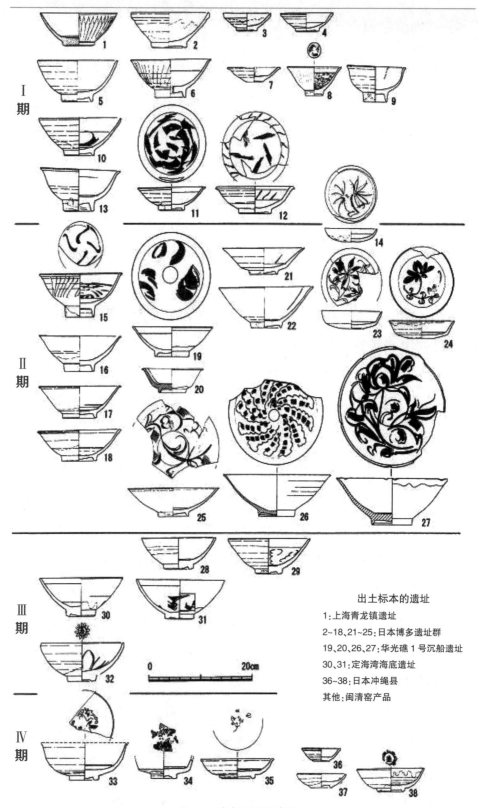

出土标本的遗址

1：上海青龙镇遗址
2~18、21~25：日本博多遗址群
19、20、26、27：华光礁 1 号沉船遗址
30、31：定海湾海底遗址
36~38：日本冲绳县
其他：闽清窑产品

▲图 1　闽清窑白瓷的演变

▲图2

▲图3

占有绝大多数,有闽清窑白瓷、德化窑白瓷、松溪窑青瓷、南安窑青瓷、磁灶窑褐釉瓷等。其他还有少量景德镇窑青白瓷、龙泉窑青瓷。另外,出水了刻有"壬午载潘三郎造"字的闽清窑白瓷碗(19 类型)[5]。从共同出水的陶瓷面貌来看,"壬午"干支铭款的年代应该为 1162 年。由此,推断这艘沉船的年代为 12 世纪后半期。

爪哇海沉船[6],发现于印尼爪哇海。从其位置看,推测是向印度洋航行的贸易船。出水外销陶瓷的面貌与华光礁 1 号沉船大致相同,此外还有武夷山的遇林亭窑黑釉碗,五渡桥窑绿釉白地黑花、黑地白花产品,广东褐釉瓷等。另外,也出水了印有"建宁府"【绍兴三十二年(1162)设置于福建北部】字样的德化窑白瓷盒子。由此,推断这艘沉船的年代也与华光礁 1 号沉船大致一样。

"南海Ⅰ号"沉船[7],发现于广东省台山南部沿海海域。沉船船体被整体打捞出水,此后还持续着考古发掘。目前出水的外销陶瓷之中,占多数的是龙泉窑青瓷、德化窑白瓷、闽清窑白瓷、磁灶窑产品等。依据该沉船出水的龙泉窑青瓷几乎都属于南宋中期(里面以刻划花装饰的为主),并且在上述的两艘沉船上不见同类的,推断该沉船的年代比两艘沉船稍晚一点,即为12世纪末期至13世纪早期。

以上所述的3艘沉船都出水了闽清窑白瓷14~27类型,从而可知这些产品的主要年代大致为12世纪后半期至13世纪早期。并结合博多遗址出土的状况来看,可知更详细的出土变迁:15~18类型碗(都有敞口、平沿稍折的特征),首先12世纪前期少量出土高圈足、里面有篦划花纹的(15类型),12世纪中期新出现了素面或内底有涩圈的(16~18类型)而共同逐渐增加,到了12世纪末期15类型锐减。19~22类型,出现于12世纪中期,此后逐渐增加。另外,就刻划花纹品种(14、23~27类型)而言,出土时间几乎集中于12世纪后期至末期,可知此期为闽清窑生产的高峰。

Ⅲ期:13世纪前期至14世纪中期 (图1:28-32)

该时期,从东南亚地区所发现的情况来看,可以窥知闽清窑白瓷的外销量与Ⅰ、Ⅱ期相比减少了。属于此期的产品主要是30~32类型碗,以在日本冲绳县第一次发现的遗址命名,我们称为"Birosuku类型"白瓷。[8]按照造型特征,分为Ⅰ-Ⅲ类。30、31为"BirosukuⅠ类型",32为"BirosukuⅡ类型"。从冲绳出土的状况来看,Ⅰ、Ⅱ类型都出现于13世纪末期至14世纪早期,此后Ⅱ类型逐渐增加,其出土量最高峰为14世纪前期至中期。[9]另外,韩国新安沉船出水的陶瓷之中也有两类。[10]那么,在13世纪前期至后期有什么器物?在窑址采集到标本当中,28、29类型碗的造型特征与"BirosukuⅠ类型"较为接近,据此推断这类型碗属于此期。由上推知,Ⅲ期器物形制演变,大致为28、29类型→30、31类型→32类型。

Ⅳ期:14世纪后半期以后(图1:33-38)

到了明代,因为明朝采用海禁政策,在东亚地区只有琉球国以朝贡贸易形式进行贸易活动。因此冲绳大量出土外销陶瓷,其中闽清窑白瓷"BirosukuⅢ类型"(33~35)的出土量也相当多。其出土年代集中于14世纪后半期至15世纪前半期,也反映了生产时间。另外,冲绳也出土36~38类型的碗、碟,其中37、38类型里面有圆形刮釉而印花,出土年代大致为16世纪,但是由于都在堆积层出土,很难说这个年代就表明进口的时间。

二、仿景德镇窑白瓷与外销

从上所述的闽清窑白瓷的演变来看,可知闽清窑场 11 世纪后半期以后逐渐形成自己独特的风格,另一方面,在Ⅰ、Ⅱ期还一并仿烧景德镇窑。Ⅲ期以后,虽然造型、装饰上看得出有些受到了景德镇窑或龙泉窑的影响,可是几乎都具有自己独特风格,不见仿制品。

下面介绍Ⅰ、Ⅱ期闽清窑烧的仿景德镇窑白瓷以及其外销概况。

Ⅰ期仿景德镇窑白瓷为 7~9 类型,胎质致密,釉色多呈白,外釉至足根,品种不多。葵口小碟(7、图 4),平底,内壁有白色出筋。小碗(8、图 5),矮圈足,有刻划花纹饰,内壁为卷草纹,碗心为篦划纹,外壁为线条纹。葵口碗(9、图 6),高圈足,撇口,深腹,内壁有白色出筋。

如上所述,该时期闽清窑白瓷的外销市场以东亚地区为主,但是日本所出土的仿景德镇窑白瓷数量不多。

Ⅱ期从造型、装饰纹样、外釉至足根等的特征来看,仿景德镇窑白瓷为 14、21~27 类型。葵口盘(21):矮圈足,斜折腹,内壁有白色出筋。葵口大碗(22):矮圈足,敞口,内壁有白色出筋。碟(14、23、24):平底,碟心有刻划花(14、23)和印花(24)的花卉纹,底面露胎。刻划花纹大碗(25~27):矮圈足,敞口,有的葵口,纹饰为刻划花纹、篦划花纹,纹饰图案丰富多彩,有花卉纹、水波纹等。

Ⅱ期与Ⅰ期相比种类丰富多样,而且工艺更精美,也就是说仿景德镇窑白瓷的生产兴盛期为Ⅱ期。该时期,福建白瓷向南海海域地区大量出口。为了了解更详细的闽清窑白瓷外销面貌,现将华光礁一号沉船和爪哇海沉船出水陶瓷的数量进行分析[11]。各个类型的数量统计如下:

华光礁一号沉船:陶瓷总计 849 件,其中闽清窑白瓷 482 件,仿景德镇窑白瓷 97 件(占约 20%),其器类为盘(图 1-21 类型)、碗(图 1-22、25~27 类型),其他都是闽清窑的"独具风格产品"(图 1-15~20 类型)。

爪哇海沉船:出水陶瓷之中,美国芝加哥菲尔德博物馆收藏的总量约 6500

▲图 4

将乐窑暨中国南方地区宋元青白瓷学术研讨会论文集

▲图 5

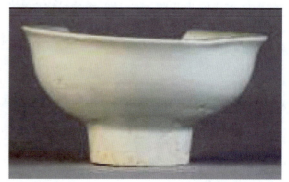

▲图 6

件[12]。其中闽清窑白瓷有约 4160 件,仿景德镇窑白瓷 1446 件(约 35%),其器类为盘(图 1–21 类型)和碗(图 1–22、25 ~ 27 类型)共计 902 件(约 22%),碟(图 1–14、23 类型)401 件(约 10%),刻划花纹小碗(图 7)143 件(约 3%),其他都是"独具风格产品"。

这两艘贸易船运输的闽清窑白瓷数量都相当多,由此可知销往南海海域及其以西地区的中国陶瓷之中,闽清窑白瓷占有很重要的位置。其中,仿景德镇窑白瓷的比率也较高。另一方面,就销往日本的闽清窑白瓷的面貌而言,其数量与 I 期相比逐渐减少,仿景德镇窑白瓷(图 8 ~ 10)仍然不多,尤其是有刻划花纹的器物种类与两艘沉船出水的相比有限。由此可见,闽清窑的仿景德镇窑白瓷主要是针对东南亚及其以西地区的外销产品。

另外,值得注目的是两艘沉船出水的景德镇窑产品数量。华光礁一号沉船有碗、碟、执壶、瓶等共 32 件(出水陶瓷总量中占约 4%)。爪哇海沉船有碗、碟、执壶(包含盖子)、瓶等共约 110 件(占约 2%)[13]。这样,两艘贸易船装载的景德镇窑产

图 7▶

▲图 8

▲图 9

◀图 10

品都极少,不过几乎都为高档物品(多用印花装饰、纹饰很精美)(图 11、12),并且执壶、瓶等也较多,闽清窑模仿的原型(有刻划花纹的碗、碟)极少。这个面貌表明在南宋前半期运往南海海域及其以西地区的景德镇窑产品的一个特点。

三、仿景德镇窑白瓷的兴起原因

那么,闽清窑仿烧景德镇窑的原因、目的何在呢?综观以上所述,笔者认为是因运往南海海域及其以西地区的景德镇窑产品供不应求而引起闽清窑的仿制。其理由如下:

为什么产生景德镇窑产品的供不应求?其原因与景德镇窑产品的国内运输方法密切相关。华光礁一号沉船、爪哇海沉船都出水了闽江、晋江水系窑口的陶瓷,这两艘贸易船装运的港口,至少是包括福州港、泉州港(爪哇海沉船再通过广州港)。这样的贸易船装载的景德镇窑产品,主要通过闽江水道运送到福州的可能性很大,其路线是:从景德镇通过昌江、信江到信州路,然后翻过武夷山,进入

▲图 11

图 12▶

闽江上游顺流而下到福州。这条运输路线以短途可以抵达福州港,可是由于途中翻过武夷山时应该用陆运,难以运输大批量,并且也必要更严格的包装办法。因此推断其难以总是保持一定的供给量。

在这样的国内运输情况下,景德镇窑产品主要是将高档物品运往南海海域地区。因为高档物品以高价达成交易,不管销售量少,也产生较大的赢利。因此,高档物品以外的景德镇窑产品(如一般的刻划花纹碗、碟等)供应不上,闽清窑代替景德镇窑始烧这种仿制品。

如上所提的假定,从日本所出土的景德镇窑产品及其仿制品的面貌也可得以证明。首先探讨,为什么销往日本的仿景德镇窑白瓷不多? 其原因也与其销往日本的主要集散地和景德镇窑产品的运输路线相关。向日本的外贸港口以明州(宁波)为主,景德镇至明州的运输路线主要是昌江——鄱阳湖——长江——运河——明州。虽然是长途的运输,可是由于都是水运,总是可以供应消费市场的多样需求。由此推断,日本不需要闽清窑的仿制品。实际上,到了Ⅱ期,日本所出土的景德镇窑产品数量大幅增加,还出土有刻划花纹碗、碟以外的不少其他器类[14]。

由上估计,闽清窑烧制仿景德镇窑白瓷的目的主要是,在南海海域及其以西地区中,为其仿制品开辟新的消费市场,同时还要扩大自己的"独具风格产品"的销售市场。更进一步来说,在产生这种状况的背景中存在着以福州一带为贸易活动据点的海商集团。也许有的贸易商人是想将仿制品当作景德镇窑产品销售的。

结　语

上述的结论是根据局限于两艘沉船出水外销陶瓷的状况所得出的,很难说在销往南海海域及其以西地区的状况上具有多大普遍性。另外,就销往这些地区外销陶瓷的集散地而言,除了福州以外还有泉州、漳州等地。进入泉州港、漳州港的水系流域,应该也有烧制仿景德镇窑产品的窑口。[15]并且也有从景德镇直接到这些集散地的内陆运输路线。[16]这一带的产品怎么外销,笔者尚未把握,以后还需要进行更进一步的比较分析。

致谢:本文用的有关爪哇海沉船的资料是芝加哥菲尔德博物馆给我提供的,并慷慨允许我在本文中使用尚未发表的资料,在此深表感谢。

参考文献及注释

[1] 目前,关于"白瓷""青瓷""青白瓷"分类的概念,各个研究者有着各自不同的看法,尚未提出统一的定义。笔者认为,基本上可分为"白瓷"和"青瓷"的瓷窑体系,而"青白瓷"为"白瓷"的一种,就是只限于宋代(部分包含元代)景德镇窑的产品(以所谓"影青"为主)的称谓。因而,从闽清窑产品之中占绝大多数的白、青白、灰白釉色等产品(除青瓷、黑釉瓷)的工艺技术来看,闽清窑属于景德镇窑白瓷系统,将该窑场的这种产品也称为"白瓷"。

[2] 闽清县文化局、厦门大学人类学系考古专业:《闽清县义窑和青窑调查报告》,《福建文博》,1993 年 1、2 期合刊,第 151 页。

[3] 日宋贸易时期以前,从事对外贸易活动的地点为大宰府鸿胪馆(今福冈市鸿胪馆遗址)。通过考古发掘调查,明确了该设施设置于 7 世纪后半期,废弃于 11 世纪中期先后。该遗址中,属于最晚阶段灰坑出土的外销陶瓷几乎都是北宋早期的景德镇窑白瓷和越窑青瓷,看不到闽清窑白瓷。

[4] 中国国家博物馆水下考古研究中心、海南省文物保护管理办公室:《西沙水下考古 1998~1999》,科学出版社,2006 年,第 66-138 页。

[5] 栗建安:《从山林到海洋——贸易全球化中的福建陶瓷生产与外销》,《考古学视野中的闽商》,中华书局出版,2010 年,第 60 页。

[6] William M.Mathers,Michael Flecker:《Archaeological Recovery of the Java Sea Wreck》,Pacific Sea Resources,1997 年。

[7] 朝日新闻社文化企划局东京企划第一部:《はるかなる陶磁の海路展——アジアの大航海時代》,朝日新闻社,1993 年。广东省文物考古研究所:《2011 年"南海 I 号"的考古试掘》,科学出版社,2011 年。

[8] (日)木下尚子:《13~14 世纪の琉球と福建》,熊本大学文学部,2009 年。

[9] 冲绳县今归仁村教育委员会:《今帰仁城跡発掘調査報告 II》,1991 年。

冲绳县立埋藏文化财中心:《ヤッチのガマ、カンジン原古墓群》,2001年。

[10] (韩)文化财厅、国立海洋遗物展示馆:《新安沉船 The SHINAN Wreck Ⅲ》,韩国国立海洋遗物展示馆,2006年,第31、32、88页。

[11] 华光礁1号沉船出水陶瓷的数量统计是根据1998年至1999年进行的水下考古发掘成果(同注4)。爪哇海沉船出水的陶瓷,现在印尼政府收藏一半,美国芝加哥菲尔德博物馆收藏一半。笔者用的是菲尔德博物馆提供的所有中国陶瓷的照片统计的数量。

[12] Lisa C.Niziolek、徐文鹏、Gary M.Feinman:《印尼爪哇海宋代沉船出水中国陶瓷器》,《陶瓷考古通讯》2015年2期,北京大学考古文博学院,第38页。

[13] 粉盒以福建德化窑的为主,还有像是景德镇窑的。可是,其中也有难以区分是来自景德镇窑还是福建的,所以把粉盒排除在数量统计之外。

[14] 田中克子:《博多における貿易陶磁器の様相》,《平泉と東アジアとつなぐ—貿易陶磁器にみる交流の様相》,岩手大学平泉文化研究中心国际研讨会发表资料,2016年。

[15] 森本朝子:《海外出土的宋代漳州窑及其周边地区生产的陶瓷器》,《福建文博2009年增刊》,《福建文博》。羊泽林:《福建古代青白瓷的生产与外销》,《2012海上丝绸之路——中国古代瓷器输出及文化影响国际学术研讨会论文集》,浙江人民美术出版社,2013年。

[16] 刘禄山:《古代江西外销瓷出运沿海各港口路线探讨》,《中国古陶瓷研究第十四辑》,紫禁城出版社,2008年,第391页。

(作者单位:日本亚洲水下考古研究所)

日本出土和传世中国南方产青白瓷梅瓶的初步考察

（日本）德留大辅

前　言

日本列岛自 9 世纪以来，从中国输入了许多文物。这些来自中国的舶来品被称为"唐物"。以天皇和将军等贵族和武家为首，唐物在日本广受珍重。在茶道和花道里，唐物是非常重要的器物。因此，不少唐物得以传世，特别是天目茶碗等与茶道相关的许多唐物名品被保存下来。比如说，黑釉的油滴和窑变天目，元代龙泉窑的铁斑梅瓶（原来收藏于大名的青山家，现在日本大坂东洋陶瓷美术馆收藏，图 1），南宋黑釉小壶（日本称为唐物茶入，比如唐物肩冲茶入·铭"道阿弥"，由德川家康、山冈道阿弥、松平不昧等收藏与传世下来，现在由日本东京出光美术馆收藏，图 2）等。

中国南方产（景德镇、福建产）青白瓷作为"唐物"之一，自 11 世纪前后在日本列岛已经开始流通与分布。（表 1）本文即探讨青白瓷梅瓶在日本的出土和传世情况，主要从以下三个角度着眼展开初步性的讨论：1.12 世纪至 17 世纪被珍重的青白瓷梅瓶的分布与流通情况；2.青白瓷梅瓶对日本的窑业和漆器，以及饮食文化的影响；3.从青白瓷梅瓶与茶道和花道中使用的其他唐物不太一致的传世方式来探讨其传世至今的方式。

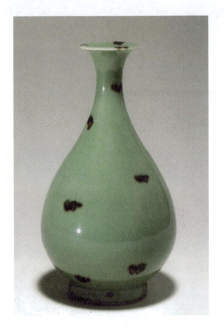

▲图1 青瓷铁斑梅瓶 龙泉窑 元代
日本大阪东洋陶瓷美术馆藏

▲图2 黑釉小壶 南宋 日本出光美术馆收藏

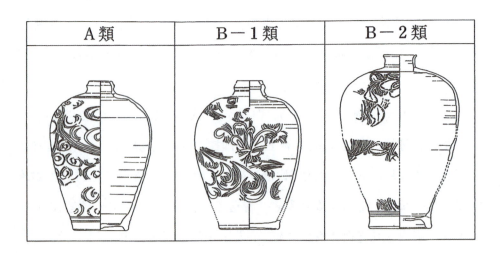

▲图3 在日本出土青白瓷梅瓶分类(内野正 1992)

日本出土与传世的青白瓷梅瓶

关于日本出土与传世的青白瓷梅瓶,有学者已经提到,按纹样与口部形态,大致可分为 2 类 3 型。[1](图 3)这些梅瓶是中国 12 世纪后半期到 14 世纪烧造的

表 1 宋元时代日本出土中国陶瓷器流通情况

时代	主要产品和窑口系	备考
9-11 世纪前叶 唐末五代北宋早期 (平安时代)	**越州窑系青瓷 (含福州怀安窑),邢窑系白瓷,长沙窑瓷** 11世纪前半: 越州窑青瓷,景德镇窑系白瓷	初期贸易陶瓷器时代 鸿胪馆终结 →中国陶瓷进口数量锐减
11 世纪后叶-12 世纪前叶 北宋晚期-南宋初 (平安后期-镰仓前半)	**华南白瓷:** 闽清窑、宦溪窑-碗皿、水注·壶 　　　　潮州窑,西村窑-壶·水注、碗、人物、盒子 景德镇窑系青瓷:景德镇窑、大口窑 青瓷: 初期龙泉窑系青瓷(龙泉窑、松溪窑、同安窑)。 　　　魁岐窑,耀州窑系(刻花·印花) **建盏·天目碗** 陶器(杂器·经筒等): 宜兴窑、越州窑、福州洪塘窑、晋江磁灶窑、 　　　广东奇石窑、磁州窑等	日宋贸易
12 世纪后叶-13 世纪初 南宋早期	**青瓷: 龙泉窑青瓷(划花文)** 　　　仿龙泉窑青瓷(莆田窑、南安窑、福清窑等) 白瓷(数量锐减):闽江流域产 景德镇窑系青白瓷(影青):景德镇窑、大口窑(到 14 世纪出土) 建盏·天目碗:建窑和福州周围的窑、武夷山遇林亭窑、吉州窑 陶器(杂器·经筒等):晋江磁灶窑	白瓷进口数量锐减,青瓷为主 德化窑的青白瓷与白瓷数量少
13 世纪前叶 南宋晚期到元初	**青瓷: 龙泉窑(外面莲瓣文),仿龙泉窑(节描文消灭,外面条线文)** 白瓷: 芒口(出现)	
13 世纪后叶 元(镰仓时代)	**青瓷: 龙泉窑(砧青瓷,外面莲瓣文,内底贴付文)** 白瓷(碗·皿): 宁德窑系(芒口)、德化窑系、莆田窑系(范造)、 　　　连江窑(今归仁类型)、闽清窑(美浪底类型) 白瓷(四耳壶): 福建产 青白瓷(梅瓶): 景德镇窑系、福建系	日元贸易
14 世纪前叶 元(镰仓时代晚期,南北朝时代)	**龙泉窑系青瓷(天龙寺手)** **白瓷: 景德镇窑("枢府"),闽清窑、连江窑、四耳壶(闽江流域窑)** 青白瓷:景德镇窑系(芒口) 白地铁绘:磁州窑系、吉州窑系 陶器: 宜兴窑(四耳壶)、磁灶窑、茶洋窑、洪塘窑(褐釉壶)、赣州窑 　　　"擂座",建窑建盏(古董)	寺社造营辽唐船

注: 黑体表示代表性的进口陶器,下线表示福建产陶瓷

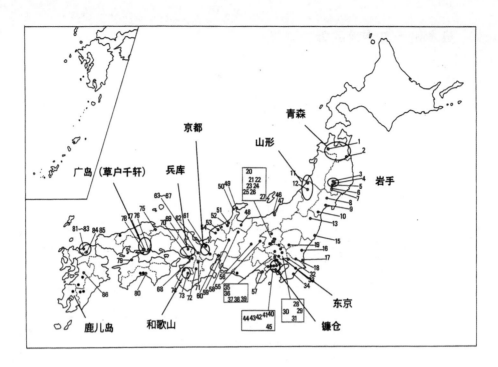

▲图 4 日本列岛青白瓷分布图(内野正 1992,一部修改与增加新发现资料)

类型,比之更早或纹饰更精细的类型,在日本列岛尚未有出土[2]或传世品的报告。因此,日本列岛广泛分布的类型是所谓稍稍粗制或者中国国内更大量被生产的类型的梅瓶。

北到青森,南至鹿儿岛均有青白瓷梅瓶分布,大体遍布日本全国。[3](图 4)值得关注的是,纵观出土青白瓷梅瓶的遗址的年代,主要集中于以下两大时期:①12世纪至 14 世纪,即青白瓷在景德镇窑和福建生产的时代。②15世纪至 16 世纪。这一时期材料还在增加中,将来有再探讨的必要,但现有的材料已能揭示大致情况。

一、12世纪至14 世纪的分布情况

1.出土分布情况。

同时代在日本出土的种类是,景德镇窑和福建的几个窑口烧造的梅瓶。在日本出土的梅瓶是破碎的多,所以整体的器型和纹样的不太清楚。目前的情况来说,最多的是涡纹、云气纹的,牡丹纹、莲花纹,还有婴戏纹的不多,而且质量也是粗制的比较多。

　　在这个阶段，出土数量最多的是作为镰仓幕府的主要都市的镰仓（现神奈川县镰仓市）。另外在京都、草户千轩（现广岛县福山市）、博多等都市以及各地有实力武家的居馆性质的遗址里也有发现。而且在出土数量特别多的镰仓、博多遗址的话，不少数量的梅瓶的盖子被发现。这意味着这两个地点流通的数量应该是很多的。

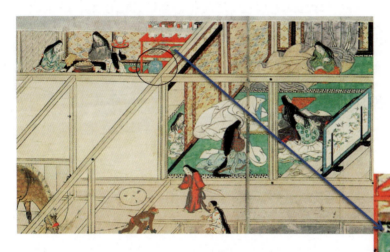

▲图5 日本重要文化财《石山寺缘起》卷五局部 镰仓时代 石山寺藏

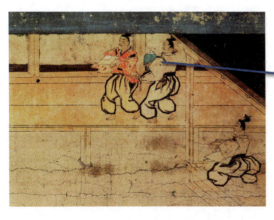

▲图6《后三年合战绘词》上卷局部 镰仓时代 东京国立博物馆藏

2.绘画资料。

在这里除了考古出土情况以外,介绍一下几个书画资料里表现的梅瓶情况。

《石山寺缘起》是14世纪早期的书画。内容是表现13世纪至14世纪的时候,社会地位高的人——公家或者贵族的生活。(图5)这幅画的左上部分是表现厨房。厨房有摆设梅瓶,而且有纹饰是涡纹的。梅瓶的颜色是青色或者蓝色。另外一件,《后三年合战绘词》也是14世纪早期的书画。(图6)这幅绘画也表现当时武士社会的活动内容。绘画右边两位武士,一位武士带了杯子,另一位武士带梅瓶的,这时候的梅瓶的功能可能是酒器。另外在这里值得关注的是这种梅瓶画出来颜色是绿色或者蓝色。其实在日本,19世纪或者20世纪初以前,所谓的青白瓷也叫青瓷。目前在日本基本没有出土这时期龙泉窑的青瓷梅瓶。所以虽然绘画上的梅瓶的颜色是像青瓷颜色,但是其实这样的梅瓶是当时的人表现的青白瓷。[4]而且这时候日本列岛还没开始烧造瓷器。我们可以认为青白瓷梅瓶大部分是中国南方产的青白瓷梅瓶,对酒文化是非常重要的器物!

二、15世纪至16世纪的分布情况

到这个时期,本来12世纪至14世纪时青白瓷梅瓶并未流通的地区也出土了。出土的遗址基本上是日本战国时代武士的城或聚落。其实在这时候,在中国已经没有烧造青白瓷梅瓶了。从15世纪至16世纪的分布情况来看,(图7)12世纪至14世纪出土数量挺多的镰仓地区,到15世纪已经丧失了都城的功能,所以15世纪以后,出土青白瓷梅瓶的数量很少了。反过来,青森、山形、东京、和歌山、兵库等地区15世纪至16世纪(一部分的遗址年代到17世纪)出土的青白瓷梅瓶数量比12世纪至14世纪的遗址增多了。这类青白瓷梅瓶、福建产白瓷执壶以及天目等茶具,均为对镰仓时代武家而言非常贵重的唐物。对这个时期的战国武家来说,与镰仓时代的武家一致,持有中国文物是社会地位高的表现,显示武家的正统性或承担阶层符号的功能。[5]在这时期已输入到日本并传世下来的唐物,随着所有人或者权力阶层的更替,所有权不断变更。

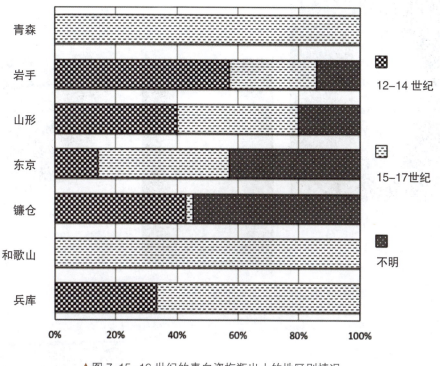

青森

岩手　　　　　　　　　　　　　　　　　　　　　　　　　　12-14 世纪

山形

东京

镰仓

和歌山

兵库

0%　20%　40%　60%　80%　100%

15-17世纪

不明

▲图 7 15~16 世纪的青白瓷梅瓶出土的地区别情况

关于青白瓷梅瓶对日本的窑业和漆器，以及饮食文化的影响

中国南方的青白瓷，有的学者已经指出在 13 世纪以后影响了日本的窑业。[6] 13 世纪至 14 世纪，日本的濑户地区开始模仿生产青白瓷梅瓶，[7]产品是釉陶。从 13 世纪早期的濑户梅瓶的器型来看，可以看到两个特点。(图 8-3、4、5)一种是底部上面的腰部束形，(图 8-2)另外一种个是腰部不束。(图 8-1)腰束的特点可能受高丽青瓷的影响。[8]不过 14 世纪的中国南方瓷器的梅瓶里也有腰部束的器型。而且 14 世纪早期的新安沉船出水的白瓷梅瓶里也有腰部束的器型。(图 8-2)在日本列岛中国瓷器出土的数量比高丽青瓷的数量多，虽然中国南方瓷器与高丽青瓷都对濑户地区窑业产生了影响，但是还是中国南方瓷器给濑户窑业的影响更大。

另外，到 15 世纪至 16 世纪出现漆器的梅瓶。(图 8-6)这样的梅瓶，除了当

1

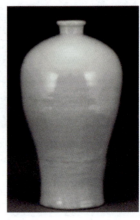

2

3

4

5

6

▲图 8 梅瓶器型的比较图

　　8-1：日本重要美术品青白瓷涡文梅瓶　景德镇窑或者福建窑系　13 世纪至14 世纪　日本爱媛县松山市松前城(16 世纪)出土　出土时间1908 年　出光美术馆藏, 8-2:白瓷梅瓶　元代新安沉船出水, 8-3:黄釉牡丹唐草文瓶　元亨二年(1322)铭　濑户窑镰仓十二　所出土东京国立博物馆藏，8-4:灰釉瓶子　正和元年(1312)铭　濑户窑　长滝白山神社藏，8-5:铁釉巴文瓶　14 世纪　濑户窑爱知县陶瓷美术馆藏, 8-6:根来瓶子漆器　16 世纪　岐阜长泷白山神社藏

▲图 9 寺庙里利用,保存与传世的青白瓷梅瓶之例 奈良县谈山神社藏

◀ 图 10 日本重要美术品青白瓷涡文梅瓶和收纳的
箱子,盖子上面墨书"古青磁壶" 景德镇窑或者福
建窑系 13 世纪至 14 世纪日本爱媛县松山市松
前城(16 世纪)出土 出土时间1908 年 出光美术
馆藏

酒器使用以外,也用于寺庙的祭祀活动。17世纪以降,青白瓷梅瓶在文献、绘画,甚至茶会记中的都很少见。作为酒器的青白瓷梅瓶,虽然被日本产的陶瓷器和漆器所代替,但在日本的饮食文化中仍被继承,占据重要位置。

关于青白瓷梅瓶的传世方式

17世纪以后,日本进入江户时代。这时候,青白瓷梅瓶主要在寺庙中被保存下来。比如说,这一对梅瓶,是奈良地区的寺庙保存下来的。(图9)梅瓶是酒器,不过不是日常用器。这时候的梅瓶是以酒纳献神时使用的容器,所以寺庙里将这种梅瓶叫作"神酒德利"。另一个值得关注的方面是梅瓶收纳箱上面的贴纸写着墨书"青瓷瓮",可见当时的人认为这是青瓷的。关于呼称,还有其他例子,比如说出光美术馆收藏的青白瓷梅瓶。(图10)按照文献记载,这个梅瓶是1908年在武士居住遗址偶然发现的。发现时梅瓶放在收纳木箱里,盖子上面有墨书"古青瓷壶"。从日本的古董茶具拍卖纪录来看,20世纪初基本上没有使用"青白瓷"的说法。江户时代编辑的辞典也没有用"青白瓷"这个词。1908年偶然发现梅瓶的地点叫松前城,1603年遭到了废弃。这时候,城主人(加藤嘉明)为奠基仪式把这个青白瓷梅瓶埋藏,或者当初由于战国时代的战乱,出于保护将其暂埋地下,也有此后,偶然地被发现而又继续传世至今的可能性。[9]这种此传世方式不同于传世的茶道、花道中一直使用的唐物,就是说这类中国南方青白瓷梅瓶的传世方式可以说是"发掘传世"。

综上所述,从日本列岛出土与传世的中国南方产青白瓷梅瓶的情况来看,可知在11世纪至16世纪青白瓷梅瓶曾经作为唐物被珍重,在15世纪至16世纪,对武家而言承担了体现阶级特权的作用,并影响着日本的饮食文化。在日本除了茶道、花道中唐物的传世以外,还存在"发掘传世"以及由寺庙保管的传世方式。

参考文献及注释

[1] 内野正:《青白磁梅瓶小考》,《东京都埋藏文化财センター研究论集XI》,东京都埋藏文化财センター,1992年,第78-102页。

[2] 远藤启介:《景德镇窑青白磁梅瓶の编年的研究·宋·元代を中心に–》,《贸易陶磁研究》No.23,2003年,第132-157页。

[3] 琉球列岛也发现过青白瓷梅瓶,不过这类瓷片还没有正式发表,而且数量基本上极少。

[4] 有的绘画资料里表现的梅瓶,也有表现高丽青瓷的可能性。不过至少上述的两件,还有其他的绘画上大部分的是青白瓷梅瓶为主。

[5] 小野正利:《战国城下町の考古学》,讲谈社,1997年。

[6] 石冈ひとみ:《出光美术馆收藏青白磁刻花涡文梅瓶に关する一考察》,《爱媛县美术馆平成24年度年报·研究纪要第12号》,爱媛县美术馆,2015年9月。

[7] 藤泽良佑:《古濑户中期样式の成立过程》,《东洋陶磁第8号》,1982年。国立历史民俗博物馆:《陶磁器の文化史》,1998年。

[8] 赤沼多佳、伊藤郁太郎、片山まび:《朝鲜の陶磁》,讲谈社,1999年。

[9] 石冈ひとみ:《出光美术馆收藏青白磁刻花涡文梅瓶に关する一考察》,《爱媛县美术馆平成24年度年报·研究纪要第12号》, 爱媛县美术馆, 2015年9月。

(作者单位:日本出光美术馆)

"将乐窑暨中国南方地区宋元青白瓷学术研讨会"会议学术小结

栗建安

"将乐窑暨中国南方地区宋元青白瓷学术研讨会"自 2019 年 9 月 23 日上午至 25 日上午，全程两天半，在大家的通力合作下，顺利结束了全部学术研讨议程。现将会议学术小结如下。

本次学术研讨会期间，全体与会人员考察了将乐县碗碟墩窑址考古发掘现场，参观了将乐县博物馆的将乐窑陶瓷精品陈列，观摩了碗碟墩窑址发掘出土的，以及将乐县其他窑址采集的陶瓷标本，聆听了 27 人次关于"将乐窑暨中国南方地区宋元青白瓷学术研讨会"的主题和专题学术演讲，并在会上、会下展开了热烈的学术讨论和交流。应该说，会议取得了圆满成功，获得了重要学术成果。

本次研讨会学术报告的主题与内容有：

一、将乐碗碟墩窑址考古发掘情况的报告、将乐窑概况，以及将乐县博物馆馆藏将乐窑陶瓷精品及其典型器的介绍。

二、福建地区青白瓷概况，以及福建三明中村窑、仙游游洋窑、尤溪半山窑、南平茶洋窑、闽清义窑等窑址考古调查、发掘情况的报告，提供了福建全省及重点窑址青白瓷的基本资料。

三、江西、广东、湖南、广西等地学者分别介绍了赣南、吉州窑、粤东潮州窑的青白瓷概况和湖南、广西地区青白瓷初步研究成果。

四、宁波、金门、香港等地城市遗址出土青白瓷概况。

五、西沙群岛沉船遗址、"南海Ⅰ号"沉船出水的青白瓷。

六、日本博多遗址出土的闽清义窑青白瓷的初步研究,青白瓷梅瓶在日本的传承、使用情况,以及菲律宾发现的宋元福建青白瓷。

通过聆听上述的学术报告,有以下几点认识和收获:

一、对将乐窑的窑业技术、主要陶瓷产品,以及陶瓷文化的基本状况有了较全面的了解,对将乐窑青白瓷在中国南方地区青白瓷中的历史地位和学术价值及其与周边窑业青白瓷的关系等都有了新的认识,因此将推进将乐窑青白瓷研究的深入。

二、福建地区在中国南方青白瓷体系中占有十分重要的地位,是宋元时期外销青白瓷的主要产地之一。

三、江西、广西、湖南学者的报告,应用考古学文化理论,分别对其当地的宋元青白瓷进行分区、分期研究,取得了初步成果。

四、宁波罗城望京门遗址、日本博多遗址出土青白瓷研究的报告,应用城市遗址考古资料,根据考古地层、遗物出现顺序与组合等信息,分析、探讨出土陶瓷器的年代、流通与使用等相关问题,是古陶瓷研究的重要方法和思路。

五、水下考古、沉船遗址出水陶瓷的资料,可以清楚看到外销青白瓷的品种与组合、贸易港口和流通路线、市场与消费地的分布等,是"海上丝绸之路"研究的重要考古实物资料。

本次研讨会学术上取得的初步共识认为:以宋代景德镇窑为中心的青白瓷生产工艺、技术,向中国南方地区的扩散、传播,其方向和路线可能分别为:向南,包括浙江南部、闽江流域;向西南,经过赣南以至粤东、广州;向西往湖南、广西。就此形成一个庞大的华南青白瓷生产区,并依据其地理位置的优势,大规模生产并销往海外。同时,这一青白瓷生产区在形成过程中的发展和变化、各地窑口的生产工艺与产品的各自特征和相互差异,均呈现出复杂的面貌和关系,是深入研究的重要课题。

　　会议期待随着这一地区古窑址考古工作的进一步加强,今后的相关研究将不断取得新的学术成果。

（作者系中国古陶瓷学会副会长）

图书在版编目(CIP)数据

"将乐窑暨中国南方地区宋元青白瓷学术研讨会"论文集/中国古陶瓷学会,将乐县博物馆编. —福州:海峡文艺出版社,2021.12
ISBN 978-7-5550-2519-1

Ⅰ.①将… Ⅱ.①中…②将… Ⅲ.①青瓷(考古)—将乐县—文集②白瓷(考古)—将乐县—文集 Ⅳ.①K876.34—53

中国版本图书馆 CIP 数据核字(2020)第 251554 号

"将乐窑暨中国南方地区宋元青白瓷学术研讨会"论文集

中国古陶瓷学会　将乐县博物馆　编

责任编辑	朱墨山
出版发行	海峡文艺出版社
经　　销	福建新华发行(集团)有限责任公司
社　　址	福州市东水路 76 号 14 层
发 行 部	0591－87536797
印　　刷	福建新华联合印务集团有限公司
厂　　址	福州市晋安区福兴大道 42 号
开　　本	889 毫米×1194 毫米　1/16
字　　数	542 千字
印　　张	22.75
版　　次	2021 年 12 月第 1 版
印　　次	2021 年 12 月第 1 次印刷
书　　号	ISBN 978-7-5550-2519-1
定　　价	225.00 元

如发现印装质量问题,请寄承印厂调换